파워 BI와
엑셀 파워 피봇을 사용한
데이터 분석

파워 BI와
엑셀 파워 피봇을 사용한
데이터 분석

예제를 통해 배우는
데이터 모델링

알베르토 페라리 · 마르코 루쏘 지음
이지은 옮김

i!i
에이콘

지은이 소개

알베르토 페라리 Alberto Ferrari, **마르코 루쏘**Marco Russo

마이크로소프트 파워 피벗, 파워 BI, DAX, SQL Server Analysis Services에 대한 기사를 정기적으로 게재하는 SQLBI 설립자다. 비즈니스 인텔리전스(BI)에 대한 컨설턴트이자 멘토며, 종종 Microsoft Ignite, PASS Summit, SQLBits와 같은 주요 국제 콘퍼런스에서 연설한다.

옮긴이 소개

이지은(wizand@godev.kr)

컴퓨터공학을 전공하고 피처폰용 모바일 브라우저 개발을 시작으로 개발 업무를 맡았다. 이후 안드로이드앱 개발 프로젝트에 참여했으며 최근 통신사 과금 검증, 플랫폼 운영 등의 업무를 했다. 현재는 기술 번역에 집중하고 있다. 기술 전문가 그룹 GoDev의 멤버로 활동하고 있다.

옮긴이의 말

몇 년 전부터 빅데이터란 단어를 많이 들어봤을 것이다. 빅데이터란 단어가 익숙해지기 전에도 데이터란 방대한 양의 정보였으며, 지금은 그 크기가 훨씬 더 커졌다. 데이터 자체만으로는 아무 의미가 없다. 이 데이터를 잘 분석해야 의미 있는 정보가 되는 것이다. 여러분도 어떤 데이터를 보면서 이 데이터가 무엇을 의미하는지 알아채지 못한 경험이 있을 수 있다. 데이터가 주는 정보를 알기 위해 데이터 분석이 필요하고, 이를 위해 데이터 모델링 기술을 아는 것이 좋다.

데이터 분석을 하고자 데이터베이스를 사용해본 사람이라면 가끔 필요한 데이터를 가져오는 방법이 이상하다거나 혹은 제대로 요청한 것 같은데 결과가 잘못됐던 적이 있을 것이다. 데이터 모델링이 잘못됐을 수 있고, 혹은 사용자가 데이터 모델을 잘 이해하지 못한 채 사용하기 때문일 수 있다. 이 책은 우리가 쉽게 접할 수 있는 데이터 분석 툴인 파워 BI와 파워 피봇을 사용하여 데이터 모델링에 대해 소개하고 있다.

더불어 데이터 모델링의 예시와 잘못된 모델이나 모델을 잘못 사용하는 예시도 함께 소개한다. 모델링의 기본 요소와 기술들을 살펴보고 더 훌륭한 데이터 모델을 만드는 기초로 활용할 수 있을 것이다.

차례

Chapter 4　　날짜와 시간 처리　　95

들어가며

엑셀 사용자는 숫자를 좋아한다. 어쩌면 숫자를 좋아하는 사람이 엑셀을 좋아하는 것일 수도 있다. 어느 쪽이든 데이터 세트에 대한 통찰력을 모으는 데 관심이 있다면, 엑셀과 피벗 테이블, 계산식을 사용하는 데 많은 시간을 보낼 가능성이 높다.

파워 BI는 2015년 배포됐다. 최근 숫자를 좋아하는 사람들은 엑셀의 파워 피벗과 파워 BI를 모두 좋아한다고 말할 수 있다. 이 두 도구는 VentiPaq 데이터베이스 엔진과 DAX 언어 등 SQL Server Analysis Services에서 이어받은 많은 기능을 공유한다.

엑셀의 이전 버전에서 숫자에 대해 분석하는 것은 데이터 세트를 로드하고 칼럼을 계산하고 차트를 설계하는 계산식을 작성하는 일이었다. 워크북의 크기와 엑셀의 계산식 언어라는 제약 사항으로 인해 대량의 고속 처리를 위한 최선의 선택이 아니었다. 파워 BI와 파워 피벗의 새로운 엔진은 빠르게 발전했다. 이제 데이터베이스의 모든 기능과 멋진 언어(DAX)를 사용할 수 있다. 하지만 더 나은 기능에는 더 많은 책임이 뒤따른다. 새로운 도구를 제대로 활용하고 싶다면 더 많이 배워야 한다. 즉, 데이터 모델링의 기초를 배워야 한다.

데이터 모델링은 로켓 과학이 아니다. 데이터를 통한 분석에 관심이 있는 사람이라면 익혀야 하는 기본적인 스킬이다. 게다가 숫자를 좋아한다면 데이터 모델링도 좋아할 것이다. 그러므로 익혀야 하는 쉬운 스킬일 뿐만 아니라 믿을 수 없을 정도로 재미있다.

이 책은 일상에서 맞닥뜨릴 가능성이 높은 실용적인 예제를 통해 데이터 모델링의 기본 개념을 가르쳐준다. 복잡한 솔루션 설계를 위한 많은 어려운 결정을 상세히 설명하는 모델링 관련 책을 쓰고 싶은 것이 아니다. 대신 컨설턴트로서 일상적인 업무에서 보게 되는 예제에 초점을 맞춘다. 고객이 요청하는 문제들 중에 일반적인 문제라고 생각되는 것들을 모았다. 그리고 이 문제들에 대해 각 예제 관련 솔루션을 제공하고 이를 어느 정도 정리해 데이터 모델링 훈련용으로 사용했다.

이 책을 끝까지 보면 데이터 모델링의 전문가가 되지 못하더라도 주제에 대한 감각을 얻을 것이다. 데이터베이스를 보고 필요한 값을 계산하는 방법을 알아내려 하고 도움이 되는 모델로 변경하는 것에 대해 고민하기 시작한다면 이 책의 목표를 이룬 것이나 다름없다. 또한 성공적인 데이터 모델러가 되기 위한 길에 들어선 것이다. 경험과 많은 실패 이후에야 훌륭한 데이터 모델러가 될 수 있을 것이다.

이 책의 대상 독자

파워 피벗을 사용하는 엑셀 사용자나 파워 BI를 사용하는 데이터 분석가에게 도움되는 책이다. 또는 BI 전문가 경력을 쌓기 시작하는 사람이나 데이터 모델링의 주제를 살펴보고 싶은 사람에게 추천한다.

실제로 데이터 모델링이 필요하다는 사실을 전혀 모르는 독자를 생각하며 이 책을 썼다. 데이터 모델링을 배워야 할 필요가 있다는 사실을 이해시키고 통찰력을 제공하는 것이 목표다. 따라서 데이터 모델링이 무엇이고 왜 유용한 스킬인지 궁금하다면 이 책이 필요하다.

독자에 대한 가정

이 책은 독자가 엑셀 피벗 테이블에 대한 기본적인 지식이 있거나 리포팅 또는 모델링 툴로 파워 BI를 사용해본 적이 있다고 여긴다. 수치 분석 경험도 좋다. 엑셀이나 파워 BI의 사용자 인터페이스에 대한 부분은 여기선 다루지 않는다. 대신 데이터 모델을 설계하고 수정하는 방법에 초점을 맞춰 쉽게 코드를 작성할 수 있게 한다. 따라서 '무엇을 해야 하는가'에 대해 다루며 '어떻게 하는가'는 전적으로 독자에게 맡긴다. 단계별로 설명하는 책이 아닌, 어려운 주제를 쉬운 방법으로 알려주는 책이 되길 바란다.

DAX 언어는 이 책에서 의도적으로 다루지 않는 주제다. 데이터 모델링과 DAX를 함께 다루는 책은 불가능할 것이다. 이미 이 언어에 익숙하다면 이 책 전반에서 사용하는 많은 DAX를 읽기 편할 것이다. 반대로 DAX를 배워야 한다면 DAX에 대해 가이드하는 가장 널리 알려진 『The Definitive Guide to DAX』(Microsoft Press, 2015)를 읽고 이 책의 내용과 함께 살펴보기 바란다.

이 책의 구성

쉽게 소개하는 몇 개의 장으로 시작하고 전문적인 내용이 이어진다. 각 장에서는 특정 종류의 데이터 모델을 다룬다. 다음은 각 장의 간단한 설명이다.

- **1장, 데이터 모델링 소개** 데이터 모델링 개념을 간단히 소개하고 그래뉼래러티에 대해 살펴본다. 데이터 웨어하우스의 기본적인 모델 즉 스타 스키마, 스노우 플레이크, 정규화, 비정규화를 정의한다.

- **2장, 헤더/디테일 테이블 사용** 헤더/디테일 테이블을 사용하는 일반적인 시나리오를 다룬다. 여기서 별도의 두 팩트 테이블에 주문과 주문의 종류를 저장하는 예제를 사용하는 시나리오를 살펴보고 해결 방법을 찾는다.

- **3장, 다중 팩트 테이블 사용** 여러 팩트 테이블이 있고 이를 종합해 보고서를 만드는 시나리오를 설명한다. 데이터를 적절한 방법으로 살펴보기 위해 올바른 디멘션의 모델을 만들어야 한다는 사실을 강조한다.

- **4장, 날짜와 시간 처리** 이 책에서 가장 많은 분량을 차지하며, 타임 인텔리전스 계산을 다룬다. 적절한 date 테이블을 만드는 방법과 기본적인 타임 인텔리전스(YTD, QTA, PARALLELPERIOD 등)를 계산하는 방법을 설명한다. 그리고 날짜 계산 작업, 연내 특정 기간 처리, 일반적인 date를 사용하는 작업에 대한 몇 가지 예제를 제시한다.

- **5장, 과거 속성 추적** 서서히 변하는 디멘션을 사용하는 모델을 설명한다. 5장에서 바뀌는 속성을 추적해야 할 때 필요한 변환 단계와 서서히 변하는 디멘션을 사용할 때 현재 시점에서 DAX 코드를 작성하는 올바른 방법을 상세히 설명한다.

- **6장, 스냅샷 사용** 스냅샷의 매력적인 면을 다룬다. 스냅샷이 무엇인지, 스냅샷을 사용해야 할 때와 사용 이유, 스냅샷을 기반으로 값을 계산하는 방법을 소개하고 강력한 변환 매트릭스 모델을 설명한다.

- **7장, 날짜와 시간 간격 분석** 5장에서 한발 더 나아가 시간 계산을 다루지만, 이번에는 팩트 테이블에 저장된 이벤트가 기간을 갖고 이로 인해 정확한 결과를 얻기 위해 특별한 조치가 필요한 모델을 분석한다.

- **8장, 다대다 관계**　다대다 관계를 사용하는 방법을 설명한다. 다대다 관계는 모든 데이터 모델에서 아주 중요한 역할을 한다. 일반적인 다대다 관계와 캐스케이딩 관계, 그리고 인자 재할당과 필터 사용에 대해 다루고 성능과 이를 향상시키는 방법에 대해 알아본다.

- **9장, 서로 다른 그래뉼래러티 사용**　서로 다른 그래뉼래러티로 저장된 팩트 테이블을 사용하는 작업에 대해 더 알아본다. 팩트 테이블의 그래뉼래러티가 서로 다른 예산 예제를 살펴보고, DAX와 데이터 모델에서 제공하는 몇 가지 대안을 관찰한다.

- **10장, 데이터 모델 세그멘테이션**　세그멘테이션 모델에 대해 설명한다. 가격에 의한 단순한 세그멘테이션에서 시작해 가상 관계를 사용하는 동적 세그멘테이션 분석까지 다루고, DAX에서 수행된 ABC 분석에 대해 설명한다.

- **11장, 다중 통화 작업**　환전에 대해 다룬다. 환율을 사용할 때 요구 사항을 이해하고 적절한 모델을 설계해야 한다. 요구 사항이 서로 다른 몇 개의 시나리오를 분석하고 각 시나리오에 가장 좋은 해결 방법을 찾아본다.

- **부록 A, 데이터 모델링 101**　이것은 참조용이다. 예제를 사용해 이 책에서 다룰 기본 개념을 간략하게 설명한다. 어떤 측면이 확실하지 않을 때 여기로 건너뛰어 새로 이해하고 다시 주요 장으로 돌아가도록 한다.

모델의 복잡성과 해결 방법은 책을 넘길수록 늘어나므로 건너뛰기보다 처음부터 읽는 것이 좋다. 이렇게 하여 복잡성의 자연스러운 흐름을 따라갈 수 있고 한 번에 하나의 주제에 대해 배울 수 있다. 하지만 한 번 끝까지 보고 난 후에는 이 책을 참고 안내서용으로 볼 수 있다. 따라서 특정 모델을 해결해야 할 때 이를 다루는 부분을 바로 찾아 상세한 해결 방법을 살펴볼 수 있다.

편집 규약

이 책에서는 다음의 규약을 사용한다.

- 굵은 글씨는 직접 입력해야 할 내용을 가리킨다.

- 이탤릭체는 새로운 용어를 가리킨다.

- 코드 요소는 모노스페이스 폰트를 사용한다.

- 다이얼로그 박스, 다이얼로그 박스 요소, 명령어의 첫 번째 문자는 대문자로 사용한다. 예를 들어 Save As dialog box로 표기한다.

- 키보드 단축키는 더하기 기호(+)를 사용해 키 이름을 구분한다.

  예를 들어 Ctrl+Alt+Delete는 Ctrl과 Alt, Delete를 동시에 누른다는 의미다.

참고 콘텐츠

학습 경험의 질을 높이기 위해 참고 콘텐츠를 포함한다. 이 책의 참고 콘텐츠는 다음 페이지에서 다운로드할 수 있다.

- https://aka,ms/AnalyzeData/downloads

참고 콘텐츠는 이 책에서 살펴보는 모든 예제의 엑셀과 파워 BI 데스크톱 파일이다. 책에서 소개하는 각각의 그림에 대해 별도 파일이 있으므로 다양한 단계를 분석하고 정확히 책을 읽고 있는 지점에서 시작해 스스로 예제를 다뤄볼 수 있다. 대부분의 예제는 파워 BI 데스크톱 파일이므로 PC에서 예제를 따라 해보고 싶다면 파워 BI 웹사이트에서 파워 BI 데스크톱 최신 버전을 다운로드하기 바란다.

감사의 글

간략한 소개를 마치기 전에 전체 편집 과정 내내 도움을 준 편집자 케이트 숩과 기술 검토자 에드 프라이스에게 감사 인사를 전하고 싶다. 그들의 세심한 작업으로 책이 읽기 쉬워졌고 원래 원고보다 오류가 줄었다. 그럼에도 여전히 오류가 있다면 우리의 잘못이다.

오탈자

이 책과 참고 콘텐츠가 정확하도록 최선을 다했다. 이 책이 출판된 이후 발견된 모든 오류는 마이크로소프트 프레스^{Microsoft Press} 사이트에 나열했다.

- https://aka.ms/AnalyzeData/errata

아직 나열되지 않은 에러를 발견하면 다음 페이지를 통해 알려줄 수 있다.

- 지원이 더 필요하다면 mspinput@microsoft.com의 Microsoft Press Book Support로 메일을 보내기 바란다.

마이크로소프트 소프트웨어에 대한 제품 지원은 위 주소를 통해 지원되지 않는다.

한국어판의 정오표는 에이콘출판사 도서정보 페이지 http://www.acornpub.co.kr/book/power-bi-pivot-excel에서 찾아볼 수 있다.

독자의 소리

마이크로소프트 프레스는 여러분의 만족도를 가장 최우선으로 생각하고, 독자의 피드백이 우리의 가장 훌륭한 자산이 된다. 이 책에 대한 생각을 알려주기 바란다.

- https://aka.ms/tellpress

설문은 짧다. 우리는 여러분의 모든 댓글과 생각을 읽는다. 남겨준 글에 미리 감사한다.

한국어판에 대해 문의할 점이 있다면 에이콘출판사 편집 팀(edit@acornpub.co.kr)으로 연락 주길 바란다.

연락

대화를 나누고 싶다면 트위터 @MicrosoftPress로 연락해주길 바란다.

데이터 모델링 소개

이 책에서는 데이터 모델링에 대해 다룰 것이다. 그 전에 모델링 데이터를 배워야 하는 이유를 알아볼 필요가 있다. 무엇보다도 엑셀에서 단순히 쿼리를 로드한 후 피벗 테이블(PivotTable)을 열면 보기 좋은 데이터를 얻을 수 있다. 그렇다면 왜 데이터 모델링을 배워야 할까?

우리는 컨설턴트로서 매일 숫자와 씨름해야 하는 개인이나 기업을 위해 일한다. 그들은 원하는 숫자를 갖고 있고 계산할 수 있지만, 어떤 이유로 처리하기 힘들 정도로 복잡한 공식이나 숫자가 맞지 않는 경우가 있다. 99%는 데이터 모델의 오류 때문이다. 모델을 수정하면 공식을 작성하거나 이해하기 쉬워진다. 그러므로 분석적 역량을 키우고 복잡한 DAX 공식을 찾는 대신 올바른 결정을 하려면 데이터 모델링을 배워야 한다.

일반적으로 데이터 모델링을 배우기 어려운 기술로 여긴다. 이 생각이 사실이 아니라곤 말하지 않는다. 데이터 모델링은 복잡한 주제다. 도전이고 배우기 위한 노력이 필요하지만 굉장히 재미있다.

1장에서는 적절한 데이터 모델링으로 공식을 계산하기 쉽게 하는 기본적인 보고서 예제를 살펴본다. 물론 예제가 여러분에게 필요한 비즈니스에 딱 맞지 않을 수 있다. 하지만 데이터 모델링을 반드시 알아야 하는 이유를 알 수 있을 것이다. 훌륭한 데이터 모델러가 된다는 것은 기본적으로 다른 사람들이 연구하고 해결한 다양한 패턴 중에서 특정 모델에 맞는 하나를 찾는다는 의미다. 필요한 모델은 다른 모든 모델들과 그리 다르지 않다. 물론 특이한 점도 있을 수 있지만, 특이한 문제도 다른 사람이 해결했을 가능성이 높다. 여러분에게 필요한 데이터 모델과 예제에서 설명하는 모델의 비슷한 점을 찾는 방법은 배우기 어렵지만 상당히 만족스러울 것이다. 방법을 찾는다면 해결책이 바로 눈앞에 나타나고 계산과 관련된 대부분의 문제점은 사라질 것이다.

대부분의 예제에서 콘토소Contoso 데이터베이스를 사용할 것이다. 콘토소는 다양한 채널을 통해 전 세계에 전자 제품을 판매하는 가상 회사다. 비즈니스는 다를 수 있지만, 콘토소에서 가져온 보고서를 특정 비즈니스에 맞춘다.

첫 번째 장이므로 기본적인 전문 용어와 개념을 다룬다. 데이터 모델이 무엇인지, 데이터 모델에서 관계relationship가 중요한 이유를 설명하고, 정규화normalization와 비정규화denormalization, 스타 스키마의 개념을 소개한다. 이 책 전반에서 예제를 사용해 개념을 설명하겠지만 여기 첫 단계에서는 더욱 분명하게 설명한다.

이제 준비를 하자! 이제 데이터 모델링의 모든 것을 배워 볼 시간이다.

단일 테이블 작업

데이터를 살펴보기 위해 엑셀과 피벗 테이블을 사용한다면 아마 다른 소스, 일반적으로는 데이터베이스에서 쿼리를 사용해 데이터를 가져올 것이다. 그리고 이 데이터 세트로 피벗 테이블을 만들고 살펴본다. 물론 이렇게 하면 일반적인 엑셀의 제약에 맞닥뜨리게 될 것이고, 데이터세트가 1,000,000줄을 초과할 수 없다는 문제가 가장 크다. 초과한다면 워크시트에 적합하지 않다. 솔직히 이 제약에 대해 처음 배울 때는 전혀 고려하지 않았다. 세상에 누가 1,000,000줄 이상의 데이터를 데이터베이스 대신 엑셀에 로드하겠는가? 이런 이유로 엑셀에서는 데이터베이스에서 요구하는 데이터 모델링에 대한 이해를 요구하지 않는다.

어쨌든 엑셀을 사용하면 이 첫 번째 제약이 상당히 중요하다. 시현을 위해 사용할 콘토소 데이터베이스는 12,000,000줄의 세일 데이터를 가진다. 그러므로 분석을 위해 엑셀에서 모든 줄을 단순하게 로드할 수 없다. 이 문제를 해결할 쉬운 방법이 있다. 모든 줄을 가져오는 대신, 이 개수를 줄이기 위해 그룹화 작업을 수행할 수 있다. 예를 들어 카테고리와 하위 카테고리별 세일을 분석하기 위해 각 제품의 세일을 로드하는 대신 카테고리와 하위 카테고리를 그룹화해줄 수를 현저히 줄일 수 있다.

예를 들어 12,000,000줄의 Sales 테이블을 제조사, 브랜드, 카테고리, 하위 카테고리로 세일을 그룹화하면 결과적으로 63,984줄이 되고, 이는 엑셀 워크북에서 관리하기 쉽다. 물론 SQL을 배우지 않았다면 그룹화를 수행하기 위한 올바른 쿼리를 작성하는 것은 보통 IT 부서 혹은 쿼리 편집자의 작업일 것이다. 그렇다면 쿼리를 만들기 위해 반드시 IT 부서에 문의해야 한다. 그들이 코드를 알려주면 수치 분석을 시작할 수 있다. 그림 1-1은 엑셀로 불러온 테이블 앞부분 몇 줄이다.

엑셀 테이블을 로드했을 때, 드디어 편안하게 데이터 분석을 위한 피벗 테이블을 생성할 수 있다. 그림 1-2는 표준 피벗 테이블과 구분자slicer를 사용해 주어진 카테고리별로 제조사에 따라 나눈 세일이다.

FullDateLabel	Manufacturer	BrandName	ProductSubcategoryName	ProductCategoryName	SalesQuantity	SalesAmount	TotalCost
2007-03-31	Adventure Works	Adventure Works	Coffee Machines	Home Appliances	55	14332.268	7651.84
2008-10-22	Contoso, Ltd	Contoso	Cell phones Accessories	Cell phones	2040	23504.88	12648.94
2009-01-31	Adventure Works	Adventure Works	Televisions	TV and Video	194	51593.106	28146.4
2009-01-21	Fabrikam, Inc.	Fabrikam	Camcorders	Cameras and camcorders	282	163007.2	76709.45
2007-12-31	Adventure Works	Adventure Works	Laptops	Computers	29	14008.43	7944.32
2007-06-22	Contoso, Ltd	Contoso	Cell phones Accessories	Cell phones	680	6107.24	3420.44
2007-06-22	Proseware, Inc.	Proseware	Projectors & Screens	Computers	86	71417.6	30786.94
2007-08-23	Adventure Works	Adventure Works	Laptops	Computers	43	22672.2	9954.6
2009-03-30	The Phone Company	The Phone Company	Touch Screen Phones	Cell phones	198	48500.37	24164.56
2008-03-24	Contoso, Ltd	Contoso	Home & Office Phones	Cell phones	306	7353.594	3914.64
2007-09-30	Fabrikam, Inc.	Fabrikam	Microwaves	Home Appliances	44	4805.604	2824.24
2007-11-13	Adventure Works	Adventure Works	Desktops	Computers	153	47357.97	28256.02
2008-12-06	Contoso, Ltd	Contoso	Projectors & Screens	Computers	32	10790.4	6477.2
2007-11-14	Contoso, Ltd	Contoso	Digital SLR Cameras	Cameras and camcorders	146	55397.5	25876
2009-12-30	Adventure Works	Adventure Works	Desktops	Computers	32	15107.75	7952.97
2009-03-13	Wide World Importers	Wide World Importers	Recording Pen	Audio	42	7990.92	3607.26
2009-08-11	Wide World Importers	Wide World Importers	Recording Pen	Audio	9	1466.1	749.16
2009-09-28	Contoso, Ltd	Contoso	Microwaves	Home Appliances	78	9955.268	5189.27
2008-02-18	A. Datum Corporation	A. Datum	Digital Cameras	Cameras and camcorders	345	70989.93	32872.58
2007-08-15	Litware, Inc.	Litware	Washers & Dryers	Home Appliances	69	112603.8	56472.35

그림 1-1 세일 데이터를 그룹으로 나눠 작고 분석하기 쉬운 테이블을 생성한다.

ProductCategoryName		Row Labels	Sum of SalesAmount
Audio		Adventure Works	141,178,573.89
Cameras and camcorders		Contoso	85,468,758.14
Cell phones		Fabrikam	44,940,846.17
Computers		Proseware	173,760,754.90
Games and Toys		Southridge Video	16,092,228.97
Home Appliances		Wide World Importers	140,433,368.67
Music, Movies and Audio Bo...		Grand Total	601,874,530.73
TV and Video			

그림 1-2 엑셀 테이블에서 쉽게 피벗 테이블을 만들 수 있다.

믿든 믿지 못하든 이미 데이터 모델을 만들었다. 하나의 테이블뿐이지만 이것이 데이터 모델이다. 이렇게 해 분석적인 파워를 알 수 있고, 이를 향상시킬 방법도 찾을 수 있을지 모른다. 이 데이터 모델은 소스 테이블보다 줄 수가 적기 때문에 제약이 더 많다.

초보자는 엑셀 테이블에서의 1,000,000줄이라는 제약이 분석하기 위해 가져올 수 있는 데이터 개수일 뿐이라고 여길지 모른다. 이것도 사실이지만, 크기의 제약이 곧 데이터 모델의 제약이 된다는 점을 알아야 한다. 그러므로 보고서의 분석적 파워에 제약이 된다. 사실 줄 수를 줄이기 위해 소스 레벨의 데이터를 그룹화하는 작업을 했고, 일부 칼럼으로 그룹화된 세일 정보만 가져왔다. 이 예제에서는 카테고리와 하위 카테고리, 몇 개의 다른 칼럼으로 그룹을 나눴다.

이렇게 해서 암묵적으로 분석력이 제한된다. 예를 들어 색상으로 나눠 분석을 수행하면, 그 테이블은 색상 칼럼이 없기 때문에 더 이상 좋은 소스가 아니다. 쿼리에 하나의 칼럼을 추가하는 것은 큰 문제가 아니다. 문제는 추가하는 칼럼으로 인해 테이블이 커진다는 점이다. (칼럼 수로 인한) 테이블의 너비뿐 아니라 (줄 수로 인한) 테이블의 길이도 커진다. 사실 한 줄의 해당 카테고리 세일 기록 즉 Audio 줄을 예로 들면, 여러 줄의 집합이고 카테고리 값은 모두 Audio지만 색상을 서로 다른 다양한 값이 될 것이다.

극단적으로 데이터를 분할하기 위해 사용할 칼럼을 미리 결정하지 못하면 결국에는 12,000,000줄의 모든 데이터를 로드해야 하고, 이는 엑셀 테이블을 사용할 수 없다는 의미다. 이것이 엑셀의 모델링 파워가 제한적이라고 말하는 이유다. 많은 줄을 로드할 수 없다는 것은 곧 많은 양의 데이터를 사용하는 고급 분석을 할 수 없다는 의미가 된다.

이것이 파워 피벗Power Pivot이 나온 이유다. 파워 피벗을 사용하면 1,000,000줄의 제약을 받지 않는다. 실제로 파워 피벗 테이블에서 로드할 수 있는 줄 수에 대한 제약이 거의 없다. 그러므로 파워 피벗을 사용해 모델의 전체 Sales 테이블을 로드하고 더 상세한 데이터 분석을 수행할 수 있다.

노트 │ 파워 피벗은 엑셀 2010부터 외부 애드인으로 사용할 수 있고, 엑셀 2013부터는 제품의 일부로 포함돼 있다. 엑셀 2016부터 마이크로소프트는 파워 피벗 모델을 엑셀 데이터 모델(Excel Data Model)이라는 새로운 이름으로 사용한다. 하지만 파워 피벗이라는 용어도 여전히 함께 사용한다.

모든 세일 정보를 하나의 테이블로 가지고 있기 때문에 더 상세하게 데이터 분석을 수행할 수 있다. 예를 들어 그림 1-3에서 보듯이 로드된 데이터 모델(파워 피벗)에서 얻은 피벗 테이블에서 로드된 모든 칼럼을 볼 수 있다. 모든 정보가 같은 곳에 있으므로 이제 카테고리, 색상, 연도에 따라 나눌 수 있다. 테이블에서 사용할 수 있는 칼럼이 더 많아지면 분석력도 향상된다.

ProductCategoryName			
Audio			
Cameras and camcorders			
Cell phones			
Computers			
Games and Toys			
Home Appliances			
Music, Movies and Audio Bo...			
TV and Video			

Sum of SalesAmount	Column Labels		
Row Labels	**2007**	**2008**	**2009 Grand Total**
Black	$59,783,936.63	$63,073,257.64	$70,489,997.35 $193,347,191.62
Blue	$5,128,405.12	$6,516,691.17	$7,715,161.42 $19,360,257.71
Brown	$6,301,722.60	$7,183,128.75	$4,904,738.33 $18,389,589.68
Gold		$39,185.40	$122,755.63 $161,941.03
Green	$1,747,237.19	$1,566,822.01	$2,159,190.14 $5,473,249.35
Grey	$6,318,419.68	$5,924,762.67	$6,410,704.05 $18,653,886.41
Orange		$12,800.63	$84,766.80 $97,567.43
Pink	$20,078.44	$43,870.83	$228,526.86 $292,476.13
Red	$6,926,045.96	$7,872,382.02	$11,495,613.50 $26,294,041.47
Silver	$43,375,399.72	$39,082,679.67	$36,471,502.90 $118,929,582.29
White	$64,963,894.39	$64,142,854.42	$70,639,615.97 $199,746,364.78
Yellow	$260,512.33	$330,165.82	$537,704.67 $1,128,382.82
Grand Total	**$194,825,652.07**	**$195,788,601.04**	**$211,260,277.62 $601,874,530.73**

그림 1-3 데이터의 모든 칼럼을 사용할 수 있으면 더 흥미로운 피벗 테이블을 만들 수 있다.

이 단순한 예제는 데이터 모델링에 대한 첫 번째 교훈을 얻기에 좋다. 그래뉼래러티 granularity와 관련 있는 크기 문제다. 하지만 그래뉼래러티가 무엇일까? 그래뉼래러티는 이 책에서 배울 가장 중요한 개념이므로, 가능한 빨리 이 개념을 소개한다. 뒤에서 더 자세히 다룰 것이다. 지금은 그래뉼래러티의 단순한 설명으로 시작한다. 첫 번째 데이터 세트에서 카테고리와 하위 카테고리 레벨로 정보를 그룹화했고, 크기를 줄이기 위해 약간의 데이터를 의도적으로 지웠다. 이는 카테고리와 하위 카테고리 레벨의 그래뉼래러티를 선택했다는 것이 더 정확한 표현이다. 테이블의 상세한 정도를 그래뉼래러티로 생각할 수 있다. 그래뉼래러티가 높을수록 더 상세한 데이터다. 더 상세한 내용을 가지면 더 상세한 (세부적인) 분석이 가능하다는 의미다. 파워 피벗에 로드된 마지막 데이터의 그래뉼래러티는 상품 레벨이고(실제 상품별 세일 레벨보다 좋다), 이전 모델의 그래뉼래러티는 카테고리와 하위 카테고리 레벨이다. 분할할 수 있는 능력은 테이블의 칼럼 수 즉 그래뉼래러티에 따라 다르다. 칼럼 수를 늘리면 줄 수가 증가한다는 것을 이미 배웠다.

적절한 레벨의 그래뉼래러티를 선택하는 것은 항상 어렵다. 데이터의 그래뉼래러티가 적절하지 않으면 공식을 작성하기가 거의 불가능하다. (색상 정보가 없는 앞의 예제와 같이) 정보를 잃었거나 잘못된 방법으로 정리돼 테이블에 흩뿌려지기 때문이다. 사실 더 높은 그래뉼래러티가 항상 좋다고 말할 수 없다. 적절한 그래뉼래러티의 데이터가 필요하고, 적절한 그래뉼래러티란 어떤 레벨이든 필요에 맞는 가장 좋은 레벨의 그래뉼래러티를 의미한다.

일부 정보를 잃어버리는 예제는 이미 살펴봤다. 하지만 정보가 흩뿌려진다는 것은 어떤 의미일까? 이는 조금 더 어렵다. 예를 들어 제품을 구매한 고객의 평균 연간 소득을 계산하려 한다고 하자. 세일 테이블에 쉽게 사용할 수 있는 고객에 대한 모든 정보가 있기 때문에 소득 정보도 이 테이블에 있다. 그림 1-4에서 작업 중인 테이블의 칼럼을 볼 수 있다(테이블의 내용을 보려면 파워 피벗 창을 열어야 한다).

ProductCategoryName	ProductSubcategoryName	ProductName	SalesAmount	FirstName	LastName	YearlyIncome
Cameras and camcorders	Digital SLR Cameras	A. Datum SLR Camera X137 Grey	$627.00	Katrina	Xie	€ 20,000.00
Cameras and camcorders	Digital SLR Cameras	A. Datum SLR Camera X137 Grey	$627.00	Seth	Rodriguez	€ 80,000.00
Cameras and camcorders	Digital SLR Cameras	A. Datum SLR Camera X137 Grey	$627.00	Evelyn	Arun	€ 10,000.00
Cameras and camcorders	Digital SLR Cameras	A. Datum SLR Camera X137 Grey	$627.00	Christy	Beck	€ 40,000.00
Cameras and camcorders	Digital SLR Cameras	A. Datum SLR Camera X137 Grey	$627.00	Alejandro	Nara	€ 40,000.00
Cameras and camcorders	Digital SLR Cameras	A. Datum SLR Camera X137 Grey	$627.00	Leah	Lu	€ 30,000.00
Cameras and camcorders	Digital SLR Cameras	A. Datum SLR Camera X137 Grey	$627.00	Robyn	Torres	€ 20,000.00
Cameras and camcorders	Digital SLR Cameras	A. Datum SLR Camera X137 Grey	$627.00	Jimmy	Moreno	€ 30,000.00
Cameras and camcorders	Digital SLR Cameras	A. Datum SLR Camera X137 Grey	$627.00	Rafael	Cai	€ 20,000.00
Cameras and camcorders	Digital SLR Cameras	A. Datum SLR Camera X137 Grey	$627.00	Jenny	Ferrier	€ 110,000.00
Cameras and camcorders	Digital SLR Cameras	A. Datum SLR Camera X137 Grey	$627.00	Levi	Arun	€ 70,000.00
Cameras and camcorders	Digital SLR Cameras	A. Datum SLR Camera X137 Grey	$627.00	Randall	Torres	€ 40,000.00

그림 1-4 제품과 고객 정보가 같은 테이블에 저장돼 있다.

Sales 테이블의 모든 줄에 그 제품을 구매한 고객의 연간 수입을 알려주는 부가적인 칼럼이 있다. 고객의 평균 연간 소득을 계산하는 단순한 작업은 다음과 같은 DAX 측정식을 작성한다.

```
AverageYearlyIncome := AVERAGE ( Sales[YearlyIncome] )
```

측정식은 잘 동작하고, 다양한 브랜드의 가전제품을 구매한 고객의 평균 연간 수익을 보여주는 그림 1-5와 같은 피벗 테이블에서 사용할 수 있다.

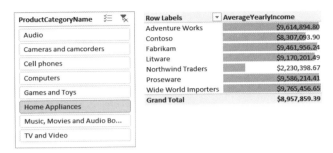

그림 1-5 가전제품을 구매한 고객의 평균 연간 소득 분석

보기 좋은 보고서지만 불행히도 계산 결과가 틀리다. 이는 매우 과장된 것이다. 사실 여기서의 계산은 그래뉼래러티가 개별 세일 레벨인 Sales 테이블에서의 평균이다. 즉, 세일 테이블은 각 세일에 대한 줄이 있고 이는 같은 고객에 대한 여러 개의 줄이 있을 가능성이 있다는 의미다. 그래서 만약 한 고객이 사흘에 걸쳐 세 개의 제품을 구매했다면 평균을 계산할 때 그 한 고객의 수입이 세 명의 고객의 수입처럼 계산돼 잘못된 결과가 된다.

이런 식으로 가중 평균을 계산한다고 주장할 수 있지만, 이는 정확한 사실이 아니다. 사실 가중 평균을 계산하고 싶다면 가중치를 정의해야 하고, 구매 이벤트의 횟수를 가중치로 선택하지 않을 것이다. 제품의 수나, 총 지출 금액, 또는 다른 의미 있는 값을 가중치로 사용할 가능성이 높다. 게다가 이 예제에서는 기본적인 평균을 계산하고 싶었으므로 값은 정확하게 계산되지 않은 것이다.

알아채기 어렵지만 부정확한 그래뉼래러티의 문제도 있다. 이 경우 정보를 사용할 수 있지만, 개별 고객과 연결되지 않고 전체 Sales 테이블에 흩뿌려져 있다. 정확한 평균을 얻으려면 테이블을 다시 로드하거나 더 복잡한 DAX 공식을 사용해 그래뉼래러티를 고객 레벨로 수정해야 한다.

DAX를 사용하려면 평균을 구하기 위해 다음의 공식을 사용해야 하지만, 이해하기 어렵다.

```
CorrectAverage :=
AVERAGEX (
    SUMMARIZE (
    Sales,
    Sales[CustomerKey],
    Sales[YearlyIncome]
    ),
    Sales[YearlyIncome]
)
```

먼저 고객 레벨(그래뉼래러티)로 세일을 통합한 다음 각 고객이 한 번씩만 나오는 결과 테이블에서 AVERAGE를 수행해야 하므로 공식을 이해하기 어렵다. 예제에서는 임시 테이블에서 고객 레벨로 사전에 통합하기 위해 SUMMARIZE를 사용하고, 임시 테이블의 YearlyIncome을 평균한다. 그림 1-6에서 보듯이 정확한 값은 앞서 계산했던 잘못된 값과 상당한 차이가 있다.

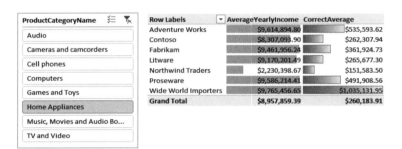

그림 1-6 데이터(잘못된 평균을 포함)와 나란히 놓인 올바른 평균 데이터는 정확한 값과 얼마나 큰 차이가 있는지 보여준다.

연간 소득은 고객 레벨에서 의미 있는 정보이고, 이 단순한 사실을 이해하기 위해 시간을 투자할 가치가 있다. 개별 세일 레벨의 숫자는 정확하지만, 위치가 올바르지 않다. 달리 말하면 고객 레벨에서 의미 있는 값을 개별 세일 레벨에서 같은 의미로 사용할 수 없다. 실제로 정확한 결과를 얻으려면 임시 테이블에서라도 그래뉼래러티를 줄여야 한다.

다음은 이 예제에서 배울 수 있는 두 가지 중요한 교훈이다.

- 정확한 공식은 단순한 AVERAGE보다 복잡하다. 데이터가 체계적으로 정리되지 않고 테이블에 흩뿌려져 있기 때문에 값을 임시로 통합해 테이블의 그래뉼래러티를 바로잡아야 한다.

- 데이터와 친숙하지 않다면 이 에러를 알아채지 못할 가능성이 높다. 그림 1-6의 결과를 보면, 사실이라기엔 연간 수입이 너무 높다는 점을 발견할 수 있다. 고객 중 연 2,000,000달러보다 적게 버는 사람이 없는 것처럼 말이다. 하지만 계산이 더 복잡할 경우 에러를 식별하기 더 어렵고 잘못된 숫자를 보여주는 결과를 초래할 수 있다.

원하는 만큼 자세한 보고서를 만들기 위해 그래뉼래러티를 높여야 하지만, 너무 높으면 계산이 어려워진다. 어떻게 적절한 그래뉼래러티를 선택할 수 있을까? 어려운 문제다. 이에 대한 답은 나중으로 미룬다. 모델의 적절한 데이터 그래뉼래러티를 찾기 위한 지식을 전해주고 싶지만, 적절한 그래뉼래러티를 선택하는 것은 노련한 데이터 모델러에게도 어려운 스킬이라는 점을 기억한다. 지금은 그래뉼래러티가 무엇인지 그리고 모델의 각 테이블에서 적절한 그래뉼래러티를 정의하는 것이 얼마나 중요한지를 배운 것으로 충분하다.

실제로 지금 작업 중인 모델은 그래뉼래러티와 관련된 더 큰 문제가 있다. 사실 이 모델의 가장 큰 문제는 모든 정보를 하나의 테이블이 가진다는 점이다. 이 예제처럼 모델에 테이블이 하나라면 수행해야 할 수 있는 가능한 모든 측정과 분석을 고려해 테이블의 그래뉼래러티를 선택해야 한다. 작업하기 얼마나 어려운가와 별개로 모든 측정식에 완벽한 그래뉼래러티는 없다. 다음 절에서는 여러 테이블을 사용하는 방법을 소개하고 여러 그래뉼래러티를 선택할 수 있도록 한다.

데이터 모델 소개

앞 절에서 하나의 테이블 모델에서 적절한 그래뉼래러티를 정의할 때의 문제에 대해 살펴 봤다. 엑셀 사용자는 종종 단일 테이블 모델을 사용하곤 한다. 이것이 엑셀 2013 이전 버 전에서 피벗 테이블을 만드는 유일한 방법이었기 때문이다. 마이크로소프트는 엑셀 2013 에서 많은 테이블을 로드하고 관계를 설정하며 사용자가 강력한 데이터 모델을 생성할 수 있도록 엑셀 데이터 모델^{Excel Data Model}을 소개했다.

데이터 모델이란 무엇인가? 데이터 모델은 관계로 연결된 테이블의 집합이다. 흥미롭지는 않지만 단일 테이블 모델도 데이터 모델이다. 여러 테이블을 만들면 생기는 관계로 인해 더욱 강력하고 분석하기 좋은 모델이 된다.

하나 이상의 테이블을 로드한 후 데이터 모델을 만드는 것이 자연스럽다. 게다가 데이터 모델을 만드는 전문가가 다루는 데이터베이스에서 데이터를 로드하는 것이 일반적이다. 이는 소스 데이터베이스에 이미 존재하는 모델을 모방할 수 있다는 의미다. 이런 면에서 작업이 다소 간단해진다.

불행히도 이 책에서 배웠듯이 소스 데이터 모델이 수행해야 하는 분석을 위한 완벽한 구조 가 아닐 수 있다. 복잡도가 높아지는 예제를 통해 데이터 소스로부터 스스로 모델을 만드 는 방법을 알아본다. 학습을 위해 단순하게 설명하고 이 책의 나머지 부분에서 이 기술을 점진적으로 다룰 것이다. 지금은 기본부터 시작한다.

데이터 모델의 개념을 소개하기 위해 콘토소 데이터베이스에서 엑셀 데이터 모델로 Product와 Sales 테이블을 로드한다. 테이블을 로드하면 그림 1-7과 같은 도표를 얻고 각 각의 칼럼을 갖는 두 개의 테이블을 볼 수 있다.

 노트 | 파워 피벗에서 관계 다이어그램을 볼 수 있다. 이를 보려면 엑셀 리본의 **Power Pivot** 탭을 클릭하 고 **관리**를 클릭한다. 다음으로 파워 피벗 창의 **Home** 탭에서 **View** 그룹의 **Diagram View**를 선택한다.

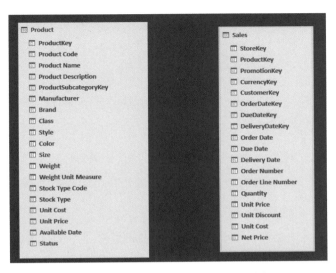

그림 1-7 데이터 모델을 사용해 여러 테이블을 로드할 수 있다.

예제와 같이 연결되지 않은 두 개의 테이블은 아직 진짜 데이터 모델이 아니다. 단지 두 개의 테이블일 뿐이다. 이를 더 의미 있는 모델로 바꾸려면 두 테이블 사이의 관계를 만들어야 한다. 이 예제에서는 Sales 테이블과 Product 테이블이 모두 ProductKey 칼럼을 가진다. Product 테이블에서는 모든 줄에서 서로 다른 값을 가지는 주요 키로, 제품을 식별하기 위해 사용한다. Sales 테이블에서는 판매된 제품을 식별하기 위한 목적으로 제공된다.

> **인포** | 테이블의 주요 키는 모든 줄에서 서로 다른 값을 갖는 칼럼이다. 즉, 칼럼 값을 알면 테이블에서 하나의 위치 즉 하나의 줄을 식별할 수 있다. 고유한 값을 갖는 여러 칼럼이 있다면 모두 키가 된다. 주요 키가 특별한 것은 아니다. 기술적인 관점에서 볼 때, 고유한 줄을 식별하는 값으로 사용되는 칼럼일 뿐이다. 예를 들어 고객 테이블에서 이름 칼럼도 고유한 값이지만 주요 키는 고객 코드다.

테이블에 고유한 식별자가 있고, 다른 테이블의 칼럼에서 이를 참조하면 두 테이블 사이의 관계를 만들 수 있다. 두 사실 모두 만족해야 관계가 성립된다. 모델에서 관계를 위한 키가 둘 중 하나의 테이블에서 식별자가 아니라면, 이 책에서 배운 많은 기술 중 하나를 사용해 모델을 조작해야 한다. 지금은 이 예제를 사용해 관계에 대한 몇 가지 사실을 설명한다.

- **Sales 테이블을 소스 테이블이라 한다.**   관계는 Sales에서 시작한다. 제품을 검색하기 위해 항상 Sales에서 시작하기 때문이다. Sales에서 제품의 키 값을 얻고 Product 테이블에서 검색한다. 이 시점에 제품과 이에 대한 모든 속성을 안다.

- **Product 테이블은 관계의 타깃이다.**   이는 Sales에서 시작해 Product에 도달하기 때문이다. 따라서 Product는 검색 타깃이 된다.

- **관계는 소스에서 시작해 타깃에 도달한다.**   즉, 관계에는 방향이 있다. 때문에 소스에서 시작해 타깃을 가리키는 화살표로 표현하곤 한다. 다양한 제품이 서로 다른 그래픽으로 관계를 표현한다.

- **소스 테이블은 관계에서 many side라고 한다.**   이 이름은 주어진 세일에 오직 하나의 제품만 있는 반면, 주어진 제품에는 세일이 많을 수 있기 때문이다. 같은 이유로 타깃 테이블은 관계에서 one side로 부르기도 한다. 이 책에서는 one side와 many side 용어를 사용한다.

- **ProductKey 칼럼은 Sales와 Product 테이블에 모두 존재한다.**   ProductKey는 Product의 키지만, Sales에서는 키가 아니다. 때문에 Product에서는 주요 키^{Primary Key}라 부르지만, Sales에서는 외부 키^{Foreign Key}라고 부른다. 외부 키는 다른 테이블의 주요 키를 가리키는 칼럼이다.

데이터 모델링에서 이 용어들을 자주 사용하고, 이 책에서도 마찬가지다. 이제 용어를 설명했으니, 이 책의 전반에서 사용할 것이다. 하지만 여러분이 알 수 있도록 처음 몇 장에서 여러 번 반복해서 정의할 테니 걱정하지 않아도 된다.

엑셀과 파워 BI를 사용해 외부 키(Sales의 ProductKey)를 가져와 주요 키(Product의 ProductKey)에 연결해 관계를 만들 수 있다. 이렇게 해보면 엑셀과 파워 BI 모두 관계를 표현하기 위해 화살표를 사용하지 않는다는 것을 알 수 있다. 사실 다이어그램 뷰에서 관계는 one side와 many side를 숫자(one)와 별표(many)로 구별한다. 그림 1-8은 파워 피벗의 다이어그램 뷰다. 이 그림에서도 중간에 화살표가 있는 것을 볼 수 있지만 이는 관계를 표시하지 않는다. 이는 대신 필터 전파$^{\text{filter propagation}}$ 방향이고 완전히 다른 목적으로 사용된다. 이 책의 뒷부분에서 다룰 것이다.

노트 | 파워 피벗 탭이 사라졌다면, 엑셀에 문제가 있거나 애드인이 비활성화됐을 가능성이 높다. 파워 피벗 애드인을 다시 활성화시키려면 **파일** 탭을 선택하고 왼쪽의 **옵션**을 클릭한다. 엑셀 옵션 창의 왼쪽 패널에서 **추가 기능**을 클릭한다. 그리고 페이지 하단의 **관리** 목록 박스를 열고 **COM 추가 기능**을 선택한 후 이동을 클릭한다. COM 추가 기능 창에서 **Microsoft Power Pivot for Excel**을 선택한다. 이미 선택돼 있다면 선택을 해제한다. 그리고 **확인**을 클릭한다. 파워 피벗 선택을 해제했다면 COM 추가 기능 창으로 다시 돌아가 애드인을 다시 선택한다. 리본에 다시 파워 피벗 탭이 보일 것이다.

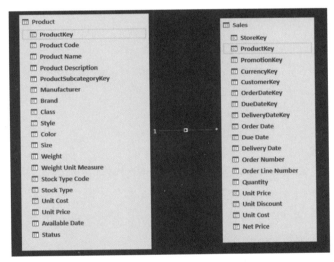

그림 1-8 관계를 줄로 표시한다. 여기서는 Product와 Sales를 연결하고 side도 표시했다(one side는 1, many side는 *).

관계를 만들면 Product 테이블의 칼럼을 사용해 Sales 테이블의 값을 분할하고 합계를 구할 수 있다. 실제로 그림 1-9에서 보듯이 Color(그림 1-8를 참고하면 Product 테이블의 칼럼)를 사용해 Quantity의 합(Sales 테이블의 칼럼)을 구할 수 있다.

두 개의 테이블을 사용하는 데이터 모델의 첫 예제를 살펴봤다. 앞서 언급했듯이 데이터 모델은 단순히 관계로 연결된 테이블의 집합(이 예제에서는 Product와 Sales)이다. 예제를 더 살펴보기 전에 그래뉼래러티에 대해 조금 더 살펴보자. 이번에는 여러 개의 테이블이 있다.

Row Labels ▼	Sum of Quantity
Azure	60
Black	4307
Blue	985
Brown	453
Gold	155
Green	374
Grey	1551
Orange	179
Pink	600
Purple	10
Red	896
Silver	3604
Silver Grey	143
Transparent	141
White	3746
Yellow	294
Grand Total	17498

그림 1-9 관계를 만들면 다른 테이블의 칼럼을 사용해 테이블의 값을 분할할 수 있다.

1장 첫 번째 절에서 단일 테이블의 그래뉼래러티를 정의하는 것이 얼마나 중요하고 복잡한지 배웠다. 잘못 정의하면 계산하기 어려워진다. 두 개의 테이블을 포함하는 새 데이터 모델의 그래뉼래러티는 어떨까? 이 경우는 문제가 약간 다르고, 어느 정도 해결하기 쉽지만 동시에 이해하기 조금 더 복잡하다.

테이블이 두 개이므로 서로 다른 두 개의 그래뉼래러티를 가진다. Sales의 그래뉼래러티는 각 세일 레벨인 반면 Product의 그래뉼래러티는 제품 레벨이다. 사실 그래뉼래러티는 전체 데이터 모델이 아닌 테이블에 적용되는 개념이다. 테이블이 많을 때 모델의 각 테이블에 그래뉼래러티 레벨을 조절해야 한다. 테이블이 하나인 경우의 시나리오보다 복잡해보이지만 자연스럽게 관리하기 쉽고 그래뉼래러티 문제가 없는 모델이 된다.

테이블이 두 개이므로, Sales의 그래뉼래러티를 각 세일 레벨로 정의하고 Product의 그래뉼래러티를 제품 레벨로 정의하는 것이 자연스럽다. 1장의 첫 예제를 다시 떠올려보자. 그래뉼래러티가 제품 카테고리와 하위 카테고리 레벨인 세일 정보를 포함하는 Sales 테이블이 있다. 제품 카테고리와 하위 카테고리 모두 Sales 테이블에 저장했기 때문이다. 즉, 그래뉼래러티를 선택해야 했고, 이는 정보를 잘못된 위치에 저장했기 때문이다. 정보의 일부가 자리를 바로잡으면 그래뉼래러티는 더 이상 문제가 되지 않을 것이다.

사실 제품 카테고리는 각 세일의 속성이 아닌 제품의 속성이다. 어떤 의미에서는 세일 속성이지만 이는 세일이 제품과 관련 있기 때문이다. Sales 테이블에 ProductKey를 저장하면 관계에 의존해 제품 카테고리와 색상, 그 외의 제품 정보 등 제품의 모든 정보를 검색한다. 따라서 Sales에 제품 카테고리를 저장할 필요가 없고 그래뉼래러티 문제가 적어진다. 당연히 Product의 모든 칼럼도 마찬가지다. 색상, 가격, 제품 이름 등 Product 테이블의 모든 칼럼을 예로 들 수 있다.

> **인포** | 적절하게 디자인된 모델에서는 각 테이블의 그래뉼래러티를 적절한 레벨로 설정하므로 더 단순하고 강력한 구조가 된다. 이것은 관계의 파워다. 여러 테이블에 대해 고려하고, 엑셀에서 상속된 단일 테이블 방식을 제거할 때 사용할 수 있다.

Product 테이블을 주의 깊게 봤다면, 제품 카테고리와 하위 카테고리가 없다는 것을 알아챘을 것이다. 대신 ProductSubcategoryKey 칼럼이 있고, 이 이름은 제품 하위 카테고리를 포함하는 다른 테이블 키(주요 키)의 참조자(reference, 즉 외부 키)임을 암시한다. 실제로 데이터베이스에 제품 카테고리와 제품 하위 카테고리를 포함하는 두 개의 테이블이 있다. 두 테이블을 모두 모델에 로드하고 올바른 관계를 만들면, 그림 1-10과 같이 파워 피벗의 다이어그램 뷰에 반영된다.

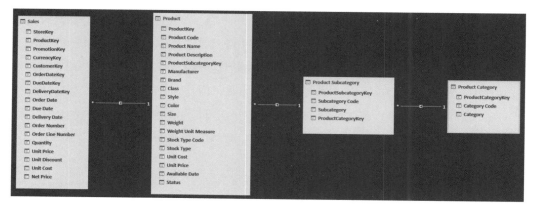

그림 1-10 제품 카테고리와 하위 카테고리를 다른 테이블에 저장하고, 관계를 통해 접근할 수 있다.

보다시피 제품에 대한 정보를 Product, Product Subcategory, Product Category의 세 테이블에 저장했다. 이는 관계를 연결시켜, Product에서 Product Subcategory로 그리고 마지막으로 Product Category로 이어진다.

이 디자인 기법을 사용하는 이유가 뭘까? 첫눈에 보기에도 이는 간단한 정보를 저장하는 복잡한 방법처럼 보인다. 하지만 처음부터 아주 분명하지 않더라도 많은 이점이 있다. 제품 카테고리를 별도의 테이블에 저장함으로 많은 제품이 참조하는 카테고리를 product category 테이블의 한 줄에 저장하는 데이터 모델이 된다. 이 방법이 정보를 저장하는 좋은 방법인 이유는 두 가지다. 첫 번째로 같은 이름을 반복하지 않아 모델의 디스크 크기를 줄인다. 두 번째로 카테고리 이름을 업데이트해야 할 때 이 정보가 저장된 한 줄만 업데이트하면 된다. 모든 제품은 관계를 통해 자동으로 새 이름을 사용할 것이다.

이 디자인 기법을 정규화라고 한다. 제품 카테고리 같은 속성을 별도의 테이블에 저장하고 그 테이블을 가리키는 키로 대체했을 때 정형화라고 한다. 이는 잘 알려진 기술이고 데이터베이스 디자이너가 데이터 모델을 만들 때 널리 사용한다. 반대의 기술 즉, 속성을 소속된 테이블에 저장하는 것을 비정규화라 한다. 모델을 비정규화하면 같은 속성이 여러 번 나오고 이를 업데이트해야 할 때 포함하는 모든 줄을 업데이트해야 한다. 예를 들어 모든 빨간 제품에 "Red"라는 문자열이 나오므로 제품의 색상은 비정규화된 것이다.

어쩌면 여기서 콘토소 데이터베이스 디자이너가 카테고리와 하위 카테고리를 다른 테이블에 저장(즉, 정규화)한 반면 Product 테이블의 color와 manufacturer, brand는 그러지 않은 (즉, 비정규화) 이유가 궁금할 것이다. 이 특별한 경우에 대한 대답은 단순하다. 콘토소는 시현용 데이터베이스이고, 이 구조는 다른 디자인 기법을 설명하기 위한 것이다. 실제 조직의 데이터베이스에서는 데이터베이스의 활용 방법에 따라 선택하므로 아마도 고도로 정규화되거나 비정규화된 데이터 구조를 보게 될 것이다. 그럼에도 불구하고 정규화된 속성을 찾고 비정규화된 속성을 찾을 준비를 한다. 데이터 모델링을 할 때 많은 옵션이 있으므로 이것이 일반적이다. 시간이 흐르면 디자이너는 다른 결정을 내릴 수 있다.

고도로 정규화된 구조는 OLTP^online transactional processing 시스템에서 일반적이다. OLTP 시스템은 일상적인 작업을 처리하기 위해 디자인된 데이터베이스다. 송장을 준비하거나, 주문을 하고, 상품을 발송하며 요구 사항을 해결하는 등의 작업을 한다. 이런 데이터베이스는 입력과 업데이트 동작이 많고, 최소한의 공간을 사용하도록(이는 일반적으로 빠르게 동작한다는 의미다) 디자인되기 때문에 고도로 정규화된다. 사실 회사의 일상적인 업무에서는 정보(예를 들면 고객)를 업데이트하면 이 고객을 참조하는 모든 정보가 자동으로 업데이트되는 것이 좋다. 이는 고객 정보가 적절하게 정규화돼 있다면 원활하게 처리된다. 고객의 모든 주문이 곧바로 새로 업데이트된 정보를 참조할 것이다. 고객 정보가 비정규화됐다면 고객의 주소를 업데이트하면 결과적으로 수백 개의 업데이트 명령문이 서버에서 실행되고 성능을 저하시키는 원인이 된다.

OLTP 시스템은 거의 모든 속성을 분리된 테이블에 저장하므로 종종 수백 개의 테이블로 구성된다. product를 예로 들면 manufacturer 테이블, brand 테이블, color 테이블 등을 볼 수 있을 것이다. 따라서 product처럼 단순한 엔티티^entity는 10개 또는 20개의 다른 테이블에 저장될 수 있고, 모두 관계를 통해 연결된다. 이상하게 보일지라도 데이터베이스 디자이너가 자랑스럽게 말하는 "훌륭하게 정규화된 데이터 모델"이고, 자랑스러운 것이 맞다. OLTP 데이터베이스에서 정규화는 가치 있는 기술이다.

데이터를 분석할 때는 입력과 업데이트를 수행하지 않는다. 오직 정보를 읽는 동작에만 관심이 있다. 읽기만 할 때 정규화는 결코 좋은 기술이 아니다. 예를 들어 앞의 데이터 모델의 피벗 테이블을 만든다고 가정하자. 필드 목록은 그림 1-11과 비슷할 것이다.

그림 1-11 정규화 모델의 필드 목록에는 사용할 수 있는 너무 많은 테이블이 있고 지저분해질 수 있다.

제품은 세 개의 테이블에 저장된다. 따라서 필드 목록(피벗 테이블의 필드 패널)에 세 개의 테이블을 볼 수 있다. 단점은 Product Category와 Product Subcategory 테이블이 각각 오직 하나의 칼럼만 포함한다는 점이다. 이처럼 정규화가 OLTP 시스템에 좋더라도 분석 시스템에서는 일반적으로 좋지 않다. 보고서의 숫자를 분할할 때 제품의 기술적인 표현에는 관심이 없다. 카테고리와 하위 카테고리를 Product 테이블의 칼럼으로 보는 것이 데이터를 살펴보는 더 자연스러운 방법이다.

> **노트** | 이 예제에서 테이블의 주요 키처럼 필요 없는 칼럼을 의도적으로 숨겼고, 이는 항상 좋은 방법이다. 그렇지 않으면 여러 칼럼이 출력되고 모델을 살펴보기 어렵다. 필드 목록이 수십 개의 제품 테이블이 있는 것처럼 보인다고 생각해보자. 여기서 보고서에 사용할 적절한 칼럼을 찾으려면 상당한 시간이 걸릴 것이다.

결국 보고서 작성을 위한 데이터 모델을 만들 때 원본 데이터를 어떻게 저장하는지와 상관없이 합리적인 레벨의 비정규화를 해야 한다. 비정규화를 너무 많이 수행하면 그래뉼래러티 문제에 맞닥뜨리게 된다. 이 책의 뒷부분에서 과도한 비정규화 모델이 갖는 다른 부정적인 결과를 살펴볼 것이다. 그러면 적절한 레벨의 정규화란 무엇일까?

완벽한 비정규화 레벨에 대한 규칙은 정의돼 있지 않다. 그럼에도 불구하고 직관적으로 테이블에 저장된 엔티티를 완벽하게 설명하는 자체 포함 구조^{self-contain structure}가 될 때까지 비정규화를 한다. 이 절 예제에서는 Product Category와 Product Subcategory 칼럼을 Product 테이블로 이동시켜야 한다. 이 칼럼들은 제품의 속성이고 분리된 테이블에 위치하는 것이 좋지 않기 때문이다. 하지만 제품과 세일은 두 개의 서로 다른 정보이므로 Sales 테이블에 제품을 비정규화하지 않는다. 세일은 제품과 관련이 있지만 제품으로 세일을 완벽하게 식별할 수 없다.

여기서 단일 테이블의 모델이 과도하게 비정규화된 것이라고 생각할지 모른다. 사실이다. 실제 Sales 테이블의 제품 속성 그래뉼래러티에 대해 걱정해야 했지만, 이는 잘못된 것이다. 적절한 레벨로 비정규화된 훌륭한 디자인 모델이라면 그래뉼래러티는 아주 자연스럽게 결정된다. 하지만 모델이 과도하게 비정규화되면 그래뉼래러티에 대해 걱정해야 하고 문제가 생기게 된다.

스타 스키마 소개

지금까지 제품과 세일을 포함하는 아주 단순한 모델을 살펴봤다. 실제로 이렇게 단순한 모델은 많지 않다. 콘토소 같이 전형적인 회사는 제품, 가게, 직원, 고객, 시간 등 몇 개의 정보 자산이 있다. 이런 자산은 함께 상호작용하고 이벤트를 생성한다. 예를 들어 가게에서 일하는 직원이 제품을 특정 고객에게 해당 날짜에 판매한다.

다양한 비즈니스로 인해 서로 다른 자산을 관리하고 이들의 상호작용은 다양한 이벤트를 생성한다. 하지만 일반적으로 생각하면 자산과 이벤트는 거의 언제나 분명하게 분리된다. 자산이 매우 다르더라도 어떤 비즈니스에서든 이 구조가 반복된다. 예를 들어 의료 환경에서 이벤트는 환자가 특정 질병에 대해 진단을 받고 이를 위한 처방을 얻는 것이므로, 자산은 환자, 질병, 처방을 포함한다. 요청 시스템에서 자산은 고객, 요청 사항, 시간을 포함하겠지만 이벤트는 요청을 처리하는 과정에서 다양한 상태를 가질 것이다. 특정 비즈니스에 대해 생각해보는 시간을 갖자. 대부분 자산과 이벤트를 확실하게 구분할 수 있을 것이다.

자산과 이벤트 간의 구분으로 스타 스키마star schema로 알려진 데이터 모델링 기법에 이르렀다. 스타 스키마에서는 엔티티(테이블)를 두 개의 카테고리로 구분한다.

- **디멘션**Dimensions 제품, 고객, 직원 또는 환자와 같은 정보 자산이다. 디멘션은 속성을 갖는다. 예를 들어 제품은 색상, 카테고리, 하위 카테고리, 제조사, 비용과 같은 속성을 갖는다. 환자는 이름, 주소, 생년월일 같은 속성을 갖는다.

- **팩트**Facts 일부 디멘션을 포함하는 이벤트다. 콘토소에서 팩트는 제품의 세일이다. 세일은 제품, 고객, 날짜와 다른 디멘션이 있다. 팩트에는 비즈니스에 대해 이해할 수 있도록 통합할 수 있는 숫자인 메트릭metric이 있다. 메트릭은 판매 수량, 판매 금액, 할인율 등일 수 있다.

마음속으로 테이블을 이 두 카테고리로 나누면 팩트가 디멘션과 관련 있는 것이 분명해진다. 각각의 제품에 대한 여러 세일 정보가 있다. 달리 말하면 Sales와 Product 테이블 사이에 관계가 있고 Sales는 many side, 제품은 one side이다. 이 스키마를 설계하고 모든 디멘션을 하나의 팩트 테이블 주변에 놓으면 그림 1-12의 파워 피벗의 다이어그램 뷰에서 보듯이 일반적인 스타 스키마의 특징을 가진다.

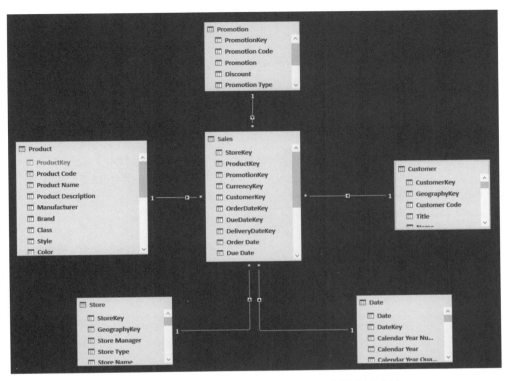

그림 1-12 팩트 테이블을 중앙에 두고 모든 디멘션을 그 주변에 두면 스타 스키마를 볼 수 있다.

스타 스키마는 읽고 이해하고 사용하기 쉽다. 디멘션을 사용해 데이터를 분할하는 반면 팩트 테이블을 사용해 값을 통합한다. 그리고 피벗 테이블 필드 목록에 약간의 엔트리를 만든다.

노트 | 스타 스키마는 데이터 웨어하우스 산업에서 인기가 많아졌다. 오늘날에는 분석적인 모델을 표현하는 표준 방법으로 여겨진다.

테이블의 특징 때문에 디멘션은 1,000,000줄 이하의 작은 테이블이 되는 경향이 있고, 일반적으로는 수백 또는 수천 줄 규모다. 반면 팩트 테이블은 상당히 크다. 수억은 아니더라도 수천만 줄을 저장할 것으로 예상한다. 이와 상관없이 스타 스키마 구조는 상당히 인기가 좋아 대부분의 데이터베이스 시스템은 스타 스키마로 작업할 때 더 효과적인 최적화 기능이 있다.

> **팁** | 더 읽어보기 전에 비즈니스 모델을 어떻게 스타 스키마로 표현할 수 있을지 알아보는 시간을 갖자. 지금 당장 완벽한 스타 스키마를 만들어야 하는 것은 아니지만, 팩트 테이블과 디멘션 테이블을 설계하는 더 좋은 방법을 찾는 데 도움이 되므로 연습을 하는 것이 좋다.

스타 스키마에 익숙해져야 한다. 이는 데이터를 표현하는 편리한 방법을 제공할 뿐 아니라, BI^{business intelligence} 세계에서 스타 스키마와 관련 있는 용어를 자주 사용하고 이 책에서도 마찬가지다. 큰 테이블과 작은 테이블을 구별하기 위해 종종 팩트 테이블과 디멘션에 대해 언급한다. 예를 들어 2장에서는 헤더/세부 테이블을 다룰 것이고, 여러 팩트 테이블 간의 관계를 생성할 때 일반적으로 문제가 있다. 그때에는 팩트 테이블과 디멘션 간의 차이에 대해 기본적으로 이해하고 있다고 생각할 것이다.

스타 스키마에 대한 몇 가지 중요한 세부 사항을 살펴보자. 먼저 팩트 테이블은 디멘션과 관련이 있지만 디멘션 간에는 관계가 없어야 한다. 이 규칙이 중요한 이유와 이 규칙을 따르지 않을 경우 어떻게 되는지 알아보기 위해 도시, 주, 나라/지역 등 지리적 장소에 대한 상세한 정보가 있는 새 디멘션, Geography를 추가해보자. Store와 Customer 디멘션은 Geography와 관계가 있을 수 있다. 그림 1-13의 파워 피벗의 다이어그램 뷰와 같은 모델을 설계할 수 있다.

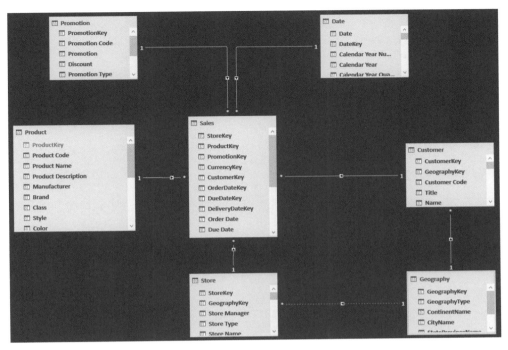

그림 1-13 Geography라는 새 디멘션은 Customer와 Store 디멘션과 관련이 있다.

이 모델은 디멘션 간에는 관계가 없어야 한다는 규칙을 위반했다. 사실 Customer, Store, Geography 이 세 테이블은 모두 디멘션이지만 관계가 있다. 이것이 왜 나쁜 모델일까? 이로 인해 모호성이 생기기 때문이다.

도시별로 구분해 판매 총액을 계산해보자. 시스템은 Geography와 Customer 사이의 관계에 따라 판매 총액을 가져와 고객의 도시에 따라 구분할 수 있다. 또는 Geography와 Store의 관계에 따라 스토어가 위치한 도시별로 판매 총액을 구할 수 있다. 세 번째로, 두 관계 모두에 따라 해당 도시의 스토어에서 해당 도시의 고객에게 판매한 총액을 구할 수 있다. 데이터 모델이 모호하므로 숫자가 무엇을 의미하는지 이해하기 어렵다. 이는 기술적인 문제일 뿐 아니라 논리적인 문제이기도 하다. 실제로 데이터 모델을 찾는 사용자가 혼란스럽고 숫자를 이해할 수 없다. 이런 모호성 때문에 엑셀과 파워 BI 모두 직접 모델을 설계하도록 허용하지 않는다. 2장에서 더 큰 규모의 모호성에 대해 살펴볼 것이다. 지금은 엑셀(예제를 설계하기 위해 사용한 도구)에서는 모델이 모호하지 않도록 Store와 Geography의 관계를 비활성화시켜야 한다는 것만 기억하자.

데이터 모델러로서 당신은 무슨 수를 쓰든 모델이 모호하지 않게 해야 한다. 이 시나리오에서 어떻게 모호성을 해결할까? 해답은 단순하다. 모델에서 Geography 테이블을 제거하고 Store와 Customer의 Geography 테이블의 관련 칼럼을 비정규화한다. 예를 들어 그림 1-14의 파워 피벗 다이어그램과 같은 모델을 얻기 위해 Store와 Customer 모두에 ContinentName을 포함시킨다.

Geography의 칼럼을 Customer와 Store로 비정규화하고, Geography 테이블은 더 이상 모델에 포함시키지 않는다.

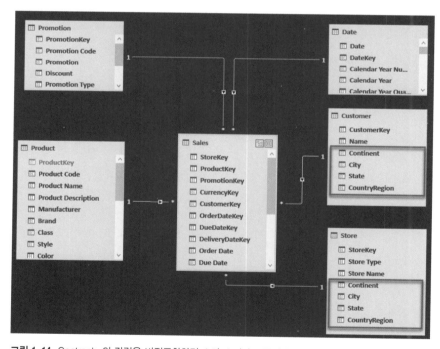

그림 1-14 Geotraphy의 칼럼을 비정규화하면 스타 스키마로 돌아간다.

적절한 비정규화로 모호성을 제거했다. 이제 사용자는 Customer 또는 Store 테이블의 Geography 칼럼으로 구분할 수 있다. 이 경우 Geography는 디멘션이지만, 사용자가 적절한 스타 스키마를 사용할 수 있도록 이를 비정규화했다.

이 주제를 마무리하기 전에, 종종 사용하게 될 다른 용어 스노우플레이크^{snowflake} 스키마를 소개한다. 스노우플레이크 스키마는 스타 스키마의 변형으로, 디멘션이 팩트 테이블에 직접 연결되지 않는다. 대신 다른 디멘션과 연결된다. 이미 스노우플레이크 스키마를 본 적이 있다. 그림 1-15의 파워 피벗 다이어그램이다.

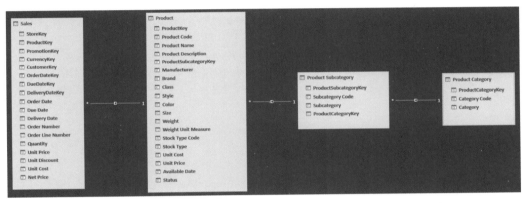

그림 1-15 Product Category, Subcategory, Product의 관계가 연쇄적으로 연결된 스노우플레이크 구조다.

스노우플레이크 스키마는 디멘션 연결 규칙을 위반하는가? 어떤 의미에서는 그렇다. Product Subcategory와 Product의 관계는 두 디멘션의 관계이기 때문이다. 이 예제와 이전 예제와의 차이는 이 관계가 Product Subcategory와 팩트 테이블 또는 Product와 연결된 다른 디멘션 사이의 유일한 관계라는 점이다. 즉, Product Subcategory를 서로 다른 제품을 그룹화한 디멘션으로 생각할 수 있지만 다른 디멘션이나 팩트와 함께 그룹 짓는 것이 아니다. Product Category도 마찬가지다. 즉, 스노우플레이크 스키마가 앞서 언급한 규칙을 위반하더라도 어떠한 모호성도 없는 스노우플레이크 스키마를 사용하는 데이터 모델은 확실히 훌륭하다.

> **노트** | 팩트 테이블에서 가장 먼 테이블의 칼럼을 가까운 테이블로 비정규화해 스노우플레이크 스키마 사용을 피할 수 있다. 하지만 때로는 스노우플레이크 스키마가 데이터를 표현하는 좋은 방법이다. 약간의 성능 저하 외에는 나쁠 것이 없다.

이 책 전반에서 살펴보겠지만, 대부분 스타 스키마가 데이터를 표현하는 가장 좋은 방법이다. 물론 스타 스키마가 완벽하게 맞지 않는 시나리오가 있다. 하지만 여전히 데이터 모델 작업을 할 때 스타 스키마를 사용해 표현하는 것이 좋다. 완벽하지 않을 수 있지만 훌륭한 해결책이 되기에 충분할 만큼 완벽에 가까울 것이다.

> **노트** | 데이터 모델링을 더 배우면 스타 스키마를 벗어나는 것이 좋은 상황을 볼 수 있다. 하지만 그러지 않길 바란다. 대개 스타 스키마가 최선인 몇 가지 이유가 있다. 불행히도 이 이유 대부분은 데이터 모델링 경험을 쌓은 후에야 이해할 수 있다. 경험이 많지 않다면, 스타 스키마가 최선이라는 전 세계 수천만 BI 전문가를 믿기 바란다.

객체 이름 정의의 중요성 이해

데이터 모델을 설계할 때 SQL Server database 또는 다른 데이터 소스로부터 데이터를 가져오는 것이 일반적이다. 대개 데이터 소스 개발자가 이름을 정하는 규칙을 결정한다. 수많은 이름 정의 규칙이 있고 개개인 모두가 이름을 정하는 자신만의 규칙이 있다고 말하는 것도 틀리지 않다.

데이터 웨어하우스를 만들 때, 데이터베이스 디자이너는 디멘션의 접두사로 Dim을 사용하고, 팩트 테이블에는 Fact를 사용하곤 한다. 따라서 DimCustomer나 FactSales와 같은 테이블 이름을 일반적으로 볼 수 있다. 다른 이들은 테이블 이름에는 Tbl 접두사를, 뷰에는 Vw 접두사를 사용해 뷰와 물리적 테이블을 구분하곤 한다. 여전히 이름이 모호하다고 여기고 Tbl_190_Sales처럼 숫자 사용을 선호하기도 한다. 계속해서 열거할 수 있지만, 요점은 많은 표준이 있고 각 표준마다 장단점이 있다는 것이다.

어떤 기술적인 표준도 따를 필요가 없다. 단지 일반적인 상식과 사용 편의성을 따른다. 예를 들어 데이터 모델을 살펴보다가 VwDimCstmr이나 Tbl_190_FactShpmt 같은 바보 같은 테이블 이름에 실망할 수 있다. 이 이름은 이상하고 직관적이지 않다. 하지만 여전히 데이터 모델링에서 이와 같은 이름을 많이 볼 수 있다. 테이블 이름에 대해서만 이야기했지만, 칼럼 이름의 경우 더욱 극단적으로 창의성이 부족하다. 여기서는 이런 이름을 모두 없애고 명확하게 디멘션 또는 팩트 테이블을 구별할 수 있는 읽기 좋은 이름을 사용하기 바란다.

몇 년에 걸쳐 많은 분석 시스템을 설계했고, 시간이 지날수록 테이블과 칼럼 이름을 정하는 단순한 규칙을 개발했다.

- **디멘션을 위한 테이블 이름은 단수 또는 복수 형식의 비즈니스 자산 이름으로 구성한다.** 즉, 고객은 Customer 또는 Customers라는 이름의 테이블에 저장한다. 제품 정보는 Product 또는 Products라는 테이블에 저장한다(단수형을 선호한다. 파워 BI에서 자연어 쿼리를 사용할 때 조금 더 작업하기 좋기 때문이다).

- **비즈니스 자산이 여러 단어를 포함한다면, 케이싱^{casing}을 사용해 단어를 분리한다.** 즉, product categories는 ProductCategory로 저장하고, 수송 국가는 CountryShip 또는 CountryShipment로 한다. 그렇지 않으면 케이싱 대신 공백을 사용할 수 있다. 일례로 Product Category를 사용한다. 이 방법도 좋긴 하지만 DAX 코드를 작성하기 어려울 수 있다. 결국은 개인적인 선택의 문제다.

- **팩트 테이블 이름은 팩트를 위한 비즈니스 이름으로 구성하며, 항상 복수형으로 한다.** 즉, 세일은 Sales라는 이름의 테이블에 저장하고, 구매는 Purchases에 저장한다. 모델을 살펴볼 때 자연스럽게 한 명의 고객(Customer 테이블)과 많은 구매(Sales 테이블)를 떠올리고 테이블을 볼 때 일대다의 관계를 확실히 하도록 단수형 대신 복수형을 사용한다.

- 너무 긴 이름은 피한다. CountryOfShipmentOfGoodsWhenSoldByReseller와 같은 이름은 혼란을 준다. 누구도 이렇게 긴 이름을 읽고 싶어 하지 않는다. 대신 불필요한 단어를 제거해 적절한 축약형을 찾는다.

- 너무 짧은 이름도 피한다. 약어를 사용하곤 한다. 하지만 약어는 말할 때는 유용할 수 있지만, 보고서에서 사용하기엔 분명하지 않다. 예를 들어 리셀러의 선적 국가Country of Shipment for Resellers를 CSR이라는 약어로 사용할 수 있지만, 당신과 함께 오래 일하지 않은 사람이라면 기억하기 힘들 것이다. 보고서는 많은 사용자가 공유할 수 있고, 대다수는 약어를 이해할 수 없다는 사실을 기억하자.

- 디멘션의 키는 디멘션 이름 뒤의 Key이다. 즉, Customer의 주요 키는 CustomerKey이다. 외부 키도 마찬가지다. 다른 테이블 이름으로 테이블에 저장되기 때문에 외부 키라는 것을 알 수 있다. 즉 CustomerKey는 Sales 테이블에서는 Customer 테이블을 가리키는 외부 키고, Customer 테이블에서는 주요 키다.

규칙이 굉장히 적다. 나머지는 여러분이 정하기 나름이다. 나머지 칼럼의 이름은 일반적인 상식에 따르며 직접 결정할 수 있다. 좋은 이름의 데이터 모델은 다른 사람들과 공유하기 쉽다. 게다가 표준 이름 정의 기술을 따른다면 데이터 모델에서 에러나 이슈를 찾기 쉽다.

> **팁** | 이름에 대한 확신이 없을 때는 스스로에서 "다른 사람들이 이 이름을 이해할 수 있을까?"라고 물어보자. 보고서의 사용자가 자기 자신뿐이라고 생각하지 않는다. 조만간 여러분과 완전히 다른 환경의 누군가와 보고서를 공유하는 것이 좋을 수 있다. 그 사람이 이름을 이해할 수 있다면 좋은 이름이다. 그렇지 않다면 모델의 이름에 대해 다시 고민해봐야 한다.

결론

1장에서 데이터 모델링의 기초에 대해 배웠다.

- 하나의 테이블은 가장 간단한 형식이지만 이미 데이터 모델이다.

- 단일 테이블을 사용해 데이터의 그래뉼래러티를 정의해야 한다. 적절한 그래뉼래러티를 선택하면 계산하기 쉬워진다.

- 단일 테이블 작업과 다중 테이블 작업의 차이는 다중 테이블을 사용할 때 관계에 의해 결합된다는 점이다.

- 관계에는 one side와 many side가 있고, 이는 관계를 통해 얼마나 많은 줄을 찾을 가능성이 있는지를 가리킨다. 하나의 제품에 많은 세일 정보가 있기 때문에 제품 테이블은 one side이고, 세일 테이블은 many side이다.

- 테이블이 관계의 타깃이면, 한 개의 줄을 식별하기 위해 사용할 수 있는 유일한 값을 갖는 칼럼 즉, 주요 키가 있어야 한다. 키를 사용할 수 없다면 관계를 정의할 수 없다.

- 정규화 모델은 데이터를 압축해 저장하는 방법의 데이터 모델로, 서로 다른 줄에 같은 값의 반복을 피한다. 이 구조는 일반적으로 테이블의 수를 증가시킨다.

- 비정규화 모델은 반복이 증가하지만(예를 들어 빨간 제품마다 한 번씩 Red라는 이름이 반복된다), 테이블 수는 적다.

- 정규화 모델은 OLTP에서 사용하고, 비정규화 모델은 분석 데이터 모델에서 사용한다.

- 일반적으로 분석 모델은 정보 자산(디멘션)과 이벤트(팩트)를 구분한다. 모델의 각 엔티티를 팩트 또는 디멘션으로 구분함으로 모델을 스타 스키마의 구조로 설계한다. 스타 스키마는 분석 모델에서 가장 널리 사용되는 아키텍처이고, 거의 항상 잘 동작한다는 장점이 있다.

헤더/디테일 테이블 사용

이제 데이터 모델링의 개념을 이해했으니, 많은 시나리오 중 먼저 헤더/디테일 테이블을 사용하는 시나리오를 알아본다. 이 시나리오는 매우 자주 나타난다. 헤더/디테일 테이블은 그 자체로는 사용하기 복잡한 모델은 아니다. 그렇지만 서로 다른 두 레벨의 값을 집계하고 여러 보고서를 함께 보고 싶을 때의 복잡성이 숨어 있다.

헤더/디테일 모델의 예제는 여러 개의 라인을 사용하는 청구서나 주문서를 포함한다. 재료 명세서 또한 일반적으로 헤더/디테일 테이블의 모델을 사용한다. 또 다른 예제로 사람들의 팀을 모델링할 때다. 이 경우, 서로 다른 두 레벨은 팀과 사람이 된다.

헤더/디테일 테이블을 디멘션의 표준 계층 구조와 혼동해서는 안 된다. 예를 들어 제품, 하위 카테고리, 카테고리가 있을 때 생성되는 디멘션의 자연스러운 계층에 대해 생각해보자. 세 레벨의 데이터가 있지만, 이는 헤더/디테일 패턴이 아니다. 헤더/디테일 구조는 이벤트 즉, 팩트 테이블을 기반으로 일종의 계층적인 구조로 생성된다. 그래뉼래러티가 서로 다르더라도 주문과 주문의 라인은 모두 팩트인 반면, 제품, 카테고리, 하위 카테고리는 모두 디멘션이다. 더 엄밀히 말하면 헤더/디테일 테이블은 두 팩트 테이블 사이에 어떤 종류의 관계가 있을 때 나타난다.

헤더/디테일 소개

콘토소 데이터베이스에서 헤더/디테일 시나리오를 만들어보자. 그림 2-1에서 이 데이터 모델을 볼 수 있다.

1장을 기반으로 이 모델이 약간 수정된 스타 스키마라는 점을 알 수 있다. 사실 SalesHeader 또는 SalesDetail을 독립적으로 각각 관련된 테이블과 함께 본다면 스타 스키마다. 하지만 이들을 합치면 SalesHeader와 SalesDetail을 연결하는 관계로 인해 별 모양이 없어진다. 헤더와 디테일 테이블 모두 팩트 테이블이므로 이 관계는 스타 스키마의 규칙을 위반한다. 동시에 헤더 테이블은 디테일의 디멘션처럼 동작한다.

여기서 SalesHeader를 팩트 테이블이 아닌 디멘션이라고 생각하면 스노우플레이크 스키마라고 주장할 수 있다. 게다가 Date, Customer, Store의 모든 칼럼을 SalesHeader로 비정규화하면 다시 완벽한 스타 스키마가 될 수 있다. 하지만 이렇게 처리하지 않는 두 가지 이유가 있다. 첫 번째로, SalesHeader는 TotalDiscount 메트릭을 포함한다. 아마도 TotalDiscount의 값을 고객으로 구분해 집계할 것이다. 메트릭의 존재는 테이블이 디멘션보다는 팩트 테이블에 가깝다는 지표가 된다. 더 중요한 두 번째 고려 사항은 Customer, Data, Store의 어트리뷰트를 비정규화해 SalesOrderHeader라는 하나의 디멘션에 섞는 것은 모델링 에러일 수 있다는 점이다. 때문에 세 디멘션이 콘토소의 비즈니스 자산으로 타당한 반면, 스타 스키마를 만들기 위해 이 디멘션들의 모든 어트리뷰트를 섞어 하나의 디멘션으로 만들면 모델은 더욱 복잡해질 것이다.

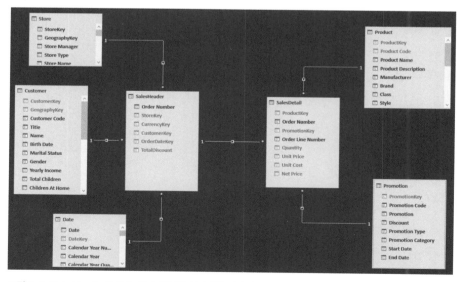

그림 2-1 SalesHeader와 SalesDetail은 헤더/디테일 시나리오를 구성한다.

2장 후반부에서 배우겠지만 올바른 해결 방법은 헤더에 연결된 디멘션을 하나의 새로운 디멘션으로 모으는 것이 더 좋은 생각 같더라도 그렇게 하지 않는 것이다. 대신 최선의 방법은 헤더를 디테일 테이블에 결합시키고 그래뉼래러티를 높이는 것이다. 2장 후반부에서 더 살펴보도록 한다.

헤더 값 집계

보기 좋고 나쁨의 문제와 별개로(완벽한 스타 스키마가 아닌), 헤더/디테일 모델을 사용할 때 성능과 어떻게 적절한 그래뉼래러티로 계산을 수행해야 하는지 고민해야 한다. 이 시나리오에 대해 좀 더 상세히 알아보자.

디테일 레벨에서 (전체 양이나 판매 총액과 같은) 어떤 측정식을 계산할 수 있고, 모든 것이 잘 동작한다. 문제는 헤더 테이블의 값을 집계하려고 할 때 발생한다. 다음과 같은 코드로 헤더 테이블에 저장돼 있는 할인 금액을 계산하는 측정식을 만들 수 있다.

```
DiscountValue := SUM ( SalesHeader[TotalDiscount] )
```

할인 금액은 세일이 발생한 시점에 전체 주문에 대해 계산되기 때문에 헤더에 저장된다. 다시 말해, 할인 금액은 각 라인에 적용되는 것이 아니라 전체 주문에 대해 처리된다. 이런 이유로 헤더 테이블에 저장되고, DiscountValue 측정식을 SalesHeader에 직접 연결된 디멘션의 어트리뷰트로 나누면 바르게 처리된다. 사실 그림 2-2의 PivotTable은 잘 동작한다. 이는 continent(SalesHeader에 연결된 Store의 칼럼)와 year(SalesHeader와 연결된 Date의 칼럼)별로 할인 금액을 구분한다.

DiscountValue	Column Labels			
Row Labels	CY 2007	CY 2008	CY 2009	Grand Total
Asia	$56,282.74	$52,457.75	$42,562.23	$151,302.72
Europe	$52,153.03	$25,881.80	$32,700.45	$110,735.27
North America	$50,070.90	$42,118.73	$41,404.66	$133,594.29
Grand Total	$158,506.66	$120,458.29	$116,667.34	$395,632.29

그림 2-2 year와 continent로 할인 금액을 구분해 PivotTable 생성

하지만 SalesHeader와 직접 연결되지 않은 디멘션의 어트리뷰트 중 하나를 사용하면 측정식은 잘 동작하지 않는다. 예를 들어 제품의 색상별로 구분하면 그림 2-3과 같은 결과를 얻는다. year 필터는 앞의 PivotTable에서처럼 정확히 동작한다. 하지만 색상 필터는 모든 줄이 같은 값을 반복한다. 어떤 의미에서는 보고된 숫자가 맞다. 할인 금액은 헤더 테이블에 저장돼 있고, 어떤 제품과도 연결되지 않기 때문이다. 제품은 디테일 테이블과 연결되고 헤더에 저장된 할인 금액을 제품으로 필터링한다고 할 수 없다.

DiscountValue	Column Labels ▼			
Row Labels ▼	CY 2007	CY 2008	CY 2009	Grand Total
Azure	$158,506.66	$120,458.29	$116,667.34	$395,632.29
Black	$158,506.66	$120,458.29	$116,667.34	$395,632.29
Blue	$158,506.66	$120,458.29	$116,667.34	$395,632.29
Brown	$158,506.66	$120,458.29	$116,667.34	$395,632.29
Gold	$158,506.66	$120,458.29	$116,667.34	$395,632.29
Green	$158,506.66	$120,458.29	$116,667.34	$395,632.29
Grey	$158,506.66	$120,458.29	$116,667.34	$395,632.29
Orange	$158,506.66	$120,458.29	$116,667.34	$395,632.29
Pink	$158,506.66	$120,458.29	$116,667.34	$395,632.29
Purple	$158,506.66	$120,458.29	$116,667.34	$395,632.29
Red	$158,506.66	$120,458.29	$116,667.34	$395,632.29
Silver	$158,506.66	$120,458.29	$116,667.34	$395,632.29
Silver Grey	$158,506.66	$120,458.29	$116,667.34	$395,632.29
Transparent	$158,506.66	$120,458.29	$116,667.34	$395,632.29
White	$158,506.66	$120,458.29	$116,667.34	$395,632.29
Yellow	$158,506.66	$120,458.29	$116,667.34	$395,632.29
Grand Total	**$158,506.66**	**$120,458.29**	**$116,667.34**	**$395,632.29**

그림 2-3 제품 색상에 따라 할인 금액을 구분하면 모든 줄에 같은 값이 반복된다.

헤더 테이블에 저장된 다른 값에서도 유사한 문제가 발생할 것이다. 예를 들어 운송 비용에 대해 생각해보자. 주문의 선적 비용은 주문의 각 제품과 연결되지 않는다. 대신 선적을 위한 전체 비용이고, 역시 상세 테이블과 연결되지 않는다.

어떤 시나리오에서는 이렇게 동작하는 것이 맞다. 사용자는 일부 측정식에서는 디멘션에 따라 간단히 구분할 수 없다는 것을 알고, 이는 정확하지 않은 값을 계산하기 때문이다. 그럼에도 불구하고 이런 특별한 상황에서 각 제품의 평균 할인 비율을 계산하고 싶다면 이 정보를 헤더에서 빼야 한다. 어쩌면 생각보다 복잡할 수 있다. 원인은 데이터 모델 때문이다.

파워 BI 또는 Analysis Services Tabular 2016 이후 버전을 사용한다면, 양방향 필터링을 사용한다. 즉, SalesDetail에서 SalesHeader로 전파propagate하고 모델에 지시할 수 있다는 의미다. 이 방법으로 제품(또는 제품 색상)을 필터링할 때, 필터 SalesHeader와 salesdetail 모두에서 해당 색상의 제품만 포함하는 주문을 볼 수 있다. 그림 2-4의 모델에서 SalesHeader와 salesdetail 사이의 관계에서 양방향 필터링이 활성화된 것을 볼 수 있다.

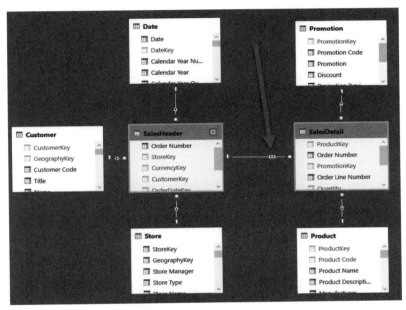

그림 2-4 양방향 필터링을 사용할 수 있다면 관계의 양방향으로 필터를 전파할 수 있다.

엑셀로 작업한다면 데이터 모델 레벨에서 양방향 필터링을 선택할 수 없다. 하지만 다음 코드와 같이 양방향 패턴을 사용해 측정식을 수정해 같은 결과를 얻을 수 있다(8장, '다대다 관계'에서 더 자세히 다룰 것이다).

```
DiscountValue :=
CALCULATE (
    SUM ( SalesHeader[TotalDiscount] ),
    CROSSFILTER ( SalesDetail[Order Number], SalesHeader[Order Number], BOTH )
)
```

데이터 모델의 작은 변경(관계에서 양방향 필터링 활성화) 또는 계산식의 변경(양방향 패턴 적용)으로 문제를 해결한 것처럼 보인다. 하지만 불행히도 두 측정식 모두 의미 있는 값을 계산하지 않는다. 더 정확히 말하면 의미 있는 값을 계산하지만, 당신이 생각했던 것과는 완전히 다른 의미이다.

두 기술 모두 필터를 SalesDetail에서 SalesHeader로 이동시켰지만, 선택된 제품을 포함하는 모든 주문의 전체 할인 금액을 합했다. 만약 brand(SalesHeader와 간접적으로 연결된 Product의 속성)와 year(SalesHeader와 직접적으로 연결된 Date의 속성)별 보고서를 만든다면 이 문제가 눈에 띈다. 그림 2-5의 예제에서 보면, 표시된 셀의 합이 총 합계보다 상당히 큰 것을 볼 수 있다.

이 문제는 각 brand에 대해서 브랜드의 한 제품 이상을 포함하는 주문의 전체 할인 금액을 합한 것이다. 다양한 브랜드의 제품이 포함된 주문이라면, 그 각각의 브랜드 할인 금액으로 계산된다. 따라서 브랜드별 결과를 합산하지 않아야 한다. 총계의 할인 금액은 정확한 반면 각 브랜드별 할인 금액은 예상보다 상당히 큰 값이 된다.

DiscountValue	Column Labels			
Row Labels	CY 2007	CY 2008	CY 2009	Grand Total
A. Datum	$23,396.50	$6,625.26	$6,818.09	$36,839.84
Adventure Works	$31,014.00	$11,358.74	$10,899.31	$53,272.05
Contoso	$51,975.46	$24,946.38	$28,580.97	$105,502.81
Fabrikam	$14,426.09	$22,265.30	$17,478.13	$54,169.52
Litware	$13,876.12	$17,539.56	$14,796.98	$46,212.66
Northwind Traders	$21,013.75	$3,754.67	$5,361.97	$30,130.39
Proseware	$12,812.25	$9,740.69	$15,318.93	$37,871.87
Southridge Video	$23,171.83	$4,380.71	$4,788.64	$32,341.19
Tailspin Toys	$1,029.51	$707.81	$1,775.78	$3,513.10
The Phone Company	$4,027.90	$7,067.17	$6,330.28	$17,425.35
Wide World Importers	$7,125.39	$19,366.80	$14,494.74	$40,986.93
Grand Total	$158,506.66	$120,458.29	$116,667.34	$395,632.29

그림 2-5 피벗 테이블에서 강조 표시된 셀의 합은 458,265.70으로 총계보다 크다.

> **인포** | 이는 알아채기 쉽지 않은 잘못된 계산의 예다. 더 알아보기 전에 정확히 어떤 일이 벌어지는지 살펴보자. 두 개의 주문이 있다고 하자. 하나는 사과와 오렌지이고, 다른 하나는 사과와 복숭아다. 양방향 필터링을 사용해 제품별로 구분할 때, '사과'로 필터링된 두 개의 주문을 볼 수 있고 따라서 전체 할인 금액은 두 주문의 합계가 된다. 오렌지 또는 복숭아로 분할하면 하나의 주문만 볼 수 있다. 따라서 두 주문의 할인 금액이 각각 10과 20이라면, 사과 30, 오렌지 10, 복숭아 20의 세 줄을 보게 될 것이다. 총계에서는 두 주문의 합계인 30을 보게 될 것이다.

이는 스스로 주의해야 하고, 계산식이 틀린 것은 아니다. 처음 데이터 모델에서 문제를 인식하는 데 익숙해지기 전에는 DAX가 올바른 값을 계산할 것이라고 기대하는 경향이 있고 결과가 틀리면 계산식에 문제가 있다고 생각할 수 있다. 종종 계산식에 문제가 있기도 하지만 항상 그렇지는 않다. 이와 같은 시나리오에서는 코드가 아닌 모델에 문제가 있다. 여기서 문제는 DAX는 여러분이 요청한 것을 정확히 계산했지만, 여러분이 요청한 것이 원했던 것이 아닐 뿐이다.

단순히 관계를 업데이트해 데이터 모델을 바꾸는 것은 올바른 해결 방법이 아니다. 해결을 위한 다른 방법을 찾아야 한다. 할인 금액을 헤더 테이블에 전체 값으로 저장했기 때문에 그 값을 단순하게 합할 수 있고, 이는 실제 소스의 오류다. 여기서 놓친 것은 각 제품의 속성 중 하나로 구분할 때 정확한 값을 반환할 수 있도록 주문의 각 라인별 할인 금액을 포함하는 칼럼이다. 문제는 다시 그래뉼래러티다. 제품별로 구분하고 싶다면 주문-상세 그래뉼래러티의 할인 금액이 필요하다. 바로 지금 할인 금액은 주문 헤더 그래뉼래러티에 있고, 이는 원하는 계산에 적합하지 않다.

지나치게 세세한 내용에 얽매이는 위험을 감수하고 중요한 내용을 강조한다. 제품 그래뉼래러티의 할인 금액은 필요하지 않지만, SalesDetail의 그래뉼래러티가 필요하다. 두 그래뉼래러티는 다를 수 있다. 예를 들어 디테일 테이블에 두 줄이 있고, 두 줄은 하나의 주문에 의한 것으로 제품 아이디가 같다. 그러면 어떻게 결과를 얻을까? 문제를 정확하게 인식하면 생각보다 쉽다. 절댓값 대신 SalesHeader에 저장된 할인 비율 칼럼을 계산할 수 있다. 이렇게 하려면 전체 할인 금액을 전체 주문으로 나눠야 한다. 이 모델에서 전체 주문은

SalesHeader에 저장되지 않기 때문에 연결된 디테일 테이블을 순회하며 실시간으로 계산할 수 있다. 다음의 계산식으로 계산된 칼럼 SalesHeader를 볼 수 있다.

```
SalesHeader[DiscountPct] =
DIVIDE (
    SalesHeader[TotalDiscount],
    SUMX (
    RELATEDTABLE ( SalesDetail ),
    SalesDetail[Unit Price] * SalesDetail[Quantity]
    )
)
```

그림 2-6은 그 의미를 쉽게 이해할 수 있도록 퍼센트 형식의 새로운 칼럼을 사용하는 SalesHeader를 사용하는 결과를 보여준다.

Order Number	StoreKey	CurrencyKey	CustomerKey	OrderDateKey	TotalDiscount	DiscountPct
20080604724008	307	1	13009	20080604	€ 0.54	10.00%
200805105CS561	307	1	19098	20080510	€ 13.99	10.00%
20070605820430	307	1	9431	20070605	€ 181.80	10.00%
20070510215734	307	1	4735	20070510	€ 32.90	10.00%
200801156CS531	307	1	19092	20080115	€ 311.99	15.00%
200704013CS473	307	1	19082	20070401	€ 698.60	20.00%
20071115726159	307	1	15160	20071115	€ 1.33	15.00%
200905028CS712	307	1	19122	20090502	€ 97.80	10.00%
20070422714011	307	1	3012	20070422	€ 5.59	20.00%
200902218CS699	307	1	19116	20090221	€ 335.98	20.00%
20070213824162	307	1	13163	20070213	€ 307.36	20.00%
200902076CS697	307	1	19115	20090207	€ 12.20	20.00%
20071227722905	307	1	11906	20071227	€ 13.91	15.00%
20080414822856	307	1	11857	20080414	€ 363.78	20.00%

그림 2-6 DiscountPct 칼럼은 주문의 할인 비율을 계산한다.

일단 이 칼럼을 만들면 같은 주문의 각 라인별 할인 비율이 같다는 것을 알 수 있다. 따라서 SalesDetail 테이블의 모든 줄을 순회해 개별 라인 레벨에서 할인 총합을 계산할 수 있다. 그러면 현재 판매 금액에 헤더의 할인 비율을 곱해 라인의 할인 금액을 계산할 수 있다. 예를 들어 다음은 DiscountValue를 계산하는 이전 버전을 대신하는 코드다.

```
[DiscountValueCorrect] =
SUMX (
    SalesDetail,
    RELATED ( SalesHeader[DiscountPct] ) * SalesDetail[Unit Price] *
SalesDetail[Quantity]
)
```

이 계산식에 더 이상 SalesHeader와 SalesDetail 사이의 양방향 관계가 필요하지 않다고 알려야 한다. 시현용 파일에서는 두 값을 모두 보기 위해 관계를 양방향으로 남겨 뒀다. 실제 그림 2-7의 피벗 테이블에서 두 결과를 나란히 볼 수 있다. 또한 DiscountValueCorrect 값이 약간 작고 총계 레벨의 합계가 정확한 것을 볼 수 있다.

Row Labels	DiscountValue	DiscountValueCorrect
A. Datum	$36,839.84	$26,489.32
Adventure Works	$53,272.05	$47,608.89
Contoso	$105,502.81	$89,994.41
Fabrikam	$54,169.52	$49,618.90
Litware	$46,212.66	$43,991.90
Northwind Traders	$30,130.39	$29,794.45
Proseware	$37,871.87	$34,436.21
Southridge Video	$32,341.19	$17,100.27
Tailspin Toys	$3,513.10	$3,513.10
The Phone Company	$17,425.35	$17,287.23
Wide World Importers	$40,986.93	$35,797.62
Grand Total	$395,632.29	$395,632.29

그림 2-7 나란히 출력된 두 결과는 차이가 있다. 게다가 바른 값의 합계는 예상처럼 총계와 같은 값이다.

계산을 더 단순하게 만들기 위한 또 다른 옵션으로 SalesDetail에 SalesDetail에서 미리 계산된 각 줄의 할인 금액을 나타내는 다음의 표현식으로 계산된 칼럼을 만들 수 있다.

```
SalesDetail[LineDiscount] =
    RELATED ( SalesHeader[DiscountPct] ) *
    SalesDetail[Unit Price] *
    SalesDetail[Quantity]
```

이 경우 각 줄 레벨에 할당된 정확한 할인 금액을 이미 포함하는 LineDiscount 칼럼을 합해 할인 금액을 쉽게 계산할 수 있다.

이런 접근 방법은 우리가 했던 것보다 더 명확하고 유용하다. 우리는 SalesHeader 테이블의 할인 금액을 SalesDetail 테이블로 비정규화해 데이터 모델을 수정했다. 그림 2-8(다이어그램 뷰)은 계산된 칼럼인 LineDiscount를 추가한 이후의 두 팩트 테이블이다. SalesHeader는 더 이상 측정식에서 직접적으로 집계하는 어떤 값도 포함하지 않는다. SalesHeader 테이블의 유일한 메트릭은 SalesDetail 테이블의 LineDiscount를 계산하기 위해 사용하는 TotalDiscount와 DiscountPct 뿐이다. DiscountPct를 사용해 데이터를 구분하지 않는다면 이 두 칼럼은 분석에 유용하지 않으므로 숨겨야 한다. 이 경우에는 보이게 두는 것이 좋다.

이제 이 모델에 대한 결론을 내보자. 신중하게 생각하기 바란다. 이제 SalesHeader에서 볼 수 있었던 메트릭을 SalesDetail로 비정규화했으므로 SalesHeader는 디멘션으로 생각할 수 있다. 다른 디멘션과 관계를 갖는 디멘션이기 때문에 모델은 본질적으로 디멘션이 다른 디멘션을 통해 팩트 테이블로 연결되는 스노우플레이크로 바뀌었다. 스노우플레이크는 성능과 분석 면에서 완벽한 선택은 아니지만, 정상적으로 동작하고 뷰의 모델링 관점에서 유용하다. 이 경우, 관계에 포함된 다른 디멘션 하나하나가 비즈니스의 운영 자산이기 때문에 스노우플레이크가 적당하다. 그러므로 이 예제에서 아주 분명하지 않더라도 데이터 모델을 변경해 문제를 간단하게 해결했다.

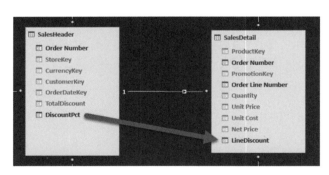

그림 2-8 LineDiscount를 계산하기 위해 DiscountPct와 TotalDiscount 칼럼을 사용한다.

이 예제를 마치기 전에 배운 것을 정리해보자.

- 헤더/디테일 모델에서 헤더 테이블은 동시에 디멘션과 팩트 테이블 모두처럼 동작한다. 디테일을 구분하기 위한 디멘션이고 헤더 그래뉼래러티에서 값을 요약하기 위한 팩트 테이블이다.

- 헤더의 값을 요약하면 양방향 필터링을 활성화시키거나 다대다^{many-to-may} 패턴을 사용하지 않는 한 디테일에 연결된 디멘션의 어떤 필터도 적용되지 않는다.

- 양방향 필터링과 양방향 DAX 패턴은 헤더 그래뉼래러티의 값을 요약하고 합계를 더하지 않는다. 이는 문제가 될 수 있고 아닐 수도 있다. 이 예제에서 이는 문제가 됐고 수정해야 했다.

- 합계 문제를 해결하기 위해 값을 퍼센트로 할당함으로 헤더 테이블에 저장된 합계를 디테일 테이블로 옮길 수 있었다. 데이터를 디테일 테이블에 할당하면 합산하거나 어떤 디멘션으로든 구분할 수 있다. 다시 말해 그래뉼래러티를 적절하도록 값을 비정규화해 모델을 사용하기 쉬워졌다.

노련한 데이터 모델러는 측정식을 만들기 전에 문제를 발견한다. 어떻게? 처음에 우리가 봤듯이, 팩트 테이블도 아니고 디멘션도 아닌 테이블 때문에 테이블을 분할하거나 병합할 수 있는지 쉽게 말할 수 없는 모델이었고 곧 계산하기 어려운 위험이 닥칠 것이다.

헤더/디테일 평면화

앞의 예제에서 헤더의 퍼센트 값을 먼저 계산하고 값을 헤더에서 디테일로 옮겨 하나의 값(할인 금액)을 헤더에서 디테일로 비정규화했다. 이 작업은 StoreKey, PromotionKey, CustomerKey 등 헤더 테이블의 다른 모든 칼럼에도 적용할 수 있다. 이 극단적인 비정규화를 평면화^{flatten}라고 한다. 많은 테이블(예제의 경우에는 두 개)로 구성된 모델을 모든 정보를 포함하는 하나의 테이블을 갖는 모델로 바꾸기 때문이다.

모델을 평면화하는 과정은 일반적으로 엑셀이나 파워 BI 데스크톱의 쿼리 편집기를 사용해 작성한 SQL 쿼리나 M 코드를 통해 모델에 데이터를 로드하기 전에 실행된다. 데이터 웨어하우스에서 데이터를 로드한다면, 데이터를 데이터 웨어하우스로 이동시키기 전에 이미 이 평면화 처리가 됐을 가능성이 높다. 하지만 구조화된 모델과 평면화된 모델에서 쿼리를 사용하는 차이를 살펴보는 것이 좋다.

> **경고** | 이 절의 예제에서 이상한 일을 했다. 모델은 원래 평면화돼 있었다. 여기서 학습 목적으로 헤더/디테일을 사용하는 구조적 모델로 만들었다. 그리고 다시 원래의 평면 구조를 만들기 위해 파워 BI 데스크톱의 M 코드를 사용했다. 평면화 처리를 시현하기 위해 이렇게 했다. 물론 실제로는 이런 복잡한 과정을 거치지 않고 단순한 모델을 바로 로드한다.

원래의 모델은 그림 2-1이다. 그림 2-9는 평면화한 모델로 SalesHeader의 모든 칼럼을 Sales로 비정규화한 순수한 스타 스키마다.

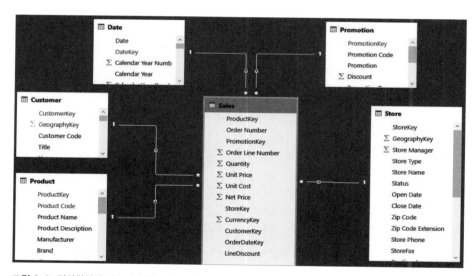

그림 2-9 평면화하면 다시 순수한 스타 스키마의 모델이 된다.

Sales 테이블을 로드하는 쿼리는 다음과 같은 과정으로 실행된다.

1. OrderNumber를 기반으로 SalesHeader와 SalesDetail을 조인하고, SalesHeader 에 연결된 칼럼을 Sales에 추가한다.

2. SalesDetail에서 전체 주문을 계산하는 새로운 숨겨진 쿼리를 만들고, 전체 주문을 가져오기 위해 이 쿼리를 Sales와 조인한다.

3. 앞 예제에서 했던 것과 같은 방법으로 라인별 할인 금액을 계산하는 칼럼을 추가 한다.

이 세 단계를 거치면 스타 스키마의 모든 장점을 갖는 완벽한 스타 스키마가 된다. CustomerKey와 OrderDateKey 같은 외부 키를 디멘션으로 평면화하는 것은 단순히 값을 복사하면 되므로 어렵지 않다. 하지만 할인 금액 같은 메트릭을 평면화하는 것은 이 예제에서 할인 금액을 모든 라인에 같은 퍼센트로 재할당했던 것처럼 약간의 재할당이 필요하다(다시 말해 할당 가중치에 따라 라인의 합을 할당해야 한다).

이 구조의 유일한 단점은 원래 헤더에 저장된 칼럼을 기반으로 계산해야 할 때 주의를 기울여야 한다는 점이다. 이에 대해 자세히 알아보자. 원래의 모델에서 주문량을 세고 싶다면 다음과 같은 측정식을 만들 수 있다.

```
NumOfOrders := COUNTROWS ( SalesHeader )
```

이 측정식은 아주 단순하다. 현재의 필터 문법에서는 SalesHeader 테이블에서 볼 수 있는 줄 수를 센다. SalesHeader에서는 주문과 테이블의 줄이 완벽하기 일치하기 때문에 정상적으로 동작한다. 각 주문 테이블이 한 줄이 된다. 따라서 줄을 세는 것이 결과적으로 주문을 세는 것이다.

반면 평면화 모델을 사용할 때는 이 독자성[identity]을 잃는다. 그림 2-9의 모델에서 Sales의 줄 수를 세면 주문 라인의 수를 세는 것이므로 일반적으로 주문 수보다 많다. 평면화 모델에서 주문 수를 세려면 다음 코드처럼 주문 번호 칼럼의 고유한 수[distinct count]를 세어야 한다.

```
NumOfOrders := DISTINCTCOUNT ( Sales[Order Number] )
```

헤더에서 평면화 테이블로 이동시킨 모든 속성에 동일한 패턴을 사용해야 한다. distinct count 함수는 DAX에서 굉장히 빠르므로 중형 모델에서 일반적으로 문제가 되지 않는다 (굉장히 큰 테이블이라면 문제가 될 수 있지만, 일반적으로 셀프서비스 BI 모델에서는 문제가 되지 않는다).

앞서 살펴본 또 다른 문제는 값의 재할당이다. 전체 할인 금액을 헤더에서 개별 라인으로 이동시킬 때 퍼센트를 사용해 재할당했다. 이 작업은 라인 값을 병합할 수 있어야 하고, 나중에 필요할 수 있으므로 같은 총계를 저장하고 있어야 한다. 재할당 방법은 구체적인 필요에 따라 다를 수 있다. 예를 들어 운송 비용을 모든 라인에 동일하게 할당하는 대신 항목의 무게에 따라 할당하고 싶을 수 있다. 이 경우라면 적절하게 할당하기 위해 쿼리를 수정해야 한다.

평면화 모델이라는 주제에서 주의해야 할 것은 성능이다. 대부분의 분석 엔진(SQL Server Analysis Services, 즉, 파워 BI와 파워 피벗을 포함)은 작은 디멘션과 큰 팩트 테이블을 사용하는 스타 스키마에 아주 최적화돼 있다. 원래의 정규화 모델에서 SalesDetail을 분할하기 위해 SalesHeader를 디멘션으로 사용했다. 하지만 이 과정에서 잠재적으로 큰 테이블(Sales order header)을 디멘션으로 사용했다. 경험으로 보건대, 디멘션은 100,000줄 이하여야 한다. 더 커진다면 성능 저하를 알아챌 수 있다. Sales 헤더를 디테일로 평면화하는 것은 디멘션의 크기를 줄이는 좋은 방법이다. 따라서 성능 관점에서 평면화는 거의 항상 좋은 선택이다.

결론

데이터 모델을 설계하는 서로 다른 옵션을 살펴봤다. 같은 정보도 테이블과 관계를 사용해 서로 다른 방법으로 저장할 수 있다는 사실을 배웠다. 모델에 저장된 정보는 동일하다. 유일한 차이점은 테이블의 개수와 이들을 연결하는 관계의 종류다. 그러나 모델을 잘못 선택하면 계산이 더욱 복잡해지고 결국 원하는 값을 얻지 못하게 된다.

2장에서 배운 또 다른 것은 그래뉼래러티 문제다. 주문 라인에 연결된 디멘션으로 구분할 때 할인 금액의 절댓값을 집계할 수 없었다. 퍼센트로 변환했을 때 어떤 디멘션에서도 쉽게 집계해 라인별 할인 금액을 계산할 수 있게 됐다.

CHAPTER 3

다중 팩트 테이블 사용

2장에서 서로 연결된 두 개의 팩트 테이블 즉, 헤더와 디테일 테이블을 처리하는 시나리오에 대해 배웠다. 단순한 데이터 모델을 얻는 가장 좋은 방법은 스타 스키마와 비슷하게 수정해 계산을 수행하기 쉽게 만드는 것이라는 점도 배웠다.

3장에서는 서로 연결되지 않는 여러 팩트 테이블을 처리하기 위한 시나리오를 알아본다. 이는 아주 흔하다. 예를 들어 구매와 판매에 대해 생각해보자. (제품과 같은) 둘 다 일반적인 자산을 포함하는 팩트고, (판매를 위한 고객과 구매를 위한 공급자 같은) 연결은 되지 않는다.

일반적으로 모델을 적절하게 디자인하면 다중 팩트 테이블은 문제없이 잘 동작한다. 첫 번째 예제처럼 팩트 테이블이 중간의 디멘션과 정확하게 연결되지 않거나, 여러 팩트 테이블 사이에 크로스 필터가 필요할 때 시나리오가 어려워진다. 3장에서는 후자에 관한 기술을 알아본다.

비정규화 팩트 테이블 사용

살펴볼 첫 번째 예제는 과도한 비정규화 레벨로 인해 서로 연결시킬 수 없는 두 팩트 테이블이다. 나중에 배우겠지만 해결 방법은 간단하다. 모델의 적절한 기능을 복구하기 위해 연결되지 않는 테이블로 다시 스타 스키마를 만드는 것이다.

이 예제에서 Sales와 Purchases라는 두 개의 테이블이 포함된 단순한 데이터 모델을 사용한다. 구조는 거의 같고 완벽하게 비정규화 즉, 모든 정보가 해당 테이블에 저장돼 있다. 디멘션 사이에는 관계가 없다. 그림 3-1과 같은 모델이다.

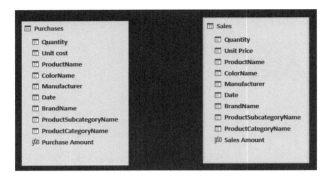

그림 3-1 완전히 비정규화된 Sales와 Purchases 테이블은 어떤 관계도 없다.

이는 서로 다른 목적으로 사용하던 두 쿼리를 병합할 때 일반적인 시나리오다. 두 테이블은 각각 엑셀 피벗 테이블을 사용해 분석하기에 아주 좋다. 두 테이블을 하나의 모델로 결합시키고, 두 테이블에서 모은 값을 사용해 분석하려 할 때 문제가 생긴다.

예제를 살펴보자. 구매 금액과 판매 금액의 측정식을 다음의 DAX로 정의한다.

```
Purchase Amount := SUMX ( Purchases, Purchases[Quantity] * Purchases[Unit Cost] )
Sales Amount := SUMX ( Sales, Sales[Quantity] * Sales[Unit Price] )
```

하나의 보고서에서 판매 금액과 구매 금액을 보고 싶고, 이 두 측정식을 사용해 계산하고 싶다. 안타깝게도 이는 보기보다 쉽지 않다. 피벗 테이블의 줄에 구매의 제조사와 두 측정식을 두면 그림 3-2와 같은 결과를 얻게 된다. 즉, 판매 금액이 완전히 잘못돼 모든 줄에서 같은 값이 반복된다.

Row Labels	Purchase Amount	Sales Amount
A. Datum Corporation	2,533,963.42	30,202,685.54
Adventure Works	6,048,167.59	30,202,685.54
Contoso, Ltd	12,314,395.68	30,202,685.54
Fabrikam, Inc.	10,003,071.13	30,202,685.54
Litware, Inc.	6,377,548.93	30,202,685.54
Northwind Traders	1,713,836.80	30,202,685.54
Proseware, Inc.	5,305,305.29	30,202,685.54
Southridge Video	2,199,989.35	30,202,685.54
Tailspin Toys	646,571.47	30,202,685.54
The Phone Company	3,045,608.33	30,202,685.54
Wide World Importers	4,151,139.81	30,202,685.54
Grand Total	**54,339,597.80**	**30,202,685.54**

그림 3-2 한 피벗 테이블에서 구한 판매 금액과 구매 금액은 잘못된 결과를 만든다.

Purchases 테이블의 Manufacturer 칼럼에 의해 생성된 필터는 오직 그 테이블에서만 유효하기 때문에 이런 일이 발생한다. 두 테이블 사이에 관계가 없기 때문에 Sales 테이블에 접근하지 못한다. 게다가 관계를 만들 적당한 칼럼이 없으므로 두 테이블 사이에 관계를 만들 수 없다. 관계를 만들기 위해서는 대상 테이블의 주요 키가 되는 칼럼이 있어야 한다. 이 경우, 제품명도 두 테이블 모두에서 여러 번 반복 사용되므로 키가 될 수 없다. 키가 되기 위해서는 그 칼럼에서 유일한 값이어야 한다.

관계를 생성해보면 쉽게 확인할 수 있다. 이때 관계를 생성할 수 없다는 에러 메시지를 보게 될 것이다.

종종 그렇듯이 복잡한 DAX 코드를 작성해 문제를 해결할 수 있다. 필터를 수행하기 위해 Purchases의 칼럼을 사용하기로 결정했다면, Purchases에서 필터를 가져왔다는 것을 알 수 있게 Sales Amount를 다시 작성할 수 있다. 다음 코드는 Manufacturer 필터임을 감지하는 Sales Amount 버전이다.

```
Sales Amount Filtered :=
CALCULATE (
    [Sales Amount],
    INTERSECT ( VALUES ( Sales[BrandName] ), VALUES ( Purchases[BrandName] ) )
)
```

이 측정식은 INTERSECT 함수를 사용해 현재 선택된 Purchases[BrandName]에 존재하는 Sales[BrandName]의 집합을 계산한다. 결과적으로 Sales 테이블을 효과적으로 필터링하기 위해 Purchases[BrandName]의 모든 필터는 Sales[BrandName]으로 이동될 것이다. 그림 3-3은 측정식의 동작을 보여준다.

BrandName	Purchase Amount	Sales Amount	Sales Amount Filtered
A. Datum	2.533.963,42	30.202.685,54	1.966.583,30
Adventure Works	6.048.167,59	30.202.685,54	4.022.462,56
Contoso	12.314.395,68	30.202.685,54	6.722.804,20
Fabrikam	10.003.071,13	30.202.685,54	5.040.864,58
Litware	6.377.548,93	30.202.685,54	3.425.045,95
Northwind Traders	1.713.836,80	30.202.685,54	1.205.185,61
Proseware	5.305.305,29	30.202.685,54	2.656.623,00
Southridge Video	2.199.989,35	30.202.685,54	1.463.471,36
Tailspin Toys	646.571,47	30.202.685,54	333.143,41
The Phone Company	3.045.608,33	30.202.685,54	1.293.603,00
Wide World Importers	4.151.139,81	30.202.685,54	2.072.898,57
Total	54.339.597,80	30.202.685,54	30.202.685,54

그림 3-3 Sales Amount Filtered는 Sales 테이블을 필터링하기 위해 Purchases의 필터를 사용한다.

이 측정식이 동작하더라도 다음의 이유로 가장 좋은 해결 방법은 아니다.

- 현재 버전은 브랜드 이름을 사용해 동작하지만, 다른 칼럼을 사용하려면 CALCULATE 명령문 내의 별도의 INTERSECT 명령문에 그 칼럼을 추가해야 한다. 결과적으로 계산식을 복잡하게 만든다.

- DAX는 일반적으로 CALCULATE로 만든 필터보다 관계를 사용할 때 더 잘 동작하므로 성능 측면에서 좋은 방법이 아니다.

- Sales에서 값을 집계하는 측정식이 많다면, 그 모든 측정식이 동일하게 복잡한 패턴을 따라야 한다. 이는 솔루션의 유지 보수성에 부정적인 영향을 끼친다.

모든 제품 칼럼을 필터에 추가하면 계산식이 얼마나 복잡해지는지 보여주기 위해 앞의 패턴을 확장해 모든 관련 있는 칼럼에 적용한 다음 코드를 살펴보자.

```
Sales Amount Filtered :=
CALCULATE (
    [Sales Amount],
    INTERSECT ( VALUES ( Sales[BrandName] ), VALUES ( Purchases[BrandName] ) ),
    INTERSECT ( VALUES ( Sales[ColorName] ), VALUES ( Purchases[ColorName] ) ),
    INTERSECT ( VALUES ( Sales[Manufacturer] ), VALUES ( Purchases[Manufacturer] ) ),
    INTERSECT (
    VALUES ( Sales[ProductCategoryName] ),
    VALUES ( Purchases[ProductCategoryName] )
    ),
```

```
    INTERSECT (
    VALUES ( Sales[ProductSubcategoryName] ),
    VALUES ( Purchases[ProductSubcategoryName] )
        )
    )
```

이 코드는 오류가 발생하기 쉽고 시간이 지날수록 유지 보수를 위해 많은 노력이 필요하다. 예를 들어 칼럼을 추가해 테이블의 그래뉼래러티를 증가시키고 싶다면 모든 측정식을 반복해서 수정해야 하고, 새로운 칼럼을 소개하는 새로운 INTERSECT를 추가해야 한다. 더 좋은 방법은 데이터 모델을 업데이트하는 것이다.

코드를 더 단순하게 만들기 위해 데이터 모델을 수정하고 스타 스키마로 바꿔야 한다. Sales와 Purchases 테이블 모두에서 필터링할 수 있도록 Product 디멘션을 추가한 그림 3-4와 같은 데이터 구조를 사용하면 모든 작업이 쉬워진다. 비록 그렇게 보이지 않더라도 이는 두 개의 팩트 테이블과 하나의 디멘션으로 구성된 완벽한 스타 스키마 모델이다.

그림 3-4 Product 디멘션으로 인해 데이터 모델이 사용하기 쉬워졌다.

노트 | Product 테이블의 정규화된 칼럼을 숨겼다. 이로써 사용자가 보고서에서 이 칼럼을 사용할 수 없고, 따라서 두 테이블을 필터링할 수 없을 것이다.

이런 데이터 모델을 설계할 때 일반적으로 다음과 같은 문제가 생긴다.

- Product 테이블을 위한 소스가 필요하고, 원래의 테이블에 접근할 수 없는 경우가 있다.

- Product 테이블이 관계의 대상이 되기 위해서는 키가 필요하다.

첫 번째 문제는 해결하기 쉽다. 원래의 Product 테이블에 접근할 수 있다면 데이터를 모델로 로드해 디멘션을 만들 수 있다. 반면 데이터베이스에서 원래의 Product 테이블을 로드할 수 없다면 Sales와 Purchases로부터 로드한 파워 쿼리^{Power Query} 변환을 사용해 구체적인 테이블을 만들고, 두 테이블을 결합시킨 후 마지막으로 중복을 제거한다. 다음은 잘 동작하는 M 코드이다.

```
let
    SimplifiedPurchases = Table.RemoveColumns(
        Purchases,
        {"Quantity", "Unit cost", "Date"}
    ),

    SimplifiedSales = Table.RemoveColumns(
        Sales,
        {"Quantity", "Unit Price", "Date"}
    ),
    ProductColumns = Table.Combine ( { SimplifiedPurchases, SimplifiedSales } ),
    Result = Table.Distinct (ProductColumns )
in
    Result
```

여기서 보듯이 M 코드는 먼저 Product에서 관련 있는 칼럼만 포함하고 필요 없는 칼럼은 제거한 두 개의 로컬 테이블 SimplifiedPurchases와 SimplifiedSales를 준비한다. 다음으로 SimplifiedSales의 줄을 SimplifiedPurchases에 추가해 두 테이블을 결합시킨다. 마지막으로 고유한(distinct) 값만 가져오면 유일한^{unique} 제품만 남은 테이블이 된다.

> **노트** | 엑셀이나 파워 BI 데스크톱의 쿼리 편집기를 사용해 같은 결과를 얻을 수 있다. 원래 소스에서 quantity와 unit price를 제거하는 두 쿼리를 만들고, union 연산자를 사용해 하나의 쿼리로 결합시킨다. 이 동작을 수행하는 자세한 방법은 이 책에서 다루지 않는다. 여기서는 사용자 인터페이스보다 데이터 모델링에 주목한다.

구체적인 디멘션을 만들기 위해 Sales와 Purchases를 사용하는 두 쿼리를 결합시켜야 한다. 해당 제품은 두 테이블 중 하나에만 존재할 수 있다. 두 쿼리 중 하나에서만 고유한 값을 가져오면 결과적으로 부분적인 디멘션이 되고, 모델에서 사용할 경우 잘못된 결과를 초래한다.

Product 디멘션을 모델에 로드한 다음, 관계를 생성한다. 이 경우 제품명이 고유하기 때문에 제품명을 사용해 관계를 생성할 수 있다. 다른 시나리오에서는 중간 디멘션을 위한 적당한 주요 키가 없을 수 있다. 원래의 테이블에 제품명이 없다면 제품으로 관계를 생성할 수 없다. 예를 들어 제품 카테고리와 하위 카테고리가 있지만 제품명이 없다면, 가능한 그래뉼래러티의 수준으로 디멘션을 만들어야 한다. 앞서 살펴본 기술과 마찬가지로 제품 카테고리를 위한 디멘션과 제품 하위 카테고리를 위한 또 다른 디멘션이 필요하지만 이번에는 다른 테이블을 위한 것이다.

늘 그렇듯 이런 종류의 변환은 데이터를 모델에 로드하기 전에 마치는 것이 좋다. 예를 들어 SQL Server database에서 데이터를 로드하면, 이 모든 동작을 수행할 쿼리를 만들어 더 간단한 분석 모델을 얻을 수 있다.

이 주제를 마치기 전에 계산된 테이블을 사용해 파워 BI에서 같은 결과를 얻을 수 있다는 사실에 주목한다. 이 책을 쓰고 있는 시점에는 엑셀에서 계산된 테이블을 사용할 수 없지만, 파워 BI와 SQL Server Analysis Service 2016에서는 사용할 수 있다. 다음 코드는 Product 디멘션을 포함하는 계산된 테이블을 생성하고 이는 M 코드보다 간단하다.

```
Products =
DISTINCT (
    UNION (
        ALL (
            Sales[ProductName],
            Sales[ColorName],
            Sales[Manufacturer],
            Sales[BrandName],
            Sales[ProductCategoryName],
            Sales[ProductSubcategoryName]
        ),
        ALL (
            Purchases[ProductName],
            Purchases[ColorName],
            Purchases[Manufacturer],
            Purchases[BrandName],
            Purchases[ProductCategoryName],
            Purchases[ProductSubcategoryName]
        )
    )
)
```

이 계산된 테이블은 Sales와 Purchases의 product 칼럼에서 두 개의 ALL 연산을 수행해 칼럼 수를 줄이고 필요한 데이터의 고유한 조합을 계산한다. 다음으로 이들을 병합하기 위해 UNION을 사용한다. 마지막으로 UNION 함수로 인해 생길 수 있는 중복을 DISTINCT를 사용해 제거한다.

> **노트** | M 또는 DAX 코드를 선택해 사용하는 것은 전적으로 개인의 취향에 달렸다. 두 방법 사이에 특별한 차이는 없다.

다시 한 번 모델에 대한 좋은 해결 방법은 스타 스키마로 되돌리는 것이다. 스타 스키마가 훌륭하고 다른 스키마는 나쁠 수 있다는 이 단순한 개념이 계속 반복된다. 모델링 문제가 생기면 다른 무언가를 하기 전에 모델을 스타 스키마로 다시 설계할 수 있는지 확인한다. 이렇게 하여 좋은 방향으로 진행할 가능성이 높아진다.

디멘션 간의 필터링

앞의 예제에서 다중 디멘션을 처리하는 기초를 배웠다. 과도하게 비정규화된 두 개의 팩트 테이블이 있었고, 더 좋은 모델로 만들기 위해 더 단순한 스타 스키마로 되돌려야 했다. 다음 예제에서 Sales와 Purchases를 사용하는 또 다른 시나리오를 알아본다.

주어진 기간 동안 판매된 제품 또는 더 일반적으로 주어지는 조건을 만족하는 제품의 구매 정보만 분석하고 싶다. 앞 절에서 두 개의 팩트 테이블이 있을 때 시나리오를 모델링하는 가장 좋은 방법은 둘을 디멘션으로 연결시키는 것이라고 했다. 즉 하나의 디멘션을 사용해 두 테이블을 필터링할 수 있었다. 그러므로 그림 3-5와 같은 시나리오로 시작한다.

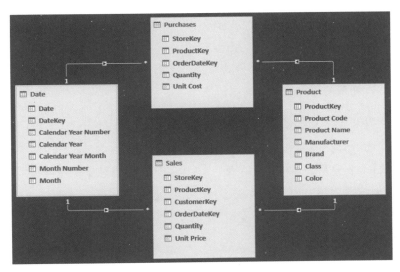

그림 3-5 이 모델에서 두 팩트 테이블은 두 디멘션으로 연결된다.

이 모델과 두 개의 기본적인 측정식을 사용해 브랜드와 연도로 구분되고, 판매와 구매를 모두 볼 수 있는 그림 3-6과 같은 보고서를 쉽게 만들 수 있다.

Row Labels	CY 2007		CY 2008		CY 2009	
	SalesAmount	PurchaseAmount	SalesAmount	PurchaseAmount	SalesAmount	PurchaseAmount
A. Datum	172,402.30	377,595.04	49,041.20	198,535.71	63,833.30	155,342.88
Adventure Works	314,134.24	497,009.03	104,682.71	712,240.38	91,447.12	667,970.20
Contoso	386,632.02	1,305,738.32	203,720.91	1,261,663.37	286,950.54	1,037,721.10
Fabrikam	162,562.59	1,187,357.20	246,991.46	946,301.02	240,629.62	875,143.39
Litware	96,785.49	566,904.05	229,148.47	826,981.12	212,760.01	619,481.69
Northwind Traders	143,663.45	240,835.80	24,634.61	151,027.82	37,071.35	93,302.03
Proseware	121,561.23	618,920.68	97,117.49	523,853.01	143,423.69	560,833.66
Southridge Video	109,442.64	216,844.05	44,369.98	205,290.92	70,698.45	190,134.32
Tailspin Toys	9,773.60	48,775.54	8,725.16	58,749.03	19,065.02	99,833.60
The Phone Company	41,899.00	412,052.18	65,457.00	271,149.68	70,472.00	238,469.42
Wide World Importers	58,866.05	371,410.01	169,104.35	493,992.51	122,850.85	475,717.76
Grand Total	**1,617,722.61**	**5,843,441.90**	**1,242,993.34**	**5,649,784.57**	**1,359,201.95**	**5,013,950.05**

그림 3-6 단순한 스타 스키마에서 연도와 브랜드별로 판매와 구매 금액을 쉽게 계산할 수 있다.

더 어려운 계산은 판매된 제품의 구입 값을 보여주는 것이다. 다시 말해, 제품을 더 세분화하기 위해 Sales를 필터로 사용해 판매에서 사용하는 (date 같은) 다른 필터로 구매 처리 중인 제품 목록을 제한할 수 있다. 이 시나리오를 처리하기 위한 다양한 접근 방법이 있다. 그중 일부를 살펴보고 각 해결 방법의 장단점을 알아본다.

사용 중인 도구에서 양방향 필터를 사용할 수 있다면(이 글을 쓰고 있는 시점에는 파워 BI와 SQL Server Analysis Service에서 사용할 수 있고 엑셀에서는 사용할 수 없다), 판매된 제품만 볼 수 있게 Sales와 Product의 양방향 필터를 사용하는 데이터 모델로 변경하는 것이 좋다. 불행히도 이렇게 처리하려면 그림 3-7처럼 Product와 Purchases 사이의 관계를 비활성화시켜야 한다. 그렇지 않으면 결국 모호한 모델이 되고, 엔진은 모든 관계를 양방향으로 만들기를 거부한다.

인포 | DAX 엔진은 모호한 모델 생성을 거부한다. 다음 절에서 모호한 모델에 대해 더 알아본다.

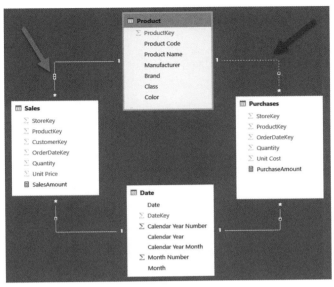

그림 3-7 Sales와 Product 테이블의 양방향 필터를 활성화시키려면 Product와 Purchases의 관계를 비활성화시켜야 한다.

이 데이터 모델에서 필터링 옵션으로 문제를 해결할 수 없다는 것을 알게 될 것이다. 예를 들어 Date 테이블에 필터를 두면, 필터는 Sales 테이블로 그리고 Product로 전파될 것이지만(양방향 필터가 활성화됐으므로), Purchases 필터 옵션이 없다면 거기서 멈출 것이다. Date에도 양방향 필터를 활성화시키면 데이터 모델은 판매된 제품의 구매 정보를 보여주는 대신 선택한 제품이 판매된 날짜에 만들어진 제품의 구매 정보를 보여줄 것이고, 이해하기 어려워진다. 양방향 필터는 강력한 기능이지만 이 경우처럼 필터 방식을 더 세부적으로 제어해야 할 때는 사용할 수 없다.

이 시나리오를 처리하기 위한 핵심은 필터링의 흐름을 이해하는 것이다. Date 테이블부터 시작하고 그림 3-5와 같은 원래 모델로 되돌린다. Date에서 주어진 year로 필터링하면, 필터는 자동으로 Sales와 Purchases로 전파된다. 하지만 관계의 방향 때문에 Product에 도달하지 못한다. 여기서 원하는 것은 현재 Sales에 있는 제품에 대해서만 계산하고 이 제품의 목록을 Purchases에서 추가 필터로 사용하는 것이다. 측정식은 다음의 계산식이 적절하다.

```
PurchaseOfSoldProducts :=
CALCULATE (
    [PurchaseAmount],
    CROSSFILTER ( Sales[ProductKey], Product[ProductKey], BOTH )
)
```

이 코드에서는 계산하는 동안에만 Products와 Sales 사이에 양방향 필터를 활성화시키기 위해 **CROSSFILTER** 함수를 사용했다. 이 방법으로 표준 필터링 프로세스에 따라 Sales는 Product를 필터링한 후 Purchases를 필터링한다(CROSSFILTER에 대해 더 알고 싶다면 부록 A, '데이터 모델링 101'을 참고한다).

이 시나리오에 대한 해결 방법은 DAX 코드를 활용하는 것이다. 데이터 모델은 변경하지 않았다. 이것이 왜 데이터 모델링과 관련 있을까? 이 경우에 데이터 모델을 변경하는 것은 좋은 방법이 아니라고 강조하고 싶다. 데이터 모델을 업데이트하는 것은 일반적으로 좋은 방법이지만, 이 예제처럼 때로는 특정 시나리오를 해결하기 위해 DAX 코드를 작성해야 한다. 이 예제를 통해 언제 무엇을 사용해야 하는지 이해하는 데 필요한 기술을 익힐 수 있다. 게다가 이 경우 데이터 모델은 이미 두 스타 스키마로 구성돼 있으므로 더 좋게 만들기 힘들다.

모델 모호성의 이해

앞 절에서 관계에 양방향 필터를 설정하면 모델이 모호해져 잘 동작하지 않았다. 이번 절에서는 모호한 모델의 개념에 대한 이해를 돕기 위해 더 자세히 알아보고, 더 중요한 Tabular에서 금지된 이유를 알아본다.

관계를 통해 두 테이블을 조인하는 다중 경로가 있을 때 모호한 모델이 된다. 가장 단순한 형태의 모호성은 두 테이블 사이에 다중으로 관계를 만들 때 나타난다. 두 개의 테이블이 여러 관계로 연결된 모델을 설계하면, 그중 (기본적으로 가장 먼저 만들어진) 한 관계가 활성화되고, 다른 관계들은 비활성화 표시가 될 것이다. 그림 3-8은 이런 모델의 예다. 보이는 세 개의 관계 중 하나만 실선(활성화)인 반면, 나머지는 점선(비활성화)이다.

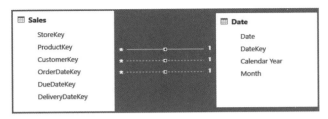

그림 3-8 두 테이블 사이에 여러 관계가 활성화될 수 없다.

왜 이런 제약이 있을까? 이유는 간단하다. DAX 언어는 관계에 기반을 두고 동작하는 다양한 기능을 제공한다. 예를 들어 다음의 코드처럼 Sales에서 **RELATED** 함수를 사용해 Date 테이블의 모든 칼럼을 참조할 수 있다.

```
Sales[Year] = RELATED ( 'Date'[Calendar Year] )
```

RELATED는 어떤 관계를 따를지 명시하지 않고 동작한다. DAX 언어는 유일하게 활성화된 관계를 따르고, 원하는 year를 반환한다. 이 경우에는 활성화된 관계가 OrderDateKey를 기반으로 하는 관계이므로, 판매 연도를 반환할 것이다. 만약 활성화 관계를 다중으로 정의할 수 있다면 RELATED를 구현할 때마다 여러 활성화된 관계 중 사용할 하나를 명시해야만 할 것이다. CALCULATE 등을 사용해 필터 문법을 정의할 때마다 자동 필터 문법 전파와 비슷하게 동작한다.

다음은 2009년의 판매량을 계산하는 예제다.

```
Sales2009 := CALCULATE ( [Sales Amount], 'Date'[Calendar Year] = "CY 2009" )
```

다시 한 번, 따를 관계를 명시하지 않았다. 이는 모델에서 활성화된 관계는 OrderDateKey를 사용하는 관계라는 것을 내포한다(4장에서 효과적으로 Date 테이블의 다중 관계를 처리하는 방법을 배울 것이다. 3장의 목표는 Tabular에서 모호한 모델이 금지된 이유를 이해하는 것이다).

특정 계산을 위해 주어진 관계를 활성화시킬 수 있다. 예를 들어 2009년에 완료된 판매에 관심이 있다면 다음 코드처럼 USERELATIONSHIP 함수를 활용해 값을 계산할 수 있다.

```
Shipped2009 :=
CALCULATE (
    [Sales Amount],
    'Date'[Calendar Year] = "CY 2009",
    USERELATIONSHIP ( 'Date'[DateKey], Sales[DeliveryDateKey] )
)
```

일반적인 규칙에 따라 비활성화된 관계를 아주 제한적으로 사용하거나 일부 특수한 계산에서만 관계가 필요한 모델에서 비활성화 관계를 유지하는 것이 좋다. 사용자는 사용자 인터페이스를 사용해 모델을 살펴보는 동안 특정 관계를 활성화시킬 방법이 없다. 관계에서 사용되는 키와 같이 구체적인 세부 내용을 걱정하는 것은 데이터 모델러의 일이고 사용자의 일이 아니다. 팩트 테이블에 천만 개의 줄이 있거나 계산이 아주 복잡한 고급 모델에서 데이터 모델러는 특정 계산을 빠르게 하기 위해 모델에 비활성화된 관계를 유지할 수 있다. 하지만 최적화 기술은 지금 다루고 있는 데이터 모델링 소개 단계에서 필요하지 않고, 비활성화 관계는 거의 쓸모가 없다.

이제 다시 모호한 모델로 돌아가자. 앞서 언급했듯이 모델이 모호해지는 모든 이유는 여러 가지가 있을 수 있고, 이 모든 이유는 테이블 사이의 다중 경로의 존재와 관계가 있다. 그림 3-9는 모호한 모델의 또 다른 예다.

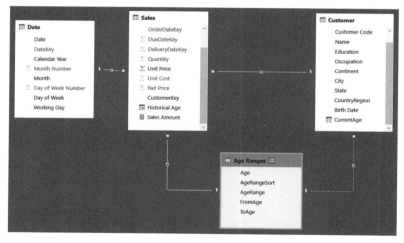

그림 3-9 이 모델도 모호하지만, 이유가 분명하지 않다.

이 모델에는 두 개의 서로 다른 age 칼럼이 있다. 하나는 팩트 테이블에 저장된 Historical Age이고, 다른 하나는 Customer 디멘션에 저장된 CurrentAge이다. 두 칼럼 모두 Age Range 테이블에서 외부 키로 사용되지만, 하나의 관계만 활성화 상태가 될 수 있다. 다른 관계는 비활성화된다. 이 경우, 명확하게 보이지 않지만 모호성이 있다. 피벗 테이블을 만들고, 이를 Age의 범위로 구분해보자. Historical age(판매 시점에 고객이 몇 살인지)에 따라 분할될까, Current Age(현재 고객이 몇 살인지)에 따라 분할될까? 두 관계가 모두 활성화돼 있다면 모호해질 것이다. 게다가 엔진은 그런 모델을 만들지 못하게 한다. 모호성을 해결하기 위해 활성화 상태로 유지되는 관계를 선택하거나 테이블을 복제해야 한다. 이 방법으로 CurrentAgeRanges 또는 Historical Age Ranges 테이블을 필터링할 때, 데이터 필터링을 위한 고유한 경로를 명시한다. Age Range 테이블을 복사하면 그림 3-10과 같은 결과 모델이 된다.

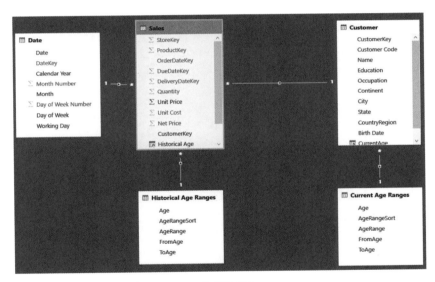

그림 3-10 모델 내에 두 개의 Age Ranges 테이블이 있다.

주문과 청구서

다음 예제는 매일 하는 작업에 좋을 실용적인 예제다. 고객에게 주문을 받고 한 달에 한 번씩 여러 주문에 대한 청구서를 발송한다. 각 청구서는 여러 주문을 포함하지만, 모델에서 주문과 청구서의 관계는 명확하지 않다. 그러므로 약간의 재창조 작업이 필요하다.

먼저 그림 3-11의 데이터 모델을 살펴본다.

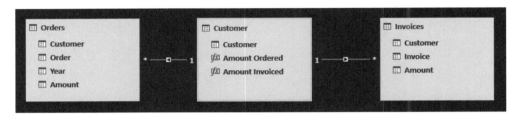

그림 3-11 주문과 청구서의 데이터 모델은 단순한 스타 스키마다.

이번에 살펴보는 데이터 모델은 두 개의 팩트 테이블이 있고 중간에 디멘션이 있는 스타 스키마다. Customer 디멘션에서 이미 정의된 다음의 두 측정식이 있다.

```
Amount Ordered := SUM ( Orders[Amount] )
Amount Invoiced:= SUM ( Invoices[Amount] )
```

두 측정식을 사용해 각 고객의 주문 금액과 청구 금액을 보여주는 보고서를 쉽게 만들 수 있다. 이는 그림 3-12처럼 고객에게 얼마를 청구해야 하는지 알아보기 쉽다.

Row Labels	Amount Ordered	Amount Invoiced
John	2,000.00	1,800.00
Melanie	3,000.00	2,000.00
Paul	4,000.00	3,600.00
Grand Total	**9,000.00**	**7,400.00**

그림 3-12 고객별 주문 금액과 청구 금액 보고서를 만들기 쉽다.

이 피벗 테이블에서처럼 상단 값만 보면 모든 것이 제대로 동작하는 것처럼 보인다. 하지만 조금 더 자세히 살펴보면 문제를 발견할 수 있다. 예를 들어 어떤 주문이 아직 청구되지 않았는지 어떻게 확인할까? 더 진행하기 전에 그림 3-11의 데이터 모델을 조금 더 살펴보고 무엇이 문제인지 찾아보자. 이를 마친 후 계속 읽도록 한다. 이 예제에는 복잡한 특징이 숨겨져 있기 때문에 문제를 식별하기 위해 약간의 연습과 에러를 범할 필요가 있다. 따라서 몇 개의 잘못된 해결 방법을 제시하고 왜 틀렸는지 이유를 알아본다.

피벗 테이블에 주문 번호를 넣으면 그림 3-13처럼 모든 주문이 John과 Malanie, Paul 아래에 열거돼 결과를 이해하기 어렵다.

Row Labels	Amount Ordered	Amount Invoiced
⊟ John	2,000.00	1,800.00
1	100.00	1,800.00
2		1,800.00
3		1,800.00
4	400.00	1,800.00
5		1,800.00
6		1,800.00
7	500.00	1,800.00
8		1,800.00
9		1,800.00
10	100.00	1,800.00
11		1,800.00
12		1,800.00
13	400.00	1,800.00
14		1,800.00
15		1,800.00
16	500.00	1,800.00
17		1,800.00
18		1,800.00
⊟ Melanie	3,000.00	2,000.00
1		2,000.00
2		2,000.00
3	500.00	2,000.00

그림 3-13 주문 레벨로 낮추면 Amount Invoiced 칼럼은 잘못된 결과를 반환한다.

이 시나리오는 3장 앞부분에서 살펴본 완전히 비정규화된 두 개의 팩트 테이블이 있는 시나리오와 비슷하다. 청구에는 주문 번호가 없기 때문에 주문 번호 필터는 청구에서 효과적이지 않다. 그러므로 Amounted Invoiced에서 출력되는 값은 고객 필터만 사용하고, 모든 줄에서 고객별 전체 청구 금액을 보여준다.

여기서 중요한 개념을 반복한다. 피벗 테이블에서 보여주는 값은 정확하다. 이는 모델에 존재하는 정보로 구한 올바른 값이다. 이에 대해 주의 깊게 생각해보면, 어떤 주문이 청구됐는지에 대한 정보가 모델에 없기 때문에 엔진이 서로 다른 주문에 의해 청구된 값을 구분할 방법이 없다. 따라서 이 시나리오에 대한 해결을 위해서는 데이터 모델을 적절하게 설계해야 한다. 청구된 전체 금액에 대한 정보뿐 아니라 어떤 주문이 청구됐는지, 어떤 청구가 어떤 주문을 포함하는지의 정보가 필요하다. 더 진행하기 전에 평소처럼 이와 같은 경우 어떻게 해결할 수 있을지 스스로 알아보는 시간을 가져보자.

데이터 모델의 복잡성에 따라 이 시나리오에 대한 여러 해결 방법이 있다. 더 자세히 알아보기 전에 그림 3-14의 데이터를 살펴보자.

Customer
John
Paul
Melanie

Order	Customer	Year	Amount
1	John	2015	100
2	Paul	2015	250
3	Melanie	2015	500
4	John	2015	400
5	Paul	2015	1000
6	Melanie	2015	500
7	John	2015	500
8	Paul	2015	750
9	Melanie	2015	500
10	John	2016	100
11	Paul	2016	250
12	Melanie	2016	500
13	John	2016	400
14	Paul	2016	1000
15	Melanie	2016	500
16	John	2016	500
17	Paul	2016	750
18	Melanie	2016	500

Invoice	Customer	Amount
1	John	1000
2	Paul	2000
3	Melanie	1500
4	John	800
5	Paul	1600
6	Melanie	500

그림 3-14 모델에서 사용하는 실제 데이터를 보여준다.

여기서 볼 수 있듯이, Invoices와 Orders 테이블은 모두 고객의 이름이 저장된 Customer 칼럼을 가지고 있다. Customer는 Orders와 Invoices에서 출발하는 두 개의 다대일 관계에서 one side이다. 여기서 모델에 추가해야 하는 어떤 청구서에서 주문에 대한 청구가 되는지 나타내는 것은 Orders와 Invoices 사이의 새로운 관계다. 두 가지 시나리오가 가능하다.

- **각 주문은 하나의 청구서와 연결된다.**   하나의 주문이 언제나 완전하게 청구되면 이 시나리오를 선택한다. 따라서 청구서는 여러 주문을 포함할 수 있지만, 하나의 주문은 항상 하나의 청구서만 갖는다. 이 설명에서 Invoices와 Orders 사이의 일대다 관계를 알 수 있다.

- **각 주문은 여러 청구서에서 청구될 수 있다.**   주문에 대해 부분적으로 청구될 수 있다면, 하나의 주문에 여러 청구서가 포함될 수 있고, 동시에 하나의 청구서에도 여러 주문이 포함될 수 있다. 이런 경우 주문과 청구는 다대다의 관계가 되고 시나리오는 더 복잡해진다.

첫 번째 시나리오는 해결하기 쉽다. 실제로 하나의 칼럼을 추가해 Orders 테이블에 청구 번호를 넣으면 된다. 그림 3-15는 그 결과 모델이다.

Customer
John
Paul
Melanie

Order	Customer	Year	Amount	Invoice
1	John	2015	100	1
2	Paul	2015	250	2
3	Melanie	2015	500	3
4	John	2015	400	1
5	Paul	2015	1000	2
6	Melanie	2015	500	3
7	John	2015	500	1
8	Paul	2015	750	2
9	Melanie	2015	500	3
10	John	2016	100	4
11	Paul	2016	250	5
12	Melanie	2016	500	6
13	John	2016	400	4
14	Paul	2016	1000	5
15	Melanie	2016	500	6
16	John	2016	500	4
17	Paul	2016	750	5
18	Melanie	2016	500	6

Invoice	Customer	Amount
1	John	1000
2	Paul	2000
3	Melanie	1500
4	John	800
5	Paul	1600
6	Melanie	500

그림 3-15 강조 표시된 칼럼은 해당 주문의 청구 번호다.

단순히 모델을 수정하는 것처럼 보이지만 처리하기 쉽지 않다. 실제 새 모델을 로드하고 관계를 설계할 때 좋지 않은 놀라운 경험을 하게 될 것이다. 관계를 생성할 수 있지만 그림 3-16처럼 비활성 상태가 된다.

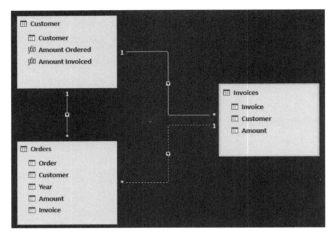

그림 3-16 Orders와 Invoices 테이블 사이에 비활성화된 관계가 만들어졌다.

이 모델은 어디가 모호할까? Orders와 Invoices 사이의 관계가 활성화되면, Orders에서 Customer로의 경로가 두 개가 생긴다. Orders와 Customer 사이의 관계를 사용하는 직접 경로와 Orders에서 Invoices로 그리고 다시 Customer로 가는 간접 경로다. 이 경우 두 관계가 결국 같은 고객을 가리키더라도 모델은 알지 못하고 오직 데이터에만 의존한다. 모델의 어떤 것도 청구서의 고객이 아닌 다른 고객을 가리키는 청구서와 주문을 연결시키는 잘못을 막지 못한다. 그러면 모델은 정상적으로 동작하지 않게 된다.

이를 수정할 방법은 생각보다 단순하다. 실제로 모델을 주의 깊게 살펴보면 Customer와 Invoices 사이에 일대다 관계가 있고, Invoices와 Order 사이에 또 다른 일대다 관계가 있다. Invoices를 중간 테이블로 사용해 주문한 고객을 안전하게 찾을 수 있다. 그러므로 Customer와 Orders 사이의 관계를 제거하고 다른 두 관계에 의존할 수 있도록 그림 3-17과 같은 모델을 만들 수 있다.

그림 3-17 Orders와 Customer 사이의 관계를 제거하면 아주 단순한 모델이 된다.

그림 3-17의 모델이 익숙하지 않은가? 이는 2장, '헤더/디테일 테이블 사용'에서 다뤘던 헤더/디테일 데이터 모델과 같은 패턴이다. 이제 두 개의 팩트 테이블이 있다. 하나는 청구서를 포함하고 다른 하나는 주문을 포함한다. Orders는 디테일 테이블처럼 동작하는 반면, Invoices는 헤더 테이블처럼 동작한다.

이 모델은 헤더/디테일 모델이 되면서 헤더/디테일 패턴의 장단점을 모두 상속 받는다. 관계의 문제는 어느 정도 해결됐지만, 총계의 문제는 아직이다. 피벗 테이블을 사용해 모델을 살펴보면 결과는 그림 3-13과 같이 모든 주문 번호가 고객별로 열거된다. 이렇게 되는 이유는 어떤 주문을 선택하든 고객별 청구된 총합은 항상 같기 때문이다. 관계를 정확하게 연결했지만 데이터 모델은 여전히 정확하지 않다.

현실에서의 상황은 이보다 더 미묘하다. 고객명과 주문 번호로 살펴볼 때 어떤 데이터를 보고하는 것이 좋을까? 다음의 데이터 측정 방법을 다시 살펴보자.

- **고객의 전체 청구 금액** 현재 시스템이 보고한 값으로 잘못된 것처럼 보인다.

- **해당 고객의 해당 주문을 포함하는 청구서 전체 금액** 이런 경우 청구서에 포함된 주문이면 청구된 전체 값을 보고하고, 그렇지 않으면 결과를 비워 두는 것이 좋다.

- **청구된 주문의 금액** 이 경우 주문이 청구됐다면 주문의 전체 금액을 보고하고, 그렇지 않다면 0을 보고한다. 청구된 부분만이 아닌 전체 주문을 보고하기 때문에 실제 청구 금액보다 큰 값을 보고할 수 있다.

노트 | 목록은 여기까지지만 잊고 있는 중요한 사실이 있다. 하나의 주문이 하나의 청구에 포함됐지만 아직 완전히 청구되지 않았다면 어떻게 할까? 몇 가지 이유가 있을 수 있고 계산은 더 복잡해진다. 이 시나리오는 나중에 살펴볼 것이다. 지금은 먼저 세 개의 계산을 해결해본다.

고객별 전체 청구 금액 계산

첫 번째 계산은 기존 계산 방법이다. 전체 청구 금액은 주문과 상관없기 때문에 단순하게 청구 금액을 구해 결과를 산출한다. 이 방법의 큰 단점은 주문 번호 필터가 청구에서는 적용되지 않으므로 주문 번호와 상관없이 언제나 고객에게 청구되는 전체 금액을 얻게 된다.

고객별 해당 주문을 포함하는 청구 금액 계산

두 번째 계산을 위해 Orders의 필터가 Invoices에서 동작하게 해야 한다. 다음 코드처럼 양방향 패턴을 사용해 수행할 수 있다.

```
Amount Invoiced Filtered by Orders :=
CALCULATE (
    [Amount Invoiced],
    CROSSFILTER ( Orders[Invoice], Invoices[Invoice], BOTH )
)
```

이 계산 결과로 [Amount Voiced]는 현재 선택된 주문이 포함된 청구만 계산한다. 그림 3-18과 같은 피벗 테이블 결과를 얻을 수 있다.

Customer	Order	Invoice	Amount Ordered	Amount Invoiced Filtered by Orders
John	1	1	100.00	1,000.00
	4	1	400.00	1,000.00
	7	1	500.00	1,000.00
	10	4	100.00	800.00
	13	4	400.00	800.00
	16	4	500.00	800.00
John Total			2,000.00	1,800.00
Melanie	3	3	500.00	1,500.00
	6	3	500.00	1,500.00
	9	3	500.00	1,500.00
	12	6	500.00	500.00
	15	6	500.00	500.00
	18	6	500.00	500.00
Melanie Total			3,000.00	2,000.00
Paul	2	2	250.00	2,000.00
	5	2	1,000.00	2,000.00
	8	2	750.00	2,000.00
	11	5	250.00	1,600.00
	14	5	1,000.00	1,600.00
	17	5	750.00	1,600.00
Paul Total			4,000.00	3,600.00

그림 3-18 orders의 필터를 invoices로 이동시키면 결과가 달라진다.

청구됐을 때 주문 금액 계산

마지막 측정식은 생각대로 계산되지 않는다. 실제 각 주문에 대한 전체 청구 금액을 보고하기 때문에 일반적으로 주문 금액보다 훨씬 큰 값이다. 앞 장에서 이처럼 동작했던 것을 기억할지 모르겠다. 디테일의 필터를 사용해 살펴보면서 헤더 테이블의 값을 집계하기 때문에 계산 결과가 가산되지 않는다.

측정식이 가산되게 하려면 청구가 됐는지 알기 위해 각 주문을 확인해야 한다. 청구됐다면, 청구된 금액은 주문 금액이다. 그렇지 않다면 0이다. 이는 계산된 칼럼이나 다음과 같이 약간 복잡한 측정식을 사용해 쉽게 구할 수 있다.

```
Amount Invoiced Filtered by Orders :=
CALCULATE (
    SUMX (
        Orders,
        IF ( NOT ( ISBLANK ( Orders[Invoice] ) ), Orders[Amount] )
    ),
    CROSSFILTER ( Orders[Invoice], Invoices[Invoice], BOTH )
)
```

주문이 항상 통째로 청구된다면 이 측정값은 잘 동작한다. 하지만 그렇지 않다면 청구된 금액을 반환하기 때문에 잘못된 값을 계산한다. 그림 3-19에서 전체 주문 금액과 전체 청구 금액이 달라야 함에도 불구하고 같은 값이 보고되는 것을 볼 수 있다. 이는 invoices 대신 orders에서 청구 금액을 계산하기 때문이다.

Customer	Order	Invoice	Amount Ordered	Amount Invoiced Filtered by Orders
⊟John	⊟1	1	100.00	100.00
	⊟4	1	400.00	400.00
	⊟7	1	500.00	500.00
	⊟10	4	100.00	100.00
	⊟13	4	400.00	400.00
	⊟16	4	500.00	500.00
John Total			2,000.00	2,000.00
⊟Melanie	⊟3	3	500.00	500.00
	⊟6	3	500.00	500.00
	⊟9	3	500.00	500.00
	⊟12	6	500.00	500.00
	⊟15	6	500.00	500.00
	⊟18	6	500.00	500.00
Melanie Total			3,000.00	3,000.00
⊟Paul	⊟2	2	250.00	250.00
	⊟5	2	1,000.00	1,000.00
	⊟8	2	750.00	750.00
	⊟11	5	250.00	250.00
	⊟14	5	1,000.00	1,000.00
	⊟17	5	750.00	750.00
Paul Total			4,000.00	4,000.00

그림 3-19 전체 주문에 대해 청구되지 않았다면 마지막 측정값은 잘못된 결과를 보여준다.

주문에 대해 부분적으로 청구된 금액에 대한 정보가 모델에 없으므로 이를 계산할 방법이 없다. 부분적으로 청구하는 경우 각 주문에 대해 이 주문을 포함하는 청구 정보를 저장할 뿐, 중요한 청구 금액을 놓치게 된다. 정확한 결과를 얻으려면 이 값도 함께 저장하고 앞의 계산식에서 주문 금액 대신 청구 금액을 사용해야 한다.

이를 해결하는 과정에서 한 단계 더 발전시켜 이 시나리오를 해결하기 위한 완벽한 모델을 설계할 수 있다. 하나의 주문에 대해 서로 다른 청구서에서 청구할 수 있고, 주문과 청구의 쌍마다 청구된 금액을 명시할 수 있는 모델을 만들 것이다. 모델은 조금 더 복잡해진다. 청구 번호와 주문 번호, 주문에 대해 청구된 금액을 저장하는 테이블을 추가할 것이다. 이 모델은 그림 3-20과 같다.

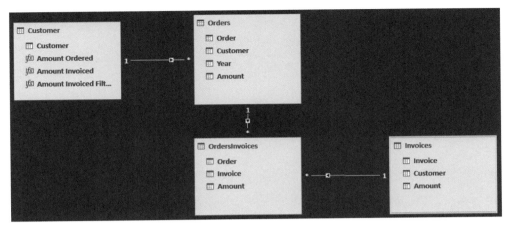

그림 3-20 이 구조는 하나의 주문이 여러 청구서와 연결될 수 있고, 하나의 청구서도 여러 주문과 연결될 수 있으며, 각 주문에 대해 청구된 금액도 함께 저장한다.

모델은 Orders와 Invoices 사이의 다대다 관계를 포함한다. 하나의 주문은 여러 청구서로 청구될 수 있고, 동시에 하나의 청구서는 여러 주문을 포함할 수 있다. 각 주문에 대해 청구된 금액은 OrdersInvoices 테이블에 저장되고 각 주문은 다른 청구서에서 부분적으로 청구될 수 있다.

다대다 관계 처리는 8장, '다대다 관계'에서 더 다룰 것이다. 하지만 여기서 청구서와 주문을 처리하기에 좋은 모델로 살펴본다. 여기서 모델을 제대로 만들기 위해 의도적으로 스타 스키마 규칙을 위반했다. 실제로 OvdersInvoices 테이블은 팩트 테이블도 아니고 디멘션도 아니다. Amount 메트릭을 포함하기 때문에 팩트 테이블과 비슷하고, Invoices 디멘션과 연결된다. 하지만 Orders와 연결되고 즉, 팩트 테이블이며 동시에 디멘션이다. 엄밀히 말해 OrdersInvoices 테이블은 주문과 청구 사이의 브리지 역할을 하기 때문에 브리지 테이블이라 부른다.

이제 청구 금액은 브리지 테이블에 저장됐으므로 해당 주문에 대해 청구된 금액을 계산하는 계산식은 다음과 같이 이전 계산식을 약간 변형해 작성한다.

```
Amount Invoiced :=
CALCULATE (
    SUM ( OrdersInvoices[Amount] ),
    CROSSFILTER ( OrdersInvoices[Invoice], Invoices[Invoice], BOTH )
)
```

브리지 테이블의 Amount 칼럼을 합산하고, CROSSFILTER 함수는 브리지 테이블과 Invoices 사이의 양방향 필터링을 활성화시킨다. 이 계산식의 결과는 각 주문에 대한 주문 금액과 청구 금액을 쉽게 알아볼 수 있고 그림 3-21과 같은 보고서를 얻을 수 있으므로 더욱 흥미롭다.

Customer ▾	Order ▾	Amount Ordered	Amount Invoiced
⊟John	1	100.00	100.00
	4	400.00	400.00
	7	500.00	500.00
	10	100.00	100.00
	13	400.00	400.00
	16	500.00	300.00
John Total		**2,000.00**	**1,800.00**
⊟Melanie	3	500.00	500.00
	6	500.00	500.00
	9	500.00	500.00
	12	500.00	250.00
	15	500.00	100.00
	18	500.00	150.00
Melanie Total		**3,000.00**	**2,000.00**
⊟Paul	2	250.00	250.00
	5	1,000.00	1,000.00
	8	750.00	750.00
	11	250.00	250.00
	14	1,000.00	750.00
	17	750.00	600.00
Paul Total		**4,000.00**	**3,600.00**

그림 3-21 브리지 테이블을 사용해 주문 금액과 청구 금액을 보여주는 보고서를 생성할 수 있다.

결론

3장에서는 디멘션 또는 브리지 테이블을 통해 연결된 여러 팩트 테이블을 사용하는 시나리오 처리 방법을 배웠다. 다음이 가장 중요한 내용이다.

비정규화를 너무 많이 하면 테이블이 과하게 비정규화되는 지점에 도달한다. 이 시나리오에서는 다른 팩트 테이블을 필터링하는 것이 불가능해진다. 이를 바로잡으려면 다른 팩트 테이블의 값을 분할할 수 있도록 디멘션을 적절하게 설계해야 한다.

과도하게 비정규화된 시나리오를 처리하기 위해 DAX를 사용할 수 있지만 DAX 코드는 금방 복잡해진다. 데이터 모델을 바꾸는 것이 코드가 훨씬 쉽다.

디멘션과 팩트 테이블 사이의 복잡한 관계는 DAX 엔진이 처리할 수 없는 모호한 모델을 만든다. 모호한 모델은 데이터 모델 레벨에서 일부 테이블의 중복 또는 칼럼의 비정규화로 해결해야 한다.

주문과 청구처럼 복잡한 모델은 여러 팩트 테이블을 포함한다. 이를 바르게 모델링하려면 정보가 적절한 엔티티와 연결되도록 브리지 테이블을 만들어야 한다.

CHAPTER 4

날짜와 시간 처리

비즈니스 모델에서는 일반적으로 올해 초부터 현재까지(YTD)의 계산과 전년 대비, 성장 비율을 계산한다. 과학적인 모델에서는 이전 데이터를 기반으로 예측하거나 시간에 따른 수치의 정확성을 확인할 수 있다. 이런 모델의 대부분은 시간과 관련된 계산을 포함하므로 이런 종류의 계산에 4장 전체를 할애하기로 한다.

더 엄밀히 말해 시간은 디멘션 즉, 데이터를 연도, 월, 일로 나누기 위해 Calendar 테이블을 사용한다. 하지만 시간은 단순한 디멘션이 아니다. 바르게 설계하고 특별히 고려해야 할 점이 있는 특별한 디멘션이다.

4장에서 몇 개의 시나리오를 살펴보고, 각 시나리오별 데이터 모델을 제공한다. 일부 예제는 아주 단순한 반면, 일부는 해결하기 위해 아주 복잡한 DAX 코드가 필요하다. 목표는 date와 time 모델을 더 잘 만들 수 있도록 도움을 주는 데이터 모델의 예제를 살펴보는 것이다.

date 디멘션 생성

time은 디멘션이다. 이벤트의 날짜를 포함하는 팩트 테이블은 단순한 칼럼으로 충분하다. 이를테면 보고서 생성을 위해 그림 4-1과 같은 모델을 사용한다면 날짜만으로는 유용한 보고서를 만들기 부족하다는 것을 곧 알게 될 것이다.

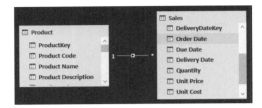

그림 4-1 Sales 테이블에도 주문 날짜를 저장하는 Order Date 칼럼이 있다.

Sales에서 date를 사용해 각각의 날짜로 값을 구분할 수 있다. 하지만 판매 정보를 연도별 또는 월별로 병합해야 한다면 추가 칼럼이 필요하다. 직접적으로 팩트 테이블에 계산된 칼럼을 생성해 쉽게 문제를 해결할 수 있다(타임 인텔리전스 함수를 사용할 수 없기 때문에 가장 좋은 해결 방법은 아니다). 예를 들어 다음의 간단한 계산식을 사용해 Year, Month Name, Month Number라는 세 칼럼을 만들 수 있다.

```
Sales[Year] = YEAR ( Sales[Order Date] )
Sales[Month] = FORMAT ( Sales[Order Date], "mmmm" )
Sales[MonthNumber] = MONTH ( Sales[Order Date] )
```

확실히 month number는 month name을 바르게 정렬할 때 유용하다. 이를 포함할 때 파워 BI 데스크톱과 엑셀 데이터 모델 모두에서 칼럼으로 정렬 기능을 사용할 수 있다. 그림 4-2와 같이 이 칼럼들은 시간별로 판매 금액을 구분하는 리포트를 만들기 위해 사용할 수 있다.

Row Labels	Sales Amount
⊟ 2007	1,459,215.95
January	101,097.12
February	108,553.20
March	119,707.83
April	121,085.74
May	123,413.41
June	121,707.44
July	139,381.00
August	87,384.31
September	155,275.94
October	99,872.65
November	122,522.86
December	159,214.45
⊞ 2008	1,122,535.05
⊞ 2009	1,242,534.61
Grand Total	3,824,285.61

그림 4-2 팩트 테이블의 계산된 칼럼을 사용해 날짜별 판매 금액을 보여준다.

하지만 이 모델에도 두 가지 문제가 있다. 예를 들어 날짜별로 구매를 구분해야 한다면, 구매 테이블에도 동일하게 계산된 칼럼 설정을 반복해야 한다. 이 칼럼은 팩트 테이블에 속하기 때문에 Purchases를 분할하기 위해 Sales의 year를 사용할 수 없다. 3장, '다중 팩트 테이블 사용'을 다시 떠올려보면 두 개의 팩트 테이블을 한 번에 분할하기 위해 디멘션이 필요했다. 게다가 date 디멘션에는 회계연도와 월, 휴일 정보, 근무일 칼럼 등 많은 칼럼이 있다. 이런 모든 칼럼을 하나의 테이블에 저장하면 관리하기 쉬운 테이블이 된다.

디멘션을 사용하는 더 중요한 이유가 있다. 팩트 테이블의 칼럼을 사용하는 것은 타임-인텔리전스 계산을 위한 코딩이 매우 복잡한 반면, date 디멘션을 사용하면 이 계산식을 작성하기 훨씬 쉽다.

예제를 통해 이 개념을 더 자세히 알아보자. Sales Amount의 YTD 값을 계산해보자. 팩트 테이블의 칼럼만 사용하면 계산식은 다음과 같이 꽤 복잡하다.

```
Sales YTD :=
VAR CurrentYear = MAX ( Sales[Year] )
VAR CurrentDate = MAX ( Sales[Order Date] )
RETURN
CALCULATE (
    [Sales Amount],
    Sales[Order Date] <= CurrentDate,
    Sales[Year] = CurrentYear,
    ALL ( Sales[Month] ),
    ALL ( Sales[MonthNumber] )
)
```

특히 코드로 다음의 처리를 해야 한다.

1. 마지막 업데이트 날짜 이전 날짜만 필터링하도록 date에 필터를 적용한다.

2. 필터 문법에 여러 필터가 있는 경우, year에 마지막 필터만 보여주도록 year의 필터를 유지한다.

3. (Sales의) month 필터를 제거한다.

4. (역시 Sales의) month number 필터를 제거한다.

노트 | DAX가 익숙하지 않다면 이 계산식이 동작하는 이유를 이해하는 것이 필터 문법과 변수를 함께 사용하는 작업에 익숙해지는 좋은 연습이 된다.

이 코드는 그림 4-3에서 보듯이 정상 동작한다. 하지만 쓸데없이 복잡하다. 계산식의 가장 큰 문제점은 타임 인텔리전스 계산 작성에 도움이 되도록 설계된 내장 DAX 함수를 사용할 수 없다는 점이다. 사실 이런 함수들은 특별한 날짜 전용 테이블에서만 사용할 수 있다.

Row Labels	Sales Amount	Sales YTD
⊟2007	1,459,215.95	1,459,215.95
January	101,097.12	101,097.12
February	108,553.20	209,650.32
March	119,707.83	329,358.16
April	121,085.74	450,443.90
May	123,413.41	573,857.31
June	121,707.44	695,564.75
July	139,381.00	834,945.75
August	87,384.31	922,330.06
September	155,275.94	1,077,606.00
October	99,872.65	1,177,478.64
November	122,522.86	1,300,001.50
December	159,214.45	1,459,215.95
⊞2008	1,122,535.05	1,122,535.05
⊞2009	1,242,534.61	1,242,534.61
Grand Total	3,824,285.61	1,242,534.61

그림 4-3 Sales YTD는 정확한 값을 보고하지만, 코드가 너무 복잡하다.

date 디멘션을 추가해 그림 4-4처럼 데이터 모델을 업데이트하면 계산식을 작성하기 훨씬 쉬워진다.

그림 4-4 모델에 date 디멘션을 추가해 코드를 작성하기 쉬워진다.

여기서 사전에 정의된 타임 인텔리전스 함수를 사용해 다음과 같이 Sales YTD를 작성할 수 있다.

```
Sales YTD :=
CALCULATE (
    [Sales Amount],
    DATESYTD ( 'Date'[Date] )
)
```

 노트 | YTD 계산뿐만이 아니다. date 디멘션을 사용하면 모든 타임 인텔리전스 메트릭을 작성하기 쉬워진다.

date 디멘션을 사용하면 다음과 같은 장점이 있다.

- 측정식을 간단하게 작성할 수 있다.

- 만들어야 할 보고서에 필요한 시간과 관련된 모든 칼럼을 정의하는 중심지를 얻는다.

- 쿼리의 성능이 향상된다.

- 보기 쉬운 모델을 만든다.

이런 장점들이 있지만 단점은 없을까? 이 경우에는 없다. time 디멘션을 사용하면 항상 장점만 있다. 데이터 모델을 만들 때마다 Calendar 디멘션을 만들고, 계산된 칼럼을 사용하는 쉬운 방법을 선택하고 싶은 유혹에 빠지지 않도록 한다. 그렇게 되면 나중에 그 결정을 후회하게 될 것이다.

자동 time 디멘션 이해

마이크로소프트는 비록 두 도구에서 사용하는 메커니즘은 다르지만 엑셀 2016과 파워 BI 데스크톱 모두에서 타임 인텔리전스를 사용하는 작업을 위한 자동화 시스템을 만들었다. 이번 절에서는 이 둘에 대해 알아본다.

노트 | 이번 절에서 배우겠지만 이 시스템들은 모델을 만들 때 필요한 유연성과 사용 편의성을 제공하지 않으므로 사용을 권하지 않는다.

엑셀의 자동 시간 그룹화

엑셀 데이터 모델에서 피벗 테이블을 사용할 때 피벗 테이블에 date 칼럼을 추가하면 엑셀은 자동으로 날짜 계산을 위한 피벗 테이블의 칼럼을 생성한다. Order Date라는 하나의 date 칼럼을 갖는 그림 4-5의 Sales 테이블을 예로 살펴보자.

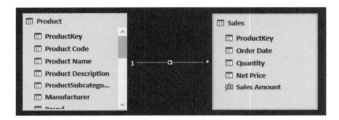

그림 4-5 Sales 테이블에는 Order Date라는 date 칼럼이 있고, year나 month 칼럼은 없다.

Sales Amount를 값 영역으로 하고 Order Date를 칼럼 영역으로 하는 피벗 테이블을 만들면 약간의 시간 지연이 발생하는 것을 알 수 있을 것이다. 놀랍게도 Order Date가 아닌 그림 4-6과 같은 피벗 테이블을 보게 될 것이다.

Row Labels	Sales Amount
⊟2007	1,459,215.95
⊞Qtr1	329,358.16
⊞Qtr2	366,206.60
⊞Qtr3	382,041.25
⊞Qtr4	381,609.95
⊞2008	1,122,535.05
⊞2009	1,242,534.61
Grand Total	**3,824,285.61**

그림 4-6 피벗 테이블은 날짜를 모델에 없는 연도와 분기로 분할한다.

연도로 분할된 피벗 테이블을 만들기 위해 엑셀은 자동으로 Sales 테이블에 몇 개의 칼럼을 추가하고 이는 데이트 모델을 다시 열면 확인할 수 있다. 그림 4-7에 표시된 줄이 엑셀에 의해 추가된 새로운 칼럼이다.

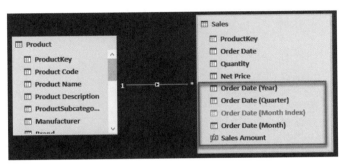

그림 4-7 엑셀에 의해 자동으로 추가된 새로운 칼럼이 Sales 테이블에 포함된다.

엑셀은 우리가 하지 말라고 했던 일을 했다. 즉 date 칼럼을 포함하는 테이블에서 직접 분할 처리를 위해 일부 칼럼을 만들었다. 다른 팩트 테이블에서 같은 동작을 수행하면 또 새 칼럼들이 생길 것이고 둘은 테이블을 크로스필터링하기 위해 사용할 수 없다. 또 팩트 테이블에 생성된 칼럼이기 때문에 큰 데이터 집합에서 엑셀 파일의 크기와 시간을 많이 소요한다. 이 기능에 대한 더 자세한 내용은 https://blogs.offi ce.com/2015/10/13/time-grouping-enhancements-in-excel-2016/에서 찾아볼 수 있다. 이 기사는 기능을 끄기 위해 레지스트리를 편집하는 절차에 관한 링크를 포함하고 있다. 아주 단순한 모델을 사용하는 작업이 아니라면 자동 시간 그룹화 기능을 비활성화시키기 위해 이 절차를 따르고, 4장에서 설명하는 것처럼 직접 처리하는 방법을 익히도록 한다.

파워 BI 데스크톱의 자동 시간 그룹화

파워 BI 데스크톱은 일부 단계를 자동화해 시간 정보를 쉽게 계산할 수 있게 한다. 아쉽게도 엑셀보다 좋게 몇 단계 자동화했지만 파워 BI 데스크톱도 시간 정보를 위한 가장 좋은 솔루션은 아니다.

파워 BI 데스크톱에서 그림 4-7과 같은 데이터 모델을 사용하고 Order Date 칼럼을 사용해 매트릭스를 만들면 그림 4-8과 같은 정보를 얻게 된다.

Year ▼	Quarter	Month	Day	Sales Amount
2009	Qtr 1	January	1	2.198,95
			2	1.325,89
			3	1.775,52
			4	2.167,90
			5	511,70
			6	907,89
			7	332,37
			8	4.605,52
			9	4.442,14
			10	82,70
			11	60,44

그림 4-8 모델의 일부가 아님에도 Year, Quarter, Month 칼럼이 출력된다.

엑셀에서와 마찬가지로 파워 BI 데스크톱도 자동으로 달력 구조를 생성한다. 하지만 사용하는 기술은 다르다. 실제로 Sales 테이블을 보면 새로운 계산된 칼럼을 찾을 수 없다. 대신 파워 BI 데스크톱은 모델의 date를 포함하는 각 칼럼을 위한 숨겨진 테이블을 만들고 필요한 관계를 생성한다. date로 분할할 때 숨겨진 테이블에 생성된 구조를 사용한다. 따라서 엑셀보다 조금 낫다. 하지만 이런 접근 방법은 다음과 같은 제약이 있다.

- 자동으로 생성된 테이블의 내용을 수정할 방법이 없다. 예를 들어 칼럼의 이름이나 데이터의 정렬 방법을 변경하거나 회계 달력을 처리할 수 없다.

- 파워 BI 데스크톱은 칼럼당 하나의 테이블을 생성한다. 따라서 팩트 테이블이 여러 개라면, 이들은 서로 다른 날짜 테이블로 연결되고, 하나의 달력을 사용해 여러 테이블을 분할할 수 없다.

시간이 지나면 파워 BI 데스크톱의 자동 캘린더 생성을 비활성화시키곤 했다(이를 위해서는 File 탭을 클릭하고, Options 다이얼로그 박스를 열기 위해 Options and Settings를 클릭, Data Load 페이지를 선택한다. 그리고 Auto Date/Time 체크 박스의 체크를 지운다). 그리고 모델에 추가한 모든 팩트 테이블을 필터링할 수 있도록 전체를 제어할 수 있는 사용자 정의 Calendar 테이블을 설정할 준비를 한다.

다중 date 디멘션 사용

하나의 팩트 테이블에 여러 개의 date가 포함될 수 있다. 이는 상당히 흔하다. 콘토소 데이터베이스를 예로 들면 각 주문은 order date, due date, delivery date라는 세 개의 date를 가진다. 다른 팩트 테이블도 date를 포함할 수 있다. 따라서 데이터 모델의 date 개수는 상당히 많다. date가 많을 때 모델을 만드는 올바른 방법은 무엇일까? 답은 매우 간단하다. 일부 예외적인 시나리오를 제외하면, 전체 모델에 하나의 date 디멘션을 사용하는 것이다. 이번 절에서는 하나의 date 디멘션을 사용하는 이유를 알아본다.

앞서 언급했듯이 Sales에서는 Date를 사용해 Sales와 연결시킬 수 있는 세 개의 날짜가 있다. 세 쌍의 칼럼을 기반으로 하는 두 개의 테이블 사이에 여러 관계를 만들고 싶을 수 있다. 불행히도 결과는 그림 4-9와 같이 처음으로 생성된 관계는 활성화되지만 다음의 두 관계는 생성되지만 활성화되지는 않는다.

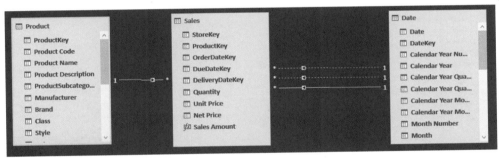

그림 4-9 Sales와 Date 사이의 세 관계 중 하나만 활성화(실선)된다. 다른 관계는 비활성화(점선)된다.

USERELATIONSHIP 함수를 사용해 비활성 관계를 일시적으로 활성화시킬 수 있지만 이는 나중에 일부 계산식에서만 사용할 기술이다. 피벗 테이블이나 보고서에서 이 데이터 모델을 계획할 때 비활성 관계는 어떤 계산식에서도 사용하지 않는다. 예를 들어 사용자는 하나의 피벗 테이블에서 특정 관계를 활성화시키기 위해 엑셀에서 명령할 방법이 없다.

노트 | 엔진은 모호성을 포함하는 데이터 모델을 허용하지 않기 때문에 여러 관계가 활성화될 수 없다. 하나의 테이블(이 예제에서는 Sales)에서 출발해 다른 테이블(이 예제에서는 Date)에 도착하는 방법이 많을 때 모호성이 생긴다. RELATED (Date[Calendar Year])를 포함하는 Sales의 계산된 칼럼을 만들고 싶다고 하자. 이 시나리오에서 DAX는 세 관계 중 어느 것을 사용해야 할지 모른다. 이런 이유로 오직 하나의 관계만 활성화될 수 있고, RELATED, RELATEDTABLE 그리고 자동 필터 문법 전파 등의 동작을 결정한다.

비활성 관계를 사용하는 것은 좋은 방법이 아니므로 디멘션을 중복시켜 데이터 모델을 수정해야 한다. 이 책의 예제에서는 Date 테이블을 세 번 로드할 것이다. 한 번은 order date를 위해, 또 한 번은 due date를 위해, 마지막은 delivery date를 위해서다. 그림 4-10과 같이 모호성이 없는 모델을 만들어야 한다.

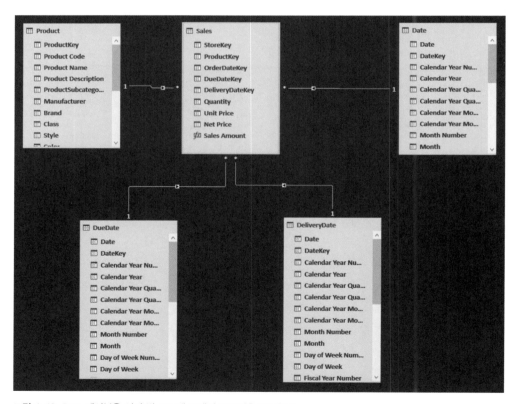

그림 4-10 Date 테이블을 여러 번 로드해 모델의 모호성을 제거한다.

이 모델을 사용해 한 해 동안의 판매를 보여주는 보고서를 만들 수 있지만, 그림 4-11과 같은 다른 보고서가 됐다.

Sales Amount	Column Labels				
Row Labels	2007	2008	2009	2010	Grand Total
2007	1,412,267.47	46,948.48			1,459,215.95
2008		1,092,620.19	29,914.86		1,122,535.05
2009			1,193,051.71	49,482.90	1,242,534.61
Grand Total	1,412,267.47	1,139,568.67	1,222,966.57	49,482.90	3,824,285.61

그림 4-11 보고서는 연간 판매 합계와 연간 배송 합계를 보여준다.

한눈에 봐도 그림 4-11의 피벗 테이블은 이해하기 힘들다. 배송 합계가 가로인지 세로인지 알아채기 어렵다. 배송은 항상 주문 이후에 발생하기 때문에 결과를 분석해 세로가 배송 연도라는 것을 추측할 수 있다. 그럼에도 불구하고 좋은 보고서라고 할 만큼 명확하지 않다.

주문 연도에 OY, 배송 연도에 DY라는 접미사를 사용해 year 칼럼의 내용을 수정하는 것이면 충분하다. 이는 Calendar 테이블의 쿼리를 수정하고 보고서를 그림 4-12와 같이 이해하기 쉽게 한다.

Sales Amount	Column Labels				
Row Labels	DY 2007	DY 2008	DY 2009	DY 2010	Grand Total
OY 2007	1,412,267.47	46,948.48			1,459,215.95
OY 2008		1,092,620.19	29,914.86		1,122,535.05
OY 2009			1,193,051.71	49,482.90	1,242,534.61
Grand Total	1,412,267.47	1,139,568.67	1,222,966.57	49,482.90	3,824,285.61

그림 4-12 주문과 배송 연도의 접미사를 수정해 보고서를 이해하기 쉽다.

지금까지 date 디멘션을 필요한 만큼 복제하고 보고서에서 읽기 쉽게 칼럼의 이름을 변경하거나 접미사를 추가해 여러 date를 쉽게 다룰 수 있을 것 같다. 어느 정도는 사실이다. 그렇지만 여러 팩트 테이블을 사용할 때 어떤 일이 벌어질지 배워야 한다. 데이터 모델에 Purchases 같은 또 다른 팩트 테이블을 추가하면 시나리오는 그림 4-13과 같이 복잡해진다.

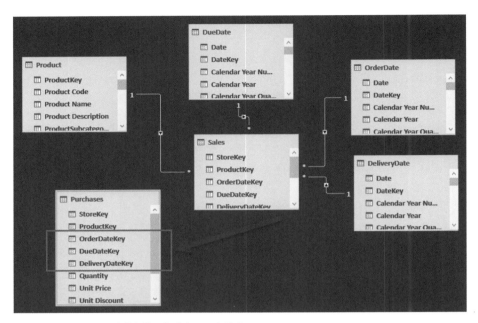

그림 4-13 Purchases 테이블에는 세 개의 date가 있다.

Purchases에도 order, delivery, due date가 있으므로 단순하게 모델에 Purchases를 추가하면 세 개의 date가 추가로 생성된다. 이 시나리오를 바르게 설계하기 위해 기술이 필요하다. 실제로 하나의 모델에 여섯 개의 date가 되도록 모델에 세 개의 date 디멘션을 추가할 수 있다. 하지만 사용자는 많은 date로 인해 혼란스러울 수 있다. 그러므로 모델이 강력해지더라도 사용하기 쉽지 않고 사용자의 경험에 좋지 않을 가능성이 높다. 그 외에도 언젠가 팩트 테이블을 더 추가해야 한다면 어떤 일이 벌어질지 생각해보자. date 디멘션의 폭증은 절대로 좋지 않다.

다른 방법은 Purchases와 Sales를 분할하기 위해 모델에 이미 존재하는 세 개의 디멘션을 사용하는 것이다. Order Date는 Sales와 Purchases의 Order date를 필터링한다. 다른 두 디멘션도 마찬가지다. 그림 4-14와 같은 데이터 모델이 된다.

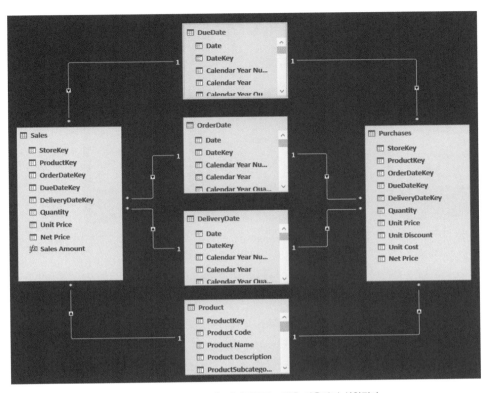

그림 4-14 같은 디멘션을 사용해 두 팩트 테이블을 필터링하면 모델을 사용하기 쉬워진다.

그림 4-14의 모델은 사용하기 쉽지만 여전히 복잡하다. 그리고 추가한 디멘션에서 아주 운이 좋았다는 것을 알 수 있다. Purchases는 Sales와 똑같은 세 개의 date를 사용하고, 이는 현실에서 일반적이지 않다. 실제로는 새로 추가하는 팩트 테이블의 date는 기존의 팩트 테이블과 공유할 것이 없는 date를 사용할 가능성이 훨씬 높다. 이런 경우에는 모델이 보기 힘들어지더라도 date 디멘션을 추가하거나, 또는 정확하지 않은 이름으로 사용자 인터페이스의 용어에 문제가 생길 수 있더라도 기존의 date 중 하나와 새 팩트 테이블을 조인하는 선택을 해야 한다.

모델에 많은 date 디멘션을 만들고 싶은 충동을 이기면 문제를 더 쉽게 해결할 수 있다. 실제로 하나의 date 디멘션으로 견디면 그림 4-15와 같이 살펴보고 이해하기 쉬운 모델이 될 것이다.

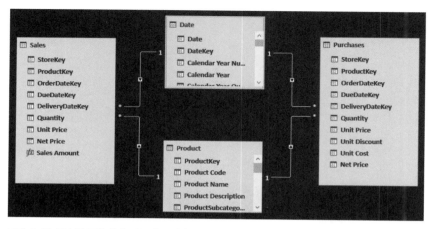

그림 4-15 단순한 모델에서는 두 팩트 테이블의 OrderDate에 하나의 date 디멘션이 연결된다.

하나의 date 디멘션을 사용하는 모델은 사용하기 훨씬 쉽다. 실제로 Date가 주요 날짜 칼럼인 주문 날짜를 사용해 Sales와 Purchases를 분할할 것이라는 것은 직관적으로 알 수 있다. 처음 봤을 때 이 모델은 이전 모델보다 강력하지 않을 것처럼 보이고, 일부 사실이기도 하다. 그렇기는 하지만 이 모델이 강력하지 않다고 결론 내기 전에 하나의 date를 사용하는 모델과 여러 date를 사용하는 모델 사이의 분석력의 차이가 무엇인지 알아보는 시간을 가져보자.

많은 Date 테이블을 제공하면 사용자가 한 번에 여러 date를 사용해 보고서를 만들 수 있다. 앞의 예제에서 판매 합계와 배송 합계를 계산할 때 유용한 것을 봤다. 그럼에도 불구하고 문제는 이 정보를 보여주기 위해 여러 date가 필요한가이다. 답은 '아니다'이다. 데이터 모델을 변경하지 않고 필요한 값을 계산하는 측정식을 만들어 이 문제를 해결할 수 있다.

예를 들어 판매 금액과 배송 금액을 비교하려면 Sales와 Date 사이의 DeliveryDateKey 기반의 비활성 관계를 유지할 수 있고 아주 명확한 측정식에서 활성화시킬 수 있다. 이 예제의 경우 Sales와 Date 사이의 비활성 관계를 추가해 그림 4-16과 같은 모델을 만든다.

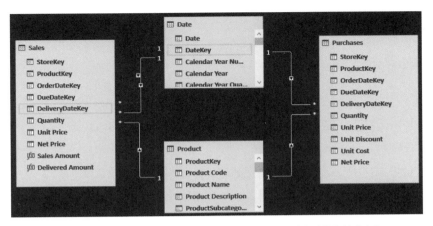

그림 4-16 모델에서 DeliveryDateKey와 DateKey 사이에 관계가 있지만 비활성 상태이다.

관계를 만들었다면 다음과 같이 Delivered Amount 측정값을 계산할 수 있다.

```
Delivered Amount :=
CALCULATE (
    [Sales Amount],
    USERELATIONSHIP ( Sales[DeliveryDateKey], 'Date'[DateKey] )
)
```

이 측정식은 계산을 실행하는 동안만 Sales와 Date 사이의 비활성 관계를 활성화시킨다. 따라서 데이터를 분할하기 위해 Date 테이블을 사용할 수 있고 그림 4-17에서 보듯이 배송 날짜와 관련 정보를 가진다. 측정식에서 이름을 적절하게 선택함으로 이를 사용할 때 어떤 모호성도 생기지 않는다.

Row Labels	Sales Amount	Delivered Amount
CY 2007	1,459,215.95	1,410,787.80
CY 2008	1,122,535.05	1,145,421.73
CY 2009	1,242,534.61	1,221,566.90
CY 2010		46,509.18
Grand Total	**3,824,285.61**	**3,824,285.61**

그림 4-17 Delivered Amount는 배송 날짜를 기반으로 하는 관계를 사용하지만 그 로직은 측정식 안에 숨겨진다.

그러므로 단순한 규칙은 전체 모델을 위한 하나의 date 디멘션을 만드는 것이다. 명확히 말해 이는 엄격한 규칙은 아니다. 아주 당연하게 여러 개의 date 디멘션을 사용하는 시나리오도 있다. 하지만 여러 날짜 테이블을 처리하는 고통을 감수할 만큼 확실한 이유가 있어야 한다.

경험으로 보건대, 대부분의 데이터 모델에서는 다중 Date 테이블이 필요 없다. 하나면 충분하다. 다른 날짜를 사용하는 계산이 필요하면 비활성 관계를 사용해 이를 계산하는 측정값을 사용할 수 있다. 대부분 많은 date 디멘션을 추가하는 것은 모델의 요구 사항 분석이 부족하기 때문이다. 따라서 또 다른 date 디멘션을 추가하기 전에 정말로 필요한 것인지 아니면 DAX 코드를 사용해 같은 값을 계산할 수 있는지 자문한다. 후자라면 DAX 코드를 추가하고 Date 디멘션을 줄인다. 절대 후회하지 않을 것이다.

날짜와 시간 처리

날짜는 모든 모델에서 거의 항상 필요한 디멘션이다. 하지만 시간은 그보다 적게 사용한다. 그렇기는 하지만 날짜와 시간 모두가 중요한 디멘션인 시나리오가 있고, 이 경우 둘을 처리하는 방법을 이해해야 한다.

가장 먼저 주목해야 하는 부분은 Date 테이블이 시간 정보를 포함할 수 없다는 점이다. 사실 테이블을 Date 테이블처럼 표시하려면-테이블에서 타임 인텔리전스 함수를 사용하기 위해 반드시 해야 한다-DAX 언어의 요구 사항을 따라야 한다. 요구 사항 중에는 datetime 값을 저장하는 칼럼은 day 그래뉼래러티를 가져야 하고 시간 정보는 없어야 한다. Date 테이블에 시간 정보까지 포함시켜도 엔진은 에러를 발생시키지 않는다. 하지만 같은 날짜가 여러 번 나오면 엔진은 타임 인텔리전스 함수를 제대로 계산할 수 없게 된다.

그렇다면 시간도 처리해야 할 때는 어떻게 해야 할까? 가장 쉽고 효과적인 방법은 날짜를 위한 디멘션과 시간을 위한 별도의 디멘션을 만드는 것이다. 다음과 같이 파워 쿼리의 일부를 사용해 time 디멘션을 쉽게 만들 수 있다.

```
Let
    StartTime = #datetime(1900,1,1,0,0,0),
    Increment = #duration(0,0,1,0),
    Times = List.DateTimes(StartTime, 24*60, Increment),
    TimesAsTable = Table.FromList(Times,Splitter.SplitByNothing()),
    RenameTime = Table.RenameColumns(TimesAsTable,{{"Column1", "Time"}}),
    ChangedDataType = Table.TransformColumnTypes(RenameTime,{{"Time", type time}}),
    AddHour = Table.AddColumn(
        ChangedDataType,
        "Hour",
        each Text.PadStart(Text.From(Time.Hour([Time])), 2, "0" )
    ),
    AddMinute = Table.AddColumn(
        AddHour,
        "Minute",
        each Text.PadStart(Text.From(Time.Minute([Time])), 2, "0" )
    ),
    AddHourMinute = Table.AddColumn(
        AddMinute,
        "HourMinute", each [Hour] & ":" & [Minute]
    ),
    AddIndex = Table.AddColumn(
        AddHourMinute,
        "TimeIndex",
        each Time.Hour([Time]) * 60 + Time.Minute([Time])
    ),
    Result = AddIndex
in
    Result
```

스크립트는 그림 4-18과 같은 테이블을 생성한다. 테이블에는 팩트 테이블과 연결하기 위해 사용할 수 있는 (0부터 1439까지) TimeIndex 칼럼과 데이터를 분할한 칼럼이 있다. 테이블에 시간 정보를 위한 여러 칼럼이 있다면, 시간을 주요 키로 생성하도록 이전 스크립트를 수정할 수 있다.

Time	Hour	Minute	TimeIndex	HourMinute
00.00.00	00	00	0	00:00
00.01.00	00	01	1	00:01
00.02.00	00	02	2	00:02
00.03.00	00	03	3	00:03
00.04.00	00	04	4	00:04
00.05.00	00	05	5	00:05
00.06.00	00	06	6	00:06
00.07.00	00	07	7	00:07
00.08.00	00	08	8	00:08
00.09.00	00	09	9	00:09
00.10.00	00	10	10	00:10
00.11.00	00	11	11	00:11
00.12.00	00	12	12	00:12
00.13.00	00	13	13	00:13
00.14.00	00	14	14	00:14
00.15.00	00	15	15	00:15

그림 4-18 파워 쿼리를 사용해 생성한 단순한 time 테이블

time index는 시간에 60을 곱하고 분을 더해 계산하므로 쉽게 팩트 테이블의 키가 될 수 있다. 이 계산은 테이블을 구성하는 데이터 소스에서 처리돼야 한다.

별도의 time 테이블을 사용해 데이터를 시간, 분 또는 time 테이블에 추가한 다른 칼럼으로 분할할 수 있다. 빈번하게 사용되는 옵션은 하루 중의 기간(오전, 오후, 저녁) 또는 시간 범위(그림 4-19의 예와 같이 시간별)이다.

Sales Amount	Column Labels			
Row Labels	CY 2007	CY 2008	CY 2009	Grand Total
From 06:00 to 07:00	79,518.54	47,981.26	67,825.28	195,325.08
From 07:00 to 08:00	27,692.12	39,036.69	37,788.93	104,517.75
From 08:00 to 09:00	54,368.20	52,602.75	56,441.84	163,412.79
From 09:00 to 10:00	69,017.22	55,524.44	55,657.92	180,199.58
From 10:00 to 11:00	63,355.05	49,343.90	44,823.41	157,522.37
From 11:00 to 12:00	51,625.55	49,563.19	42,184.88	143,373.62
From 12:00 to 13:00	52,189.03	29,557.34	45,533.05	127,279.42
From 13:00 to 14:00	47,517.66	35,557.72	46,450.37	129,525.75
From 14:00 to 15:00	74,327.75	52,080.15	45,249.45	171,657.35
From 15:00 to 16:00	48,098.40	46,725.44	37,985.21	132,809.04
From 16:00 to 17:00	43,919.20	36,328.50	53,859.38	134,107.08
From 17:00 to 18:00	62,586.62	47,388.08	47,082.21	157,056.92
From 18:00 to 19:00	64,856.62	40,480.32	74,347.68	179,684.62
From 19:00 to 20:00	68,391.58	32,012.46	52,723.16	153,127.20
Grand Total	807,463.55	614,182.24	707,952.78	2,129,598.57

그림 4-19 time 디멘션은 시간별 판매 실적을 보여주는 보고서를 생성할 때 유용하다.

하지만 시간 범위로 계층화할 필요가 없는 시나리오도 있다. 예를 들어 두 이벤트 사이의 시간 차를 기반으로 값을 계산할 수 있다. 또 다른 시나리오로 day보다 낮은 그래뉼래러티를 사용해 두 시간의 타임스탬프 사이에 일어난 이벤트의 수를 계산할 수 있다. 예로 1월 1일 오전 8시부터 1월 7일 오후 1시까지 가게에 방문한 고객 수를 알 수 있다. 이는 약간 개선된 시나리오로 7장, '날짜와 시간 간격 분석'에서 다룬다.

타임 인텔리전스 계산

데이터 모델을 제대로 준비했다면 타임 인텔리전스 함수를 작성하기 쉽다. 타임 인텔리전스를 계산하려면 필요한 기간이 가로 줄에 보이도록 Calendar 테이블에 필터를 적용해야 한다. 이런 필터를 사용할 수 있도록 지원하는 다양한 함수 집합이 있다. 그 예로 YTD는 다음과 같이 작성할 수 있다.

```
Sales YTD :=
CALCULATE (
    [Sales Amount],
    DATESYTD ( 'Date'[Date] )
)
```

DATESYTD는 현재 선택된 기간의 1월 1일부터 시작해 문법에 포함된 마지막 날까지의 날짜 집합을 반환한다. 다른 유용한 함수는 SAMEPERIODLASTYEAR, PARALLELPERIOD, LASTDAY가 있다. 이 함수들을 결합시켜 더 복잡한 집계를 할 수 있다.

예를 들어 작년의 YTD를 계산해야 하면 다음 계산식을 사용할 수 있다.

```
Sales PYTD :=
CALCULATE (
    [Sales Amount],
    DATESYTD ( SAMEPERIODLASTYEAR ( 'Date'[Date] ) )
)
```

또 다른 유용한 타임 인텔리전스 함수로는 주어진 기간의 날짜 집합을 반환하는 DATESINPERIOD가 있다. 이는 다음과 같은 예제에서 필터 문법의 마지막 날짜를 참조로 최근 12개월을 반환하는 DATESINPERIOD를 사용해 값이 변하는 평균을 계산할 때 유용하다.

```
Sales Avg12M :=
CALCULATE (
    [Sales Amount] / COUNTROWS ( VALUES ( 'Date'[Month] ) ),
    DATESINPERIOD (
        'Date'[Date],
        MAX ( 'Date'[Date] ),
        -12,
        MONTH
    )
)
```

그림 4-20에서 이 평균의 결과를 볼 수 있다.

Row Labels	Sales Amount	Sales Avg12M
⊞ 2007	1,459,215.95	121,601.33
⊞ 2008	1,122,535.05	93,544.59
⊟ 2009	1,242,534.61	103,544.55
January	71,828.15	94,146.79
February	59,980.01	94,048.68
March	71,327.93	94,596.90
April	103,551.11	93,559.09
May	160,137.28	96,306.46
June	93,484.82	96,631.05
July	145,604.22	101,094.13
August	98,972.35	97,565.15
September	90,457.03	95,765.51
October	91,665.16	98,482.67
November	133,481.80	100,581.92
December	122,044.75	103,544.55
Grand Total	3,824,285.61	

그림 4-20 측정값은 12개월의 평균을 계산한다.

회계 달력 처리

사용자 정의 Calendar 테이블을 만드는 것이 좋은 또 다른 이유는 회계 달력 작업이 쉽기 때문이다. 즉, 훨씬 더 극단적인 상황으로 주간 또는 시즌별 달력 같이 더 복잡한 달력을 사용할 수 있다.

회계 달력을 처리할 때, 팩트 테이블에 칼럼을 추가할 필요가 없다. 대신 Date 테이블에 칼럼 집합을 추가해 표준 달력과 회계 달력을 모두 사용해 분할할 수 있도록 한다. 예를 들어 한 해의 첫 달을 7월로 설정한 회계 달력을 처리한다고 하자. 그러면 달력은 7월 1일부터 6월 30일까지다. 이 시나리오에서 회계 달력을 보여주도록 Calendar를 수정하고 일부 계산에서 회계 달력을 사용하도록 수정해야 한다.

먼저 회계 월을 저장하기 위해 적절한 칼럼 집합을 추가한다(아직 하지 않았다면 말이다). 일부 사람들은 회계 달의 첫 이름으로 July를 보고 싶어 하는 반면, 다른 사람들은 달의 이름을 피하고 대신 숫자를 사용하고 싶어 한다. 따라서 숫자를 사용해 July 대신 Fiscal Month 01로 사용한다. 이 예제에서는 표준 월 이름을 사용한다.

어떤 이름 규칙을 선호하는지 상관없이 적절한 정렬을 위해 회계 월 이름을 저장하기 위한 칼럼이 추가로 필요하다. 표준 달력에는 Month Name 칼럼이 있고, 정렬은 Month Number를 사용한다. 그래서 January가 처음에 오고 December가 마지막에 위치한다. 반면 회계 월을 사용할 때는 July를 첫째 달로, June을 마지막으로 두는 것이 좋다. 하나의 칼럼에 서로 다른 정렬을 적용할 수 없으므로 month name을 복사한 새로운 칼럼 Fiscal Month를 만들고, 회계 월을 원하는 대로 정렬하기 위한 정렬 칼럼을 만든다.

이 단계를 마친 후 Calendar 테이블의 칼럼을 사용해 모델을 살펴볼 수 있고, 월을 바르게 정렬할 수 있다. 그럼에도 불구하고 일부 계산은 예상대로 동작하지 않을 것이다. 그림 4-21 피벗 테이블의 Sales YTD를 살펴보자.

Row Labels	Sales Amount	Sales YTD
⊟ FY 2007	695,564.75	695,564.75
January	101,097.12	101,097.12
February	108,553.20	209,650.32
March	119,707.83	329,358.16
April	121,085.74	450,443.90
May	123,413.41	573,857.31
June	121,707.44	695,564.75
⊟ FY 2008	1,286,923.00	523,271.80
July	139,381.00	834,945.75
August	87,384.31	922,330.06
September	155,275.94	1,077,606.00
October	99,872.65	1,177,478.64
November	122,522.86	1,300,001.50
December	159,214.45	1,459,215.95
January	64,601.67	64,601.67
February	61,157.39	125,759.06
March	64,749.27	190,508.33
April	116,004.84	306,513.17
May	127,168.83	433,682.00
June	89,589.80	523,271.80
⊞ FY 2009	1,159,572.55	560,309.30
⊞ FY 2010	682,225.31	
Grand Total	3,824,285.61	

그림 4-21 회계 달력을 사용하는 YTD 계산은 정상 동작하지 않는다.

피벗 테이블을 주의 깊게 살펴보면 YTD의 값이 2008년 7월이 아닌 1월에 초기화되는 것을 볼 수 있다. 이는 표준 달력을 사용하는 작업을 위해 디자인된 표준 타임 인텔리전스 때문이다. 때문에 사용자 정의 달력을 사용하면 동작하지 않는다. 일부 함수는 회계 달력을 사용한다고 알릴 수 있도록 추가 파라미터가 있다. YTD를 계산하기 위해 사용하는 DATESYTD도 그중 하나다. 회계 달력을 사용해 YTD를 계산하기 위해 DATESYTD에 달력이 끝나는 월과 일을 명시하는 두 번째 파라미터를 추가할 수 있다. 코드는 다음과 같다.

```
Sales YTD Fiscal :=
CALCULATE (
    [Sales Amount],
    DATESYTD ( 'Date'[Date], "06/30" )
)
```

그림 4-22는 표준 YTD와 회계 YTD를 나란히 보여주는 피벗 테이블이다.

Row Labels	Sales Amount	Sales YTD	Sales YTD Fiscal
⊟ FY 2007	695,564.75	695,564.75	695,564.75
January	101,097.12	101,097.12	101,097.12
February	108,553.20	209,650.32	209,650.32
March	119,707.83	329,358.16	329,358.16
April	121,085.74	450,443.90	450,443.90
May	123,413.41	573,857.31	573,857.31
June	121,707.44	695,564.75	695,564.75
⊟ FY 2008	1,286,923.00	523,271.80	1,286,923.00
July	139,381.00	834,945.75	139,381.00
August	87,384.31	922,330.06	226,765.31
September	155,275.94	1,077,606.00	382,041.25
October	99,872.65	1,177,478.64	481,913.89
November	122,522.86	1,300,001.50	604,436.75
December	159,214.45	1,459,215.95	763,651.19
January	64,601.67	64,601.67	828,252.87
February	61,157.39	125,759.06	889,410.25
March	64,749.27	190,508.33	954,159.53
April	116,004.84	306,513.17	1,070,164.36
May	127,168.83	433,682.00	1,197,333.20
June	89,589.80	523,271.80	1,286,923.00
⊞ FY 2009	1,159,572.55	560,309.30	1,159,572.55
⊞ FY 2010	682,225.31		682,225.31
Grand Total	3,824,285.61		

그림 4-22 Sales YTD Fiscal은 정확하게 7월에 초기화된다.

확실히 다양한 계산을 위해 서로 다른 접근 방법이 필요하지만 DAX에서 지원하는 표준 타임 인텔리전스는 회계 달력에 적용하기 쉽다. 4장 마지막 절에서 달력을 변형한 주간 달력을 다룰 것이다. 만약 다른 것이 필요하거나 심지어 더 복잡한 달력을 사용해 작업해야 한다면 더 복잡한 방법을 따라야 한다. http://www.daxpatterns.com/time-patterns/의 타임 인텔리전스 패턴을 살펴보기 바란다.

여기서 얻는 중요한 사실은 회계 달력을 자연스럽게 처리하기 위해 테이블을 추가할 필요가 없다는 것이다. Date 테이블을 적절히 설계하고 사용하면 Calendar 테이블을 업데이트해 다양한 달력을 간단하게 처리할 수 있다.

파워 BI 데스크톱이나 엑셀로 타임 인텔리전스 칼럼을 생성하면 이런 단순한 기술을 적용할 수 없다. 정확한 계산식을 작성하는 방법을 스스로 찾아야 한다.

근무일 계산

일을 매일 하지는 않는다. 종종 이 차이를 고려해 계산해야 한다. 일례로 근무일로 명시된 두 날짜 사이의 차이를 계산하고 싶거나, 주어진 기간 동안의 근무일을 세고 싶을 수 있다. 이번 절에서는 데이터 모델링의 관점에서 근무일을 처리하는 방법을 알아본다.

첫 번째 (가장 중요한) 고려 사항은 어떤 날이 항상 근무일인지 또는 이 정보가 다른 요소에 의존적인지 여부다. 서로 다른 나라에서 일한다면 해당 날짜가 한 나라 또는 지역에서는 근무일이지만 다른 곳에서는 휴일일 가능성이 높다. 따라서 국가나 지역에 따라 한 날짜가 근무일일수도 아닐 수도 있다. 나중에 살펴보겠지만 국가나 지역에 따른 휴일을 고려하는 복잡한 모델이 필요하다. 하나의 국가나 지역의 휴일을 사용하는 간단한 모델부터 먼저 살펴보는 것이 좋겠다.

한 국가 또는 지역의 근무일

Date에 초점을 맞추겠지만 우선 Date, Product, Sales 테이블을 포함하는 간단한 데이터 모델로 시작한다. 그림 4-23에서 Date 테이블을 볼 수 있다.

Date	DateKey	Calendar Year	Month Number	Month	Day of Week Number	Day of Week
1/1/05	20050101	CY 2005		1 January		7 Saturday
2/1/05	20050102	CY 2005		1 January		1 Sunday
3/1/05	20050103	CY 2005		1 January		2 Monday
4/1/05	20050104	CY 2005		1 January		3 Tuesday
5/1/05	20050105	CY 2005		1 January		4 Wednesday
6/1/05	20050106	CY 2005		1 January		5 Thursday
7/1/05	20050107	CY 2005		1 January		6 Friday
8/1/05	20050108	CY 2005		1 January		7 Saturday
9/1/05	20050109	CY 2005		1 January		1 Sunday
10/1/05	20050110	CY 2005		1 January		2 Monday
11/1/05	20050111	CY 2005		1 January		3 Tuesday
12/1/05	20050112	CY 2005		1 January		4 Wednesday
13/1/05	20050113	CY 2005		1 January		5 Thursday

그림 4-23 간단한 Date 테이블로 근무일 분석을 시작한다.

118

이 테이블에는 근무를 하는 날인지 아닌지의 정보가 포함되지 않았다. 두 종류의 휴일이 있다고 하자. 주말과 공휴일이다. 주말이 토요일과 일요일이라면 다음의 코드로 그날이 주말인지 아닌지 알 수 있는 계산된 칼럼을 만들 수 있다. 주말이 서로 다른 요일이라면 특정 시나리오에 맞게 다음 계산식을 변경해야 한다.

```
'Date'[IsWorkingDay] =
INT (
    AND (
        'Date'[Day of Week Number] <> 1,
        'Date'[Day of Week Number] <> 7
    )
)
```

여기서는 값을 합산하기 쉽고 근무일을 세기 쉽도록 부울(Boolean)을 정수로 변경했다. 실제로 특정 기간의 근무일은 다음과 같은 측정값으로 얻을 수 있다.

```
NumOfWorkingDays = SUM ( 'Date'[IsWorkingDay] )
```

이 측정값은 그림 4-24에서 보는 것처럼 수치로 계산된다.

Calendar Year	Month	NumOfWorkingDays
CY 2005	January	21
	February	20
	March	23
	April	21
	May	22
	June	22
	July	21
	August	23
	September	22
	October	21
	November	22
	December	22
	Total	**260**

그림 4-24 NumOfWorkingDays는 선택된 기간의 근무일수를 계산한다.

지금까지 토요일과 일요일을 처리했다. 하지만 처리해야 할 휴일이 더 있다. 이 예를 위해 www.timeanddate.com에서 2009년 미국 연방 휴일 정보를 가져왔다. 다음으로 파워 BI 데스크톱의 쿼리 편집기를 사용해 그림 4-25와 같은 테이블을 생성했다.

Date	Weekday	Holiday name	Holiday type
01/01/2009	Thursday	New Year's Day	Federal Holiday
19/01/2009	Monday	Martin Luther King Day	Federal Holiday
16/02/2009	Monday	Presidents' Day	Federal Holiday
25/05/2009	Monday	Memorial Day	Federal Holiday
03/07/2009	Friday	Independence Day observed	Federal Holiday
04/07/2009	Saturday	Independence Day	Federal Holiday
07/09/2009	Monday	Labor Day	Federal Holiday
12/10/2009	Monday	Columbus Day	Federal Holiday
11/11/2009	Wednesday	Veterans Day	Federal Holiday
26/11/2009	Thursday	Thanksgiving Day	Federal Holiday
25/12/2009	Friday	Christmas Day	Federal Holiday

그림 4-25 Holidays 테이블은 미국 연방 휴일 목록을 보여준다.

여기서 Holidays 테이블의 Date 칼럼이 키인지에 따라 두 가지 옵션이 있다. 만약 키라면, Date와 Holidays 사이에 관계를 생성해 그림 4-26과 같은 모델을 생성할 수 있다.

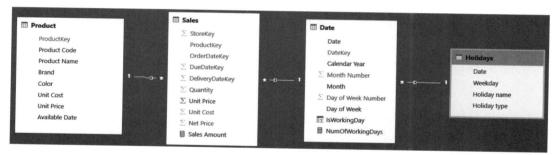

그림 4-26 Date가 주요 키라면, Holidays 모델에 연결하기 쉽다.

관계를 설정한 후 추가 확인을 위해 계산된 칼럼 IsWorkingDay를 위한 코드를 수정할 수 있다. 이는 해당 날짜가 토요일이나 일요일이 아니고 Holidays 테이블에 없다면 근무일로 표시한다. 다음 코드를 살펴보자.

```
'Date'[IsWorkingDay] =
INT (
    AND (
        AND (
            'Date'[Day of Week Number] <> 1,
            'Date'[Day of Week Number] <> 7
        ),
        ISBLANK ( RELATED ( Holidays[Date] ) )
    )
)
```

이 모델은 스타 스키마와 아주 비슷하다. 이는 스노우플레이크이고, Date와 Holidays 모두 작은 테이블이므로 전반적인 성능도 좋다.

때로는 Holidays 테이블의 Date 칼럼이 키가 아닐 수 있다. 예를 들어 여러 휴일이 같은 날이라면 Holidays에 같은 날짜가 여러 줄 있을 수 있기 때문이다. 이런 경우 Date를 타깃으로 하고 Holidays를 소스로 하는 일대다 관계로 수정해야 한다(Date 테이블에서는 분명히 date가 키다). 코드도 다음과 같이 바꿔야 한다.

```
'Date'[IsWorkingDay] =
INT (
    AND (
        AND (
            'Date'[Day of Week Number] <> 1,
            'Date'[Day of Week Number] <> 7
        ),
        ISEMPTY ( RELATEDTABLE ( Holidays ) )
    )
)
```

수정한 줄은 해당 날짜가 Holidays 테이블에 있는지 확인한다. 앞서 사용했던 RELATED 대신 RELATETABLE을 사용하고 이 값이 비었는지 확인한다. 계산된 칼럼을 사용해 작업하기 때문에 약간의 성능 저하가 있을 수 있다.

여러 국가 또는 지역을 고려한 작업

앞서 배운 것처럼 하나의 국가만 관리하는 휴일 모델링은 상당히 간단하다. 다양한 나라의 휴일을 처리해야 한다면 복잡해진다. 더 이상 계산된 칼럼에 의존할 수 없기 때문이다. 실제로 국가 선택에 따라 IsHoliday 칼럼 값이 다를 수 있기 때문이다.

딱 두 국가만 처리하면 가장 좋은 해결 방법은 IsHoliday 칼럼을 두 개 만드는 것이다. 예를 들어 IsHolidayChina와 IsHolidayUnitedStates처럼 말이다. 그리고 다양한 측정값에서 적절한 칼럼을 사용한다. 하지만 둘 이상의 국가를 고려한다면 더 이상 이 기술을 사용할 수 없다. 이 시나리오의 복잡성을 살펴보자. 그림 4-27의 Holidays 테이블이 앞서 살펴본 테이블과 내용이 다르다는 점에 주의한다. 특히 Holidays 테이블은 휴일이 지정된 국가 또는 지역을 나타내는 새 칼럼 CountryRegion을 포함한다. 서로 다른 나라의 휴일이 같은 날짜일 수 있으므로 날짜는 더 이상 키가 될 수 없다.

Date	Weekday	Holiday name	Holiday type	CountryRegion
01/01/2009	Thursday	New Year's Day	National holiday	China
01/01/2009	Thursday	New Year's Day	Federal Holiday	United States
01/01/2009	Thursday	New Year's Day	National holiday	Germany
01/05/2009	Friday	Labour Day	National holiday	China
01/05/2009	Friday	May Day	National holiday	Germany
01/06/2009	Monday	Whit Monday	National holiday	Germany
01/10/2009	Thursday	National Day	National holiday	China
02/10/2009	Friday	National Day Golden Week holiday	National holiday	China
03/07/2009	Friday	Independence Day observed	Federal Holiday	United States
03/10/2009	Saturday	National Day Golden Week holiday	National holiday	China
03/10/2009	Saturday	Mid-Autumn Festival	National holiday	China
03/10/2009	Saturday	Day of German Unity	National holiday	Germany
04/07/2009	Saturday	Independence Day	Federal Holiday	United States

그림 4-27 이번 Holidays 테이블은 서로 다른 나라의 휴일을 포함한다.

이번 데이터 모델은 이전 모델을 약간 변형한 것으로 그림 4-28과 같다. 주요한 차이점은 Date와 Holiday 사이의 관계가 반대 방향이라는 점이다.

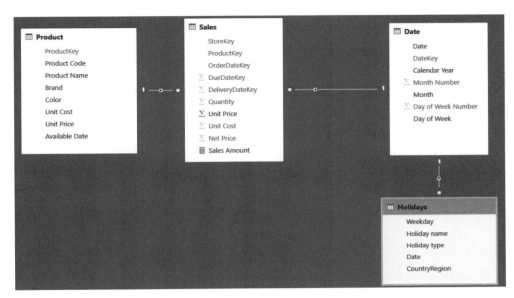

그림 4-28 다양한 국가를 고려하는 데이터 모델은 하나의 국가를 고려한 모델과 비슷하다.

서로 다른 여러 국가를 고려하는 경우의 문제점은 계산하는 숫자의 의미를 더 잘 이해해야 한다는 점이다. "1월에 근무일이 얼마나 되는가?" 같은 단순한 질문의 의미가 더 이상 명확하지 않다. 실제로 국가를 명시하지 않았다면 더 이상 근무일수를 계산할 수 없다.

조금 더 이해하기 쉽게 그림 4-29를 생각해보자. 보고서의 측정식은 단지 Holidays 테이블의 COUNTROW이고 이는 각 국가의 휴일 수를 계산한다.

Month	China	Germany	United States	Total
January	4	1	2	7
February			1	1
April	1	1		2
May	2	2	1	5
June		1		1
July			2	2
September			1	1
October	4	1	1	6
November			2	2
December		2	1	3
Total	**11**	**8**	**11**	**30**

그림 4-29 수치는 각 국가의 월별 휴일 수를 나타낸다.

해당 국가에 대한 수치는 옳지만, 월별 합계는 개별 셀의 단순 합산이다. 합계는 어떤 날이 한 국가에서 휴일이고 다른 국가에서는 아닌 것을 고려하지 않는다. 예를 들어 2월에 미국에는 하루의 휴일이 있지만, 중국이나 독일에는 휴일이 없다. 그렇다면 2월의 전체 휴일은 며칠일까? 근무일을 사용해 휴일을 비교하고 싶을 때 이 질문은 말이 되지 않는다. 실제로 모든 국가에 대해 누적된 휴일 수는 전혀 도움이 되지 않는다. 답은 분석하려는 국가에 따라 다르다.

모델을 정의하는 시점에서 근무일 여부 의미를 명확하게 하는 것이 좋다. 그러므로 계산하기 전에 DAX의 IF (HASONEVALUE ()) 패턴을 사용해 보고서에서 한 국가를 선택했는지 확인한다.

최종 계산식을 만들기 전에 관찰해야 하는 또 다른 것이 있다. 전체 일수에서 휴일을 빼 (Holidays 테이블에서 가져와) 근무일수를 계산하고 싶을 수 있다. 하지만 이렇게 하면 토요일과 일요일을 처리할 수 없다. 게다가 공휴일과 주말이 겹친다면 역시 세지 않아야 한다. 양방향 필터링을 사용해 토요일이나 일요일이 아니면서 Holidays 테이블에는 없는 날짜를 세 이 문제를 해결할 수 있다. 계산식은 다음과 같다.

```
NumOfWorkingDays :=
IF (
    OR (
        HASONEVALUE ( Holidays[CountryRegion] ),
        ISEMPTY ( Holidays )
    ),
    CALCULATE (
        COUNTROWS ( 'Date' ),
        AND (
            'Date'[Day of Week Number] <> 1,
            'Date'[Day of Week Number] <> 7
        ),
        EXCEPT ( VALUES ( 'Date'[Date] ), VALUES ( Holidays[Date] ) )
    )
)
```

이 계산식에서 흥미로운 점이 두 가지 있다. 이를 볼드체로 강조했고, 다음은 이에 대한 설명이다.

- 여러 국가나 지역을 선택했을 때 수치를 보여주지 않도록 측정식을 보장하기 위해 CountryRegion의 값이 하나인지 확인해야 한다. 동시에 휴일이 없는 달의 경우 CountryRegion 칼럼은 값이 없고 HASONEVALUE는 False를 반환해야 하므로 Holidays 테이블이 비었는지 확인해야 한다.

- CALCULATE 필터로 EXCEPT 함수를 사용해 휴일이 아닌 날짜를 가져올 수 있다. 이 결과와 주말이 아닌 날짜와 논리적 AND 처리를 하면 정확한 최종 결과를 생성한다.

모델은 아직 완벽하지 않다. 사실 주말을 토요일과 일요일로 가정했지만 주말이 다른 일부 국가나 지역이 있다. 이를 처리해야 하면 모델을 더 복잡하게 만들어야 한다. 국가별 주말을 고려해 평일을 저장하는 또 다른 테이블이 필요하다. 국가별 필터링을 해야 하는 서로 다른 두 개의 테이블이 있기 때문에 국가 자체를 디멘션으로 바꿔야 한다. 완성된 모델은 그림 4-30과 같다.

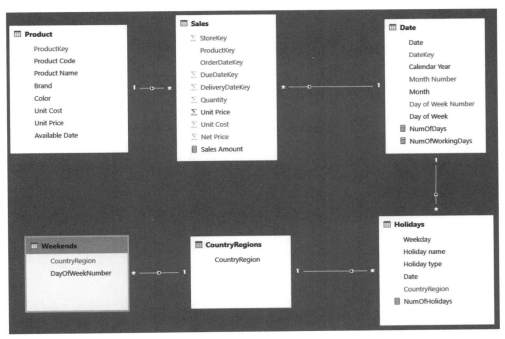

그림 4-30 완성된 모델은 Weekends 테이블과 Country/Regions 디멘션을 포함한다.

다음 코드는 읽기 힘들지만 실제로는 간단하다.

```
NumOfWorkingDays :=
IF (
    HASONEVALUE ( CountryRegions[CountryRegion] ),
    CALCULATE (
        COUNTROWS ( 'Date' ),
        EXCEPT (
            VALUES ( 'Date'[Day of Week Number] ),
            VALUES ( Weekends[Day of Week Number] )
        ),
        EXCEPT ( VALUES ( 'Date'[Date] ), VALUES ( Holidays[Date] ) )
    )
)
```

마지막 계산식은 휴일과 평일의 수를 구할 때 사용했던 것과 같은 EXCEPT 함수 패턴을 사용한다. 해당 국가에서 휴무일로 간주돼야 하는 평일을 처리한다.

> **노트** | 모델이 복잡해지면 DAX 코드도 복잡하게 작성해야 한다. 더 중요한 것은 그 수치를 계산하는 방법이 명확해야 한다는 사실이다. 많은 국가가 있으므로 하나의 국가를 위한 간단한 계산식은 더 이상 정상 동작하지 않는다. 데이터 모델러로서 의미 있는 계산식을 정의하기 위해 더 노력해야 한다.

연내 특정 기간 처리

타임 인텔리전스를 처리할 때 한 해의 특정 기간을 강조하고 처리해야 할 때가 있다. 호텔 예약 분석을 예로 든다면 부활절 기간은 특별히 의미가 있어 다른 해의 부활절과 실적을 비교하는 것이 좋다. 문제는 해마다 부활절 날짜가 다르다는 것이다. 따라서 비교를 위해 한 해의 특정 기간을 식별해야 한다.

또 다른 일반적인 요구 사항은 날짜가 바뀜에 따라 그 내용을 자동으로 업데이트하는 보고서나 대시보드를 설계하는 것이다. 이번 달과 이전 달의 판매 실적을 비교하는 대시보드를 원한다고 하자. 이번 문제는 현재 날짜에 따른 '이번 달'의 개념이다. 오늘 '이번 달'은 4월일 수 있지만 다음 달의 같은 날의 '이번 달'은 5월일 수 있고, 매달 대시보드 필터를 업데이트하는 것은 좋지 않다.

근무일과 마찬가지로 분석하려는 기간의 중첩 여부에 따라서도 모델링에 차이가 생긴다.

중첩되지 않는 기간 사용

분석하려는 기간이 중첩되지 않는다면 데이터 모델을 설계하기 쉽다. 앞 절에서 사용했던 휴일과 마찬가지로 분석하려는 기간을 저장하는 테이블 배열이 필요하다. 예제에서는 holiday 같이 하루가 아닌 기간이 필요하므로 2008, 2009, 2010년의 부활절과 크리스마스 기간을 사용해 테이블을 생성했다. 배열 테이블은 그림 4-31과 같다.

Date	DaysBefore	DaysAfter	Description
December 4, 2009	4	3	Easter
March 23, 2008	4	3	Easter
March 27, 2010	4	3	Easter
December 25, 2009	2	1	Christmas
December 25, 2008	2	1	Chirstmas
December 25, 2010	2	1	Christmas

그림 4-31 수치는 SpecialPeriods 테이블의 특정 기간의 배열을 표시한다.

부활절은 주어진 날짜 며칠 전에 시작하고, 며칠 후에 끝난다. SpecialPeriods 테이블에 주요 키인 날짜가 있더라도, 관계를 생성하는 것은 의미가 없다. 실제로 SpecialPeriods에서 유일하게 관련 있는 정보는 분석하고 싶은 기간의 이름이고, 따라서 Date의 계산된 칼럼에서 특정 기간 설명을 비정규화하는 것이 좋다. 이를 위한 코드는 다음과 같다.

```
'Date'[SpecialPeriod] =
CALCULATE (
    VALUES ( SpecialPeriods[Description] ),
    FILTER (
        SpecialPeriods,
        AND (
            SpecialPeriods[Date] - SpecialPeriods[DaysBefore] <= 'Date'[Date],
```

```
                SpecialPeriods[Date] + SpecialPeriods[DaysAfter] > 'Date'[Date]
        )
    )
)
```

칼럼은 현재 날짜가 다음 두 날짜 사이에 있다면 특정 기간의 이름을 저장할 것이다.

- 특정 기간의 날짜에서 이전 일수를 뺀 날짜

- 동일한 날짜에서 이후 일수를 더한 날짜

그림 4-32에서 2008년 부활절의 계산된 칼럼을 볼 수 있다.

칼럼을 완성하면 해마다 다른 기간을 필터링할 것이다. 이로써 해마다 달라지는 날짜에 대해 걱정할 필요 없이 특정 기간의 판매를 비교할 수 있다. 그림 4-33에서 결과를 볼 수 있다.

Date	DateKey	Calendar Year	Month Number	Month	Day of Week Number	Day of Week	SpecialPeriod
3/11/2008	20080311	CY 2008	3	March	3	Tuesday	
3/12/2008	20080312	CY 2008	3	March	4	Wednesday	
3/13/2008	20080313	CY 2008	3	March	5	Thursday	
3/14/2008	20080314	CY 2008	3	March	6	Friday	
3/15/2008	20080315	CY 2008	3	March	7	Saturday	
3/16/2008	20080316	CY 2008	3	March	1	Sunday	
3/17/2008	20080317	CY 2008	3	March	2	Monday	
3/18/2008	20080318	CY 2008	3	March	3	Tuesday	
3/19/2008	20080319	CY 2008	3	March	4	Wednesday	Easter
3/20/2008	20080320	CY 2008	3	March	5	Thursday	Easter
3/21/2008	20080321	CY 2008	3	March	6	Friday	Easter
3/22/2008	20080322	CY 2008	3	March	7	Saturday	Easter
3/23/2008	20080323	CY 2008	3	March	1	Sunday	Easter
3/24/2008	20080324	CY 2008	3	March	2	Monday	Easter
3/25/2008	20080325	CY 2008	3	March	3	Tuesday	Easter
3/26/2008	20080326	CY 2008	3	March	4	Wednesday	
3/27/2008	20080327	CY 2008	3	March	5	Thursday	

그림 4-32 날짜가 특정 기간에 포함되면 기간의 이름은 표시한다.

SpecialPeriod	CY 2008	CY 2009	Total
Christmas	6,940.20	30,625.28	**37,565.48**
Easter	18,426.43	32,875.65	**51,302.07**
Total	**25,366.63**	**63,500.93**	**88,867.55**

그림 4-33 2008년과 2009년 부활절과 크리스마스 기간의 판매 실적을 보여준다.

이 기술은 정상 동작하고 실행하기도 아주 단순하지만 몇 가지 제약이 있다. 기간이 중첩될 수 없다. 실제로 배열 테이블에 중첩된 기간을 저장하면 칼럼은 다른 기간에 속하는 모든 줄에서 에러를 생성할 것이다. 그럼에도 불구하고 이 제약이 문제가 되지 않는 많은 시나리오가 있다. 이 방법이 특정 기간을 처리하는 가장 쉬운 방법이다. 중첩된 기간을 처리하는 방법은 4장의 '중첩 기간 사용' 절에서 배운다.

today와 관련된 기간

앞 절에서는 배열 테이블에 정보를 저장해 중첩되지 않는 특정 기간을 처리하는 방법을 배웠다. 내용을 동적으로 업데이트하는 보고서를 만들기 위해 비슷한 기술을 적용할 수 있다. 그림 4-34와 같은 대시보드를 만든다고 하자. 이는 서로 다른 기간 동안의 다양한 브랜드 판매 실적과 오늘/어제 판매 실적을 비교하는 게이지를 보여준다.

Brand	Today	Yesterday	Last 7 days	Last 30 days	Older	Total
A. Datum			241,20	1.800,00	176.431,21	178.472,41
Adventure Works				2.819,82	345.706,27	348.526,09
Contoso	25,11	1.327,50	5.353,07	10.887,87	432.935,37	450.528,93
Fabrikam		3.604,50	10.015,20	568,80	276.107,04	290.295,54
Litware				5.700,87	160.370,70	166.071,57
Northwind Traders				9.822,06	133.477,20	143.299,26
Proseware	2.548,80			7.059,00	164.721,10	174.328,90
Southridge Video			198,78	4.121,90	116.785,81	121.106,49
Tailspin Toys			67,36	1.069,47	14.273,33	15.410,16
The Phone Company				6.012,00	59.671,20	65.683,20
Wide World Importers			2.483,89	20.291,25	128.311,48	151.086,62
Total	**2.573,91**	**4.932,00**	**18.359,51**	**70.153,03**	**2.008.790,71**	**2.104.809,17**

그림 4-34 보고서는 대시보드에 어울리는 게이지를 사용해 오늘과 어제의 판매 실적을 보여준다.

today의 개념은 보고서가 마지막으로 갱신된 때를 가리킨다. 물론 계산식에 날짜를 하드코딩하지는 않는다. 원하는 것은 모델을 새로고침할 때마다 모델에서 사용 가능한 최신 날짜를 자동으로 확인하고, 콘텐츠에 적용하는 것이다. 이번에는 이전 데이터 모델을 변형해 동적으로 기간을 계산하도록 한다.

먼저 그림 4-35와 같이 고려해야 하는 today와 관련된 기간의 설명과 일수를 저장하는 배열 테이블을 준비한다.

Description	DaysTo	DaysFrom	Code
Today	0	-1	1
Yesterday	1	0	2
Last 7 days	7	1	3
Last 30 days	30	7	4
Older	99999999	30	5

그림 4-35 RelativePeriods 배열 테이블은 현재 날짜와 관련된 특정 기간을 표시한다.

각 기간에는 today 이전의 일수와 설명, 코드가 있다. today와 비교해 DaysFrom과 DaysTo 사이의 날짜가 설명의 기간이 된다. 코드는 정렬 목적으로 사용한다. 테이블을 준비했다면 각 날짜가 적절한 기간에 속할 때 태그하기 위한 설명과 코드(정렬)를 가져와야 한다. 이는 Date의 두 계산된 칼럼을 통해 쉽게 가져올 수 있다. 첫 번째는 상대적 기간의 코드를 계산하고 다음과 같이 정의한다.

```
'Date'[RelPeriodCode] =
VAR LastSalesDateKey =
    MAX ( Sales[OrderDateKey] )
VAR LastSaleDate =
    LOOKUPVALUE( 'Date'[Date], 'Date'[DateKey], LastSalesDateKey )
VAR DeltaDays =
    INT ( LastSaleDate - 'Date'[Date] )
VAR ValidPeriod =
    CALCULATETABLE(
        RelativePeriods,
        RelativePeriods[DaysTo] >= DeltaDays,
        RelativePeriods[DaysFrom] < DeltaDays
    )
RETURN
    CALCULATE ( VALUES ( RelativePeriods[Code] ), ValidPeriod )
```

이 코드는 변수를 사용해 모든 단계를 처리한다. 먼저 Sales에서 최신 OrderDateKey를 가져와 최신 날짜 키로 사용하고 이를 today로 본다. 키가 있으면 LOOKUPVALUE를 사용해 키와 관련된 날짜를 계산한다. DeltaDays는 today와 현재 날짜 사이의 차이를 나타낸다. 이 모든 값은 ValidPeriod의 계산을 위해 CALCULATETABLE 내에서 사용되고,

RelativePeriods 테이블은 DaysFrom과 DaysTo 사이의 DeltaPeriod에 대한 한 줄만 가진다.

이 계산식의 결과는 해당 날짜가 속하는 상대적인 기간의 코드이다. 코드가 저장된 계산된 칼럼을 만들면 다음과 같이 상대적인 기간의 설명을 얻을 수 있다.

```
'Date'[RelPeriod] =
VAR RelPeriod =
    LOOKUPVALUE(
        RelativePeriods[Description],
        RelativePeriods[Code],
        'Date'[RelPeriodCode]
    )
RETURN
    IF ( ISBLANK ( RelPeriod ), "Future", RelPeriod )
```

date 테이블의 두 칼럼(RelPeriodCode와 RelPeriod)은 그림 4-36과 같다.

Date	↑ DateKey	Calendar Year	Month Number	Month	Day of Week Number	Day of Week	RelPeriodCode	RelPeriod
16/8/08	20080816	CY 2008		August		Saturday		Future
15/8/08	20080815	CY 2008	8	August	6	Friday		Future
14/8/08	20080814	CY 2008	8	August	5	Thursday		Future
13/8/08	20080813	CY 2008	8	August	4	Wednesday		Future
12/8/08	20080812	CY 2008	8	August	3	Tuesday		Future
11/8/08	20080811	CY 2008	8	August	2	Monday	1	Today
10/8/08	20080810	CY 2008	8	August	1	Sunday	2	Yesterday
9/8/08	20080809	CY 2008	8	August	7	Saturday	3	Last 7 days
8/8/08	20080808	CY 2008	8	August	6	Friday	3	Last 7 days
7/8/08	20080807	CY 2008	8	August	5	Thursday	3	Last 7 days
6/8/08	20080806	CY 2008	8	August	4	Wednesday	3	Last 7 days
5/8/08	20080805	CY 2008	8	August	3	Tuesday	3	Last 7 days
4/8/08	20080804	CY 2008	8	August	2	Monday	3	Last 7 days
3/8/08	20080803	CY 2008	8	August	1	Sunday	4	Last 30 days
2/8/08	20080802	CY 2008	8	August	7	Saturday	4	Last 30 days
1/8/08	20080801	CY 2008	8	August	6	Friday	4	Last 30 days
31/7/08	20080731	CY 2008	7	July	5	Thursday	4	Last 30 days

그림 4-36 마지막 두 칼럼은 이전 문단에서 설명한 계산식을 사용해 계산했다.

계산된 칼럼은 데이터 모델이 새로고침될 때마다 다시 계산된다. 이 방법으로 그 날짜에 할당되는 태그를 변경한다. 항상 마지막으로 처리된 날짜를 today로, 그 전날을 yesterday로 보여주므로 보고서를 업데이트할 필요가 없다.

중첩 기간 사용

앞 절에서 살펴본 여러 기술은 정상 동작하지만 한 가지 중요한 제약이 있었다. 중첩된 기간을 사용할 수 없다. 실제로 계산된 칼럼의 기간을 정의하는 어트리뷰트를 저장하기 때문에 그 칼럼에 하나의 값만 할당될 수 있다.

하지만 이것이 불가능한 시나리오가 있다. 예를 들어보자. 올해의 다양한 기간에 판매된 제품 카테고리를 생각해보자. 동일한 기간에 하나 이상의 제품 카테고리를 판매할 수 있다. 동시에 같은 카테고리는 서로 다른 기간에 판매될 수 있다. 따라서 이 시나리오에서 Product 테이블이나 Date 테이블에 판매 기간을 저장할 수 없다.

많은 줄(카테고리)이 다른 많은 줄(날짜)과 관계가 있는 시나리오를 다대다 모델many-to-many model이라고 한다. 다대다 모델은 관리하기 어렵지만 분석하기 굉장히 좋고 설명할 가치가 있다. 다대다 모델에 대한 더 완벽한 설명은 8장, '다대다 관계'에서 찾을 수 있다. 이번 절에서는 다대다 관계가 포함될 때 코드를 작성하기 어려워지는 경향이 있다는 것을 보여준다.

이 예제의 할인 배열 테이블은 그림 4-37과 같다.

Description	DateStart	DateEnd	Category
January Sales	1/1/2007	1/31/2007	Computers
January Sales	1/1/2008	1/31/2008	Computers
Start with Audio	1/1/2007	1/15/2007	Audio
Start with Audio	1/1/2008	1/15/2008	Audio
Summer Music	8/1/2007	8/15/2007	Audio
Summer Music	8/1/2008	8/15/2008	Audio
Holidays calls home	7/15/2007	8/15/2007	Cell phones
Holidays calls home	7/15/2007	8/15/2007	Cell phones

그림 4-37 다양한 카테고리의 서로 다른 판매 기간이 Discount 배열 테이블에 저장돼 있다.

Discount 배열 테이블을 살펴보면 2007년과 2008년 1월 첫째 주에 여러 카테고리(컴퓨터와 오디오)를 판매한 것을 알 수 있다. 8월의 첫 2주간도 마찬가지다(오디오와 폰). 이 시나리오에서는 더 이상 관계에 의존할 수 없고 판매 기간에 대한 현재 필터를 사용하는 DAX 코드를 작성하며 이를 이미 Sales에 있는 필터와 병합해야 한다. 다음의 계산식으로 처리할 수 있다.

```
SalesInPeriod :=
SUMX (
    Discounts,
    CALCULATE (
        [Sales Amount],
        INTERSECT (
            VALUES ( 'Date'[Date] ),
            DATESBETWEEN ( 'Date'[Date], Discounts[DateStart], Discounts[DateEnd] )
        ),
        INTERSECT (
            VALUES ( 'Product'[Category] ),
            CALCULATETABLE ( VALUES ( Discounts[Category] ) )
        )
    )
)
```

이 계산식을 사용해 그림 4-38과 같은 보고서를 만들 수 있다.

Category	Description	CY 2007	CY 2008	Total
Computers	January Sales	$9,842.11	$20,450.43	**$30,292.54**
	Total	**$9,842.11**	**$20,450.43**	**$30,292.54**
Cell phones	Holidays calls home	$1,556.69		**$1,556.69**
	Total	**$1,556.69**		**$1,556.69**
Audio	Start with Audio	$492.22		**$492.22**
	Summer Music	$35.07		**$35.07**
	Total	**$527.30**		**$527.30**
Total		**$11,926.09**	**$20,450.43**	**$32,376.53**

그림 4-38 중첩된 기간을 사용할 때 같은 해의 서로 다른 기간을 살펴볼 수 있다.

그림 4-38의 보고서는 중첩되는 기간이 있더라도 서로 다른 연도의 다양한 카테고리 판매 실적을 보여준다. 이 경우 코드를 작성하기 쉽게 만들기 위해 모델을 수정하지 않았으므로 모델은 비교적 단순하다. 7장에서 이와 비슷한 예제를 보겠지만, 거기서는 코드를 더 단순하게 (그리고 빠르게) 작성하는 방법을 보여주기 위해 다른 데이터 모델로 만들 것이다. 일반적으로 다대다 관계는 사용하기 쉽고 강력하지만 때로는 (이 경우처럼) 코드를 작성하기 어렵다.

이 예제를 보여주고 싶은 이유는 겁을 주는 것이 아니라 코드를 작성하기 어려운 시나리오를 보여주는 것이다. 조만간 복잡한 보고서를 만들고 싶다면, 복잡한 DAX 코드도 작성해야 할 것이다.

주간 캘린더 작업

표준 달력을 사용하는 작업을 하면서 배웠듯이 YTD$^{year-to-date}$와 MTD$^{month-to-date}$, 작년 동일 기간 등의 측정식을 쉽게 계산할 수 있었다. DAX가 이런 종류의 계산을 수행하는 함수를 미리 선언해 제공하기 때문이다. 하지만 비표준 캘린더를 사용해 작업을 해야 할 때 아주 복잡해진다.

비표준 캘린더는 무엇일까? 이는 12개월의 표준을 따르지 않고 월별로 다른 일수를 사용하는 모든 종류의 캘린더다. 많은 비즈니스에서 월 대신 주 단위로 작업을 한다. 안타깝게도 주는 월이나 년에 통합되지 않는다. 실제로 한 달 주수는 바뀔 수 있고 연간 주수도 마찬가지다. 게다가 연도를 기반으로 주 단위 처리를 하는 일반적인 기술이 몇 가지 있지만, 어떤 것도 표준이 아니고 DAX 함수에 형식화될 수 없다. 이런 이유로 DAX는 비표준 캘린더를 처리하는 어떤 기능도 제공하지 않는다. 이를 관리해야 한다면 스스로 알아서 해야한다.

운 좋게도 미리 정의된 함수 없이 비표준 캘린더에서 타임 인텔리전스를 수행할 수 있는 특정 모델링 기술을 사용할 수 있다. 이번 절에서 모든 것을 다루지는 않는다. 여기서의 목표는 이를 적용하고 싶은 이벤트의 필요에 따라 적용해야 하는 일부 예제를 보여주는 것이다. 이 주제에 대한 더 많은 정보가 필요하다면 http://www.daxpatterns.com/time-patterns/에서 찾을 수 있다.

비표준 캘린더의 예로, ISO 8601 표준을 사용하는 계산을 기반으로 주 단위 계산을 처리하는 방법을 배울 것이다. 이와 같은 주 단위 처리 방법에 관심이 있다면 https://en.wikipedia.org/wiki/ISO_week_date를 찾아보기 바란다.

첫 번째 단계는 적절한 ISO 캘린더 테이블을 설계하는 것이다. 여러 방법이 있다. 데이터 베이스에 이미 잘 정의된 ISO 캘린더가 있다. 이 예제에서는 표준 DAX와 검색 테이블을 사용해 ISO 테이블을 만들 것이다. 이는 모델링 트릭에 대해 더 배울 수 있는 좋은 기회가 될 것이다.

여기서 사용하는 캘린더는 주 단위를 기본으로 한다. 한 주는 언제나 월요일에 시작하고 한 해는 언제나 첫 번째 주에 시작한다. 그렇기 때문에 한 해가 전년도의 12월 29일에 시작하거나 올해의 1월 2일에 시작할 가능성이 있다.

이를 처리하기 위해 표준 Calendar 테이블에 ISO Week 번호와 ISO Year 번호를 처리하기 위한 계산된 칼럼을 추가할 수 있다. 다음의 정의를 사용해 그림 4-39와 같이 Calendar Week, ISO Week, ISO Year 칼럼을 포함하는 테이블을 생성할 수 있다.

```
'Date'[Calendar Week] = WEEKNUM ( 'Date'[Date], 2 )

'Date'[ISO Week] = WEEKNUM ('Date'[Date], 21 )

'Date'[ISO Year] =
CONCATENATE (
    "ISO ",
    IF (
        AND ( 'Date'[ISO Week] < 5, 'Date'[Calendar Week] > 50 ),
        YEAR ( 'Date'[Date] ) + 1,
        IF (
            AND ( 'Date'[ISO Week] > 50, 'Date'[Calendar Week] < 5 ),
            YEAR ( 'Date'[Date] ) - 1,
            YEAR ( 'Date'[Date] )
        )
    )
)
```

Date	DateKey	Calendar Year	Month Number	Month	Day of Week Number	Day of Week	ISO Week	Calendar Week	ISO Year
1/1/2005	20050101	CY 2005	1	January	7	Saturday	53	1	ISO 2004
1/2/2005	20050102	CY 2005	1	January	1	Sunday	53	1	ISO 2004
1/3/2005	20050103	CY 2005	1	January	2	Monday	1	2	ISO 2005
1/4/2005	20050104	CY 2005	1	January	3	Tuesday	1	2	ISO 2005
1/5/2005	20050105	CY 2005	1	January	4	Wednesday	1	2	ISO 2005
1/6/2005	20050106	CY 2005	1	January	5	Thursday	1	2	ISO 2005
1/7/2005	20050107	CY 2005	1	January	6	Friday	1	2	ISO 2005
1/8/2005	20050108	CY 2005	1	January	7	Saturday	1	2	ISO 2005
1/9/2005	20050109	CY 2005	1	January	1	Sunday	1	2	ISO 2005
1/10/2005	20050110	CY 2005	1	January	2	Monday	2	3	ISO 2005
1/11/2005	20050111	CY 2005	1	January	3	Tuesday	2	3	ISO 2005
1/12/2005	20050112	CY 2005	1	January	4	Wednesday	2	3	ISO 2005
1/13/2005	20050113	CY 2005	1	January	5	Thursday	2	3	ISO 2005
1/14/2005	20050114	CY 2005	1	January	6	Friday	2	3	ISO 2005
1/15/2005	20050115	CY 2005	1	January	7	Saturday	2	3	ISO 2005
1/16/2005	20050116	CY 2005	1	January	1	Sunday	2	3	ISO 2005

그림 4-39 ISO year는 항상 월요일에 시작되기 때문에 Calendar year와 다르다.

주와 달은 단순하게 계산된 칼럼을 사용해 쉽게 계산할 수 있지만, ISO month는 약간 주의가 필요하다. ISO 표준을 사용해 month number를 계산하는 몇 가지 방법이 있다. 하나는 4분기로 나눠 시작하는 것이다. 각 분기에는 3개월이 있고 각 월은 445, 454, 544 중하나를 사용한다. 이 숫자의 정수는 각 월에 포함되는 주수를 나타낸다. 445를 예로 들면분기의 처음 두 달에는 4주가 포함되지만 마지막 달에는 5주가 있다. 동일한 개념을 다른기술에도 적용한다. 다른 표준에서 한 달에 몇 주가 포함되는지 계산하는 복잡한 수학 공식을 찾는 대신 그림 4-40과 같은 단순한 검색 테이블을 사용하는 것이 쉽다.

Week	Period445	Period454	Period544
1	1	1	1
2	1	1	1
3	1	1	1
4	1	1	1
5	2	2	1
6	2	2	2
7	2	2	2
8	2	2	2
9	3	2	2
10	3	3	3
11	3	3	3
12	3	3	3
13	3	3	3
14	4	4	4
15	4	4	4
16	4	4	4
17	4	4	4
18	5	5	4
19	5	5	5
20	5	5	5

그림 4-40 Weeks to Months 검색 테이블은 세 개의 칼럼을 사용해 달에 포함되는 주수를 보여준다.

Weeks to Months 검색 테이블을 준비했다면, 다음의 코드처럼 LOOKUPVALUE를 사용할 수 있다.

```
'Date'[ISO Month] =
CONCATENATE
    "ISO M",
    RIGHT (
        CONCATENATE (
            "00",
            LOOKUPVALUE(
                'Weks To Months'[Period445],
                'Weks To Months'[Week],
                'Date'[ISO Week]
            ),
            2
        )
    )
)
```

결과 테이블은 그림 4-41에서 보는 것처럼 year와 month를 포함한다.

Date	DateKey	Calendar Year	Month Number	Month	Day of Week Number	Day of Week	ISO Week	Calendar Week	ISO Year	ISO Month
1/1/2005	20050101	CY 2005	1	January	7	Saturday	53	1	ISO 2004	ISO M12
1/2/2005	20050102	CY 2005	1	January	1	Sunday	53	1	ISO 2004	ISO M12
1/3/2005	20050103	CY 2005	1	January	2	Monday	1	2	ISO 2005	ISO M01
1/4/2005	20050104	CY 2005	1	January	3	Tuesday	1	2	ISO 2005	ISO M01
1/5/2005	20050105	CY 2005	1	January	4	Wednesday	1	2	ISO 2005	ISO M01
1/6/2005	20050106	CY 2005	1	January	5	Thursday	1	2	ISO 2005	ISO M01
1/7/2005	20050107	CY 2005	1	January	6	Friday	1	2	ISO 2005	ISO M01
1/8/2005	20050108	CY 2005	1	January	7	Saturday	1	2	ISO 2005	ISO M01
1/9/2005	20050109	CY 2005	1	January	1	Sunday	1	2	ISO 2005	ISO M01
1/10/2005	20050110	CY 2005	1	January	2	Monday	2	3	ISO 2005	ISO M01
1/11/2005	20050111	CY 2005	1	January	3	Tuesday	2	3	ISO 2005	ISO M01
1/12/2005	20050112	CY 2005	1	January	4	Wednesday	2	3	ISO 2005	ISO M01
1/13/2005	20050113	CY 2005	1	January	5	Thursday	2	3	ISO 2005	ISO M01
1/14/2005	20050114	CY 2005	1	January	6	Friday	2	3	ISO 2005	ISO M01
1/15/2005	20050115	CY 2005	1	January	7	Saturday	2	3	ISO 2005	ISO M01
1/16/2005	20050116	CY 2005	1	January	1	Sunday	2	3	ISO 2005	ISO M01
1/17/2005	20050117	CY 2005	1	January	2	Monday	3	4	ISO 2005	ISO M01

그림 4-41 검색 테이블을 사용해 ISO month를 쉽게 계산할 수 있다.

이제 모든 칼럼을 준비했으므로 쉽게 계층 구조를 만들 수 있고 ISO years, months, weeks를 사용해 모델을 분할해 살펴볼 수 있다. 그럼에도 불구하고 이 캘린더에서 YTD, MTD, 다른 타임 인텔리전스 계산 같은 값을 구하는 것은 조금 더 어려워진다. 사실 표준의 DAX 함수는 오직 표준 그레고리력을 사용하는 작업을 위해 설계됐다. 사용하는 캘린더가 표준이 아니라면 쓸모가 없다.

다른 방식으로 타임 인텔리전스 계산을 설계해야 한다. 즉, 사전에 정의된 함수를 사용하지 않아야 한다. 예를 들어 ISO YTD를 계산하기 위해 다음과 같은 측정값을 사용할 수 있다.

```
Sales ISO YTD :=
IF (
    HASONEVALUE ( 'Date'[ISO Year] ),
    CALCULATE (
        [Sales Amount],
        ALL ( 'Date' ),
        FILTER ( ALL ( 'Date'[Date] ), 'Date'[Date] <= MAX ( 'Date'[Date] ) ),
        VALUES ( 'Date'[ISO Year] )
    )
)
```

여기서 볼 수 있듯이 측정식의 핵심은 YTD를 구성하는 올바른 날짜 집합을 찾기 위해 Calendar 테이블에 적용해야 하는 필터 집합이다. 그림 4-42에서 결과를 볼 수 있다.

ISO Year	ISO Month	Sales Amount	Sales ISO YTD
ISO 2007	ISO M01	97,104.79	97,104.79
ISO 2007	ISO M02	97,133.79	194,238.58
ISO 2007	ISO M03	144,911.08	339,149.66
ISO 2007	ISO M04	106,741.46	445,891.12
ISO 2007	ISO M05	118,319.01	564,210.13
ISO 2007	ISO M06	131,504.47	695,714.60
ISO 2007	ISO M07	115,924.73	811,639.33
ISO 2007	ISO M08	96,647.19	908,286.52
ISO 2007	ISO M09	169,319.47	1,077,606.00
ISO 2007	ISO M10	91,261.55	1,168,867.54
ISO 2007	ISO M11	117,902.14	1,286,769.69
ISO 2007	ISO M12	169,009.75	1,455,779.43
ISO 2008	ISO M01	67,106.83	67,106.83
ISO 2008	ISO M02	49,376.15	116,482.98

그림 4-42 ISO YTD 측정값은 비표준 캘린더인 ISO 캘린더에서 YTD를 계산한다.

MTD와 QTD, 그리고 유사한 패턴을 사용하는 측정식을 계산하는 것은 정말 쉽다. 하지만 작년 동일 기간과 같은 계산을 하고 싶다면 복잡해진다. 실제로 SAMEPERIODLASTYEAR 함수에 의존할 수 없으므로 데이터 모델과 DAX 코드 모두에 약간의 작업을 해야 한다.

작년 동일 기간을 계산하려면 필터 문법에서 선택된 기간의 날짜를 식별하고 전년도의 동일한 날짜 집합을 찾아야 한다. ISO date는 Calendar date와 구조가 완전히 다르므로 이를 위해 Date 칼럼을 사용할 수 없다. 따라서 첫 단계로 Calendar table에 한 해의 ISO day 번호를 포함하는 새로운 칼럼을 추가한다. 다음의 계산된 칼럼을 사용해 쉽게 구할 수 있다.

```
Date[ISO Day Number] = ( 'Date'[ISO Week] - 1 ) * 7 + WEEKDAY( 'Date'[Date], 2 )
```

결과 칼럼은 그림 4-43에서 볼 수 있다.

Date	DateKey	Calendar Year	Month Number	Month	Day of Week Number	Day of Week	ISO Week	ISO Year	ISO Day Number
1/1/05	20050101	CY 2005		1 January		7 Saturday	53	ISO 2004	370
2/1/05	20050102	CY 2005		1 January		1 Sunday	53	ISO 2004	371
3/1/05	20050103	CY 2005		1 January		2 Monday	1	ISO 2005	1
4/1/05	20050104	CY 2005		1 January		3 Tuesday	1	ISO 2005	2
5/1/05	20050105	CY 2005		1 January		4 Wednesday	1	ISO 2005	3
6/1/05	20050106	CY 2005		1 January		5 Thursday	1	ISO 2005	4
7/1/05	20050107	CY 2005		1 January		6 Friday	1	ISO 2005	5
8/1/05	20050108	CY 2005		1 January		7 Saturday	1	ISO 2005	6
9/1/05	20050109	CY 2005		1 January		1 Sunday	1	ISO 2005	7
10/1/05	20050110	CY 2005		1 January		2 Monday	2	ISO 2005	8

그림 4-43 ISO Day Number 칼럼은 ISO 표준에 따라 한 해에 증가하는 일수를 보여준다.

이 칼럼은 지난해에 선택된 동일한 기간을 찾기에 유용하다. 다음 코드를 사용할 수 있다.

```
Sales SPLY :=
IF (
    HASONEVALUE ( 'Date'[ISO Year Number] ),
    CALCULATE (
        [Sales Amount],
        ALL ( 'Date' ),
        VALUES ( 'Date'[ISO Day Number] ),
        'Date'[ISO Year Number] = VALUES ( 'Date'[ISO Year Number] ) ? 1
    )
)
```

보다시피 계산식은 Date 테이블의 모든 필터를 제거하고 두 개의 새로운 조건문으로 대체했다.

- ISO Year Number는 현재 연도보다 하나 작아야 한다.

- ISO Day Numbers는 같아야 한다.

이 방법으로 현재 필터 문법에서 어떤 선택을 하더라도 하루 또는 한 주, 한 달이든 상관없이 1년 전으로 이동할 것이다.

그림 4-44에서 year와 month로 구분되는 보고서로 Sales SPLY 측정식을 볼 수 있다.

비슷한 방법으로 지난달과 지난해의 같은 기간 대비 성장 비율을 쉽게 계산할 수 있다. 후자의 경우와 같은 시나리오에서 모델에 단순히 칼럼을 추가하는 것은 값을 계산하기 아주 쉽게 만든다. ISO Day Number 칼럼 없이 동일한 계산을 수행하기란 작성하기 거의 불가능한 계산식이다. 이 주제에 대한 더 많은 정보와 논문은 http://www.sqlbi.com/articles/week-based-time-intelligence-in-dax/에서 찾을 수 있다.

ISO Year	ISO Month	Sales Amount	Sales SPLY
ISO 2007	ISO M01	97.104,79	
ISO 2007	ISO M02	97.133,79	
ISO 2007	ISO M03	144.911,08	
ISO 2007	ISO M04	106.741,46	
ISO 2007	ISO M05	118.319,01	
ISO 2007	ISO M06	131.504,47	
ISO 2007	ISO M07	115.924,73	
ISO 2007	ISO M08	96.647,19	
ISO 2007	ISO M09	169.319,47	
ISO 2007	ISO M10	91.261,55	
ISO 2007	ISO M11	117.902,14	
ISO 2007	ISO M12	169.009,75	
ISO 2008	ISO M01	67.106,83	97.104,79
ISO 2008	ISO M02	49.376,15	97.133,79
ISO 2008	ISO M03	72.586,47	144.911,08
ISO 2008	ISO M04	111.633,80	106.741,46
ISO 2008	ISO M05	98.019,09	118.319,01
ISO 2008	ISO M06	125.591,98	131.504,47
ISO 2008	ISO M07	87.074,22	115.924,73
ISO 2008	ISO M08	114.295,00	96.647,19
ISO 2008	ISO M09	137.011,56	169.319,47
ISO 2008	ISO M10	60.111,91	91.261,55
ISO 2008	ISO M11	96.580,97	117.902,14
ISO 2008	ISO M12	101.328,95	169.009,75

그림 4-44 ISO Year 2008에서 Sales SPLY 측정값은 2007년 동일 기간의 판매 실적을 보고한다.

결론

타임 인텔리전스는 범위가 매우 넓고 흥미로운 주제다. 타임 인텔리전스에 포함된 일부분을 여러분이 작성할 BI 솔루션에 포함하게 될 것이다. 4장에서 다뤘던 가장 중요한 주제는 다음과 같다.

- (전부는 아니지만) 대부분의 타임 인텔리전스 계산을 위해서는 모델에 Date 테이블이 필요하다.

- Calendar 테이블을 생성할 때는 월의 정렬 순서 같은 세부 사항에 주의를 기울여야 한다.

- 모델에 여러 개의 Date 테이블이 있어도 여러 Date 테이블이 필요하다는 의미는 아니다. 모델에서 하나의 Date 테이블을 사용해야 모든 계산이 쉬워진다. 여러 date가 필요하다면 Date 테이블을 여러 번 로드해야 할 수 있다.

- 성능과 모델링 이유로 날짜와 시간을 분리하는 것이 필수다.

4장의 나머지 부분에서는 하나 또는 여러 국가의 근무일, Date 테이블의 새 칼럼이나 모델의 새 테이블을 사용해 한 해의 특정 기간을 계산하고, 마지막에는 ISO 캘린더를 사용하는 계산을 다루는 등 시간과 관련된 다른 시나리오에 대해 설명했다.

타임 인텔리전스 계산에 존재하는 많은 다양성 때문에 여기서 살펴본 어떤 예제도 여러분의 특정 시나리오와 완벽하게 맞지 않을 가능성이 높다. 그럼에도 이러한 시나리오는 일반적으로 Date 테이블에 특정한 칼럼을 만들고 중간 정도의 복잡성을 갖는 DAX 코드를 작성하는 계산을 위해 활용할 수 있다.

CHAPTER 5

과거 속성 추적

시간이 흐르면 데이터는 변한다. 일부 모델과 보고서는 현재 값뿐 아니라 일부 속성의 과거 값을 추적하는 것이 좋다. 이를테면 시간에 따라 서로 다른 고객 주소가 필요할 수 있다. 또는 명세가 바뀌는 제품이나 다양한 특징의 성능과 판매 분석을 수행하고 싶을 수 있다. 또는 상품이나 서비스의 가격이 변경되었을 때 서로 다른 가격으로 판매된 전체 판매 실적을 추적하고 싶을 수 있다. 이런 시나리오는 아주 일반적이고 처리하는 표준 방법이 있다.

변화하는 값을 관리해야 할 때마다 과거 속성을 다루는 문제가 생긴다. 또는 더 기술적 언어로 서서히 변하는 디멘션이라 한다. 서서히 변하는 디멘션은 어려운 주제는 아니지만 숨겨진 복잡성이 있다.

5장에서는 보고 시스템을 설계할 때 왜 이를 고려하는 것이 중요한지 보여주는 일부 모델을 분석한다. 또 다양한 시나리오를 관리하는 방법도 살펴본다.

서서히 변하는 디멘션 소개

일반적으로 디멘션의 속성을 추적해야 할 필요가 있다. 예를 들어 이전과 현재 위치에서 고객의 구매를 분석할 수 있도록 고객의 이전 주소를 알아야 할 수 있다. 또는 상품의 질과 안정성 분석을 위해 제품 일부의 이전 생산자를 알아야 할 수 있다. 이런 속성은 디멘션에 속하고 일반적으로 시간에 따라 서서히 변하기 때문에 서서히 변하는 디멘션, SCD[Slowly Changing Dimension]라 부른다.

기술적으로 상세한 내용을 더 살펴보기 전에 언제 그리고 왜 SCD가 필요한지 간략히 알아보자. 고객 각각에게 판매 매니저가 할당된다고 하자. 이 정보를 저장하는 가장 쉬운 방법은 판매 매니저의 이름을 고객의 속성으로 추가하는 것이다. 시간이 흐르면 기존의 고객이 다른 판매 매니저에게 할당되는 등 판매 매니저와 고객 사이의 관계가 바뀔 수 있다. 예를 들어 고객(니콜라스)의 판매 매니저는 작년까지 폴이었지만, 이후 루이스로 바뀌었다. 단순히 Customer 테이블의 판매 매니저의 이름을 바꾼다면, 루이스의 판매 실적을 분석할 때 폴에 대한 과거의 판매 실적을 포함한 모든 판매 실적을 루이스가 담당한 것처럼 보이게 된다. 따라서 수치는 바르지 않을 것이다. 판매 실적이 판매 당시 담당 매니저에게 바르게 할당된 데이터 모델이 필요하다.

변화를 어떻게 처리하느냐에 따라 SCD는 다양한 카테고리로 분류된다. 전문가들은 아직 SCD를 다루는 다양한 방법의 분류에 있어서 합의점에 도달하지 못했다. 아주 기본적인 시나리오를 제외하고 조금 더 복잡한 종류의 변화는 일반적으로 처리 방법의 창조성이 필요하고, 누군가 SCD를 처리하는 새로운 방법을 찾았을 때 이에 대한 새로운 이름을 만들곤 한다. 이름을 짓는 것과 관련될 때 데이터 모델러는 모든 것에 새로운 이름을 찾는 것을 좋아한다.

이 책에서는 SCD의 원래 정의를 고수함으로 이 주제에 대한 혼란을 피하려고 노력할 것이다.

- **타입 1** 타입 1 SCD에서 디멘션에 저장된 값은 항상 현재의 값이다. 모델을 처리하는 과정에서 변화를 발견하면 단순히 새 값으로 이전 값을 덮어쓴다. 모든 칼럼의 최신 값만 저장한다. 따라서 어떤 변화도 실제로 추적할 수 없기 때문에 타입 1 SCD는 진짜 SCD가 아니다.

- **타입 2** 타입 2 SCD는 진짜 SCD이다. 타입 2 SCD를 사용하면 각 버전에 한 번씩 정보를 여러 번 저장한다. 예를 들어 고객의 주소가 변경됐다면 그 고객을 위해 두 줄을 저장할 것이다. 하나는 이전 주소고 하나는 새 주소가 된다. 팩트 테이블의 줄은 고객의 바른 버전을 가리킬 것이다. 예를 들어 고객 이름으로 구분하면 오직 하나의 줄만 보게 될 것이다. 하지만 지역으로 분할하면 이벤트가 발생한 시점에 고객이 살았던 지역으로 그 값이 할당될 것이다.

노트 | 타입 1 SCD는 굉장히 간단하다. 어떤 정보의 기록도 추적하지 않는다. 이런 이유로 5장에서는 타입 2 SCD에 대해서만 다루고 타입 2를 SCD로 지칭한다.

SCD의 예로, 앞서 언급한 판매 매니저 변경에 대한 시나리오를 생각해보고 콘토소 데이터 베이스에서 이를 어떻게 다루는지 살펴본다. 콘토소에는 많은 지역 매니저가 있다. 한 매니저는 여러 지역을 관리할 수 있고, 정보는 CountryRegion과 Manager라는 두 칼럼을 포함하는 그림 5-1과 같은 테이블에 저장된다.

CountryRegion	Manager
Australia	Louise
Germany	Raoul
United Kingdom	Paul
France	Mark
the Netherlands	Louise
Greece	Raoul
Switzerland	Paul
Ireland	Mark

그림 5-1 CountryManagers 테이블은 국가나 지역과 매니저 사이의 관계를 포함한다.

이 테이블을 사용해 모델을 쉽게 설정할 수 있다. Customer 테이블의 CountryRegion과 CountryManagers 테이블의 CountryRegion 사이의 관계를 만들 수 있다. 이 관계를 준비하면 그림 5-2와 같은 모델을 얻을 수 있다.

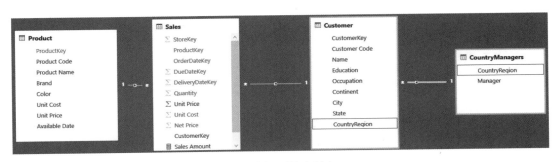

그림 5-2 Customer와 CountryManagers 테이블 사이의 관계를 만들 수 있다.

모델을 만들었을 때 그림 5-3과 같이 매니저의 대륙별 판매를 보여주는 보고서를 생성할 수 있다.

Manager	Continent	CY 2007	CY 2008	CY 2009	Total
Louise	Asia	488.792,75	419.828,25	131.572,42	**1.040.193,42**
	Europe		21.331,60	70.311,61	**91.643,21**
	North America	61.577,18	39.782,80	11.658,93	**113.018,92**
	Total	**550.369,94**	**480.942,65**	**213.542,96**	**1.244.855,55**
Mark	Asia			65.381,46	**65.381,46**
	Europe	53.587,61	40.480,90	66.078,71	**160.147,22**
	North America	457.710,49	444.308,45	405.745,64	**1.307.764,58**
	Total	**511.298,10**	**484.789,36**	**537.205,81**	**1.533.293,26**
Paul	Asia			60.640,05	**60.640,05**
	Europe	249.495,88	101.363,69	168.773,28	**519.632,85**
	Total	**249.495,88**	**101.363,69**	**229.413,33**	**580.272,90**
Raoul	Asia			205.557,35	**205.557,35**
	Europe	148.052,02	55.439,35	56.815,17	**260.306,54**
	Total	**148.052,02**	**55.439,35**	**262.372,52**	**465.863,90**
Total		**1.459.215,95**	**1.122.535,05**	**1.242.534,61**	**3.824.285,61**

그림 5-3 이 보고서는 매니저와 대륙에 따라 판매 실적을 구분해 보여준다.

시간에 따라 국가의 매니저가 변경되더라도 지금 사용하는 모델은 이 정보를 제대로 처리하지 않는다. 예를 들어 루이스가 2007년에 미국을 감독했고, 2008년에는 폴의 책임이었으며, 2009년에는 마크가 담당했다. 하지만 보고서는 그 지역의 가장 마지막 매니저가 마크였기 때문에 다른 연도의 판매 실적도 마크에 의한 것으로 보여준다.

매니저와 국가를 연결짓는 대신, 그림 5-4와 같이 시간에 따라 관계가 다른 CountryManagers를 생각해보자.

이제 각 줄은 관계의 처음과 끝 연도를 저장한다. 새로운 정보를 사용해 고객과 매니저 사이의 관계를 만들기 위해 CountryRegion 칼럼을 더 이상 사용할 수 없다. CountryRegion은 더 이상 CountryManagers의 키가 아니기 때문이다. 이제 같은 국가나 지역이 여러 번 나올 수 있고, 이에 대해 각각 관리자가 할당된다.

CountryRegion	Manager	FromYear	ToYear
Australia	Paul	2007	2007
United States	Louise	2007	2008
Canada	Louise	2007	2008
United States	Paul	2008	2009
Australia	Mark	2008	2008
United States	Louise	2009	2010
Canada	Raoul	2009	2010
Australia	Louise	2009	2010
Germany	Raoul	2007	2010
United Kingdom	Paul	2007	2010
France	Mark	2007	2010
the Netherlands	Louise	2007	2010
Greece	Raoul	2007	2010
Switzerland	Paul	2007	2010
Ireland	Mark	2007	2010
Portugal	Louise	2007	2010
Spain	Raoul	2007	2010

그림 5-4 시간에 따라 미국 담당 매니저가 바뀌고 이를 테이블에서 볼 수 있다.

시나리오가 갑자기 더 복잡해졌지만, 이를 관리하는 여러 방법이 있다. 5장에서는 판매 시점의 매니저가 누구인지 추적할 수 있는 분석 보고서를 만드는 데 도움이 되는 일부 방법만 살펴볼 것이다. 데이터 웨어하우스를 관리하는 IT 부서에서 이미 모델을 생성하고 당신에게 전달했다고 생각해보자. 만약 제대로 만들었다면 Customer 테이블에는 다음의 두 칼럼이 있을 것이다.

- **과거 매니저** 이벤트(판매)가 발생했을 때 고객의 매니저이다.

- **현재 매니저** 고객의 현재 매니저로 이벤트가 발생한 시점의 고객을 관리했던 사람과는 관련이 없다.

이 데이터 구조가 준비되면, 현재의 매니저가 아닌 과거의 매니저의 판매를 표시하는 그림 5-5와 같은 분석 보고서를 만들 수 있다.

Continent	Historical Manager	CY 2007	CY 2008	CY 2009	Total
Asia	Louise			131.572,42	**131.572,42**
	Mark		419.828,25	65.381,46	**485.209,71**
	Paul	488.792,75		60.640,05	**549.432,80**
	Raoul			205.557,35	**205.557,35**
	Total	**488.792,75**	**419.828,25**	**463.151,29**	**1.371.772,29**
Europe	Louise		21.331,60	70.311,61	**91.643,21**
	Mark	53.587,61	40.480,90	66.078,71	**160.147,22**
	Paul	249.495,88	101.363,69	168.773,28	**519.632,85**
	Raoul	148.052,02	55.439,35	56.815,17	**260.306,54**
	Total	**451.135,51**	**218.615,55**	**361.978,75**	**1.031.729,82**
North America	Louise	519.287,68			**519.287,68**
	Mark			405.745,64	**405.745,64**
	Paul		444.308,45		**444.308,45**
	Raoul		39.782,80	11.658,93	**51.441,74**
	Total	**519.287,68**	**484.091,26**	**417.404,57**	**1.420.783,51**
Total		**1.459.215,95**	**1.122.535,05**	**1.242.534,61**	**3.824.285,61**

그림 5-5 과거 매니저로 분할된 판매 실적에서는 2007년 북미는 루이스에게 할당됐다.

게다가 그림 5-6과 같이 현재와 과거 매니저를 함께 보여주는 보고서를 만들 수 있다. 이 보고서는 북미(미국과 캐나다) 판매 실적을 현재 매니저와 과거 매니저를 함께 보여준다.

Continent
☐ Asia
☐ Europe
■ North America

CountryRegion
☐ Canada
☐ United States

Actual Manager	Historical Manager	CY 2007	CY 2008	CY 2009	Total
Mark	Louise	457.710,49			**457.710,49**
	Mark			405.745,64	**405.745,64**
	Paul		444.308,45		**444.308,45**
	Total	**457.710,49**	**444.308,45**	**405.745,64**	**1.307.764,58**
Raoul	Louise	61.577,18			**61.577,18**
	Raoul		39.782,80	11.658,93	**51.441,74**
	Total	**61.577,18**	**39.782,80**	**11.658,93**	**113.018,92**
Total		**519.287,68**	**484.091,26**	**417.404,57**	**1.420.783,51**

그림 5-6 현재 속성과 과거 속성을 사용해 상세한 보고서를 만들 수 있다.

> **팁** | 보고서의 SCD를 사용하기는 쉽지 않다. 현재와 과거에 할당된 수치를 잘 이해하기 위해 이전 그림을 잘 살펴보고 읽고 있는 데이터에 대한 감각을 익혀야 한다.

판매를 현재 매니저 또는 이전 매니저로 구분할 수 있다. 예상대로 값은 서로 다른 수치를 보여준다. 예를 들어 라울이 현재 매니저로 관리하는 지역의 판매가 급격히 떨어지는 것을 볼 수 있다. 루이스가 담당하던 2007년 북미 실적이 훨씬 좋았다.

현재의 매니저로 구분하는 것은 판매자에 의해 관리되는 잠재적인 고객을 파악하기에 좋다. 그리고 시간에 따른 판매자의 역량을 평가하기 위해 과거 속성으로 구분한다. 이 보고서는 과거와 현재 속성을 모두 보여주므로 서로 다른 매니저에 의한 판매 실적을 평가할 수 있다.

현재와 과거 속성을 사용해 아주 강력한 보고서를 만들 수 있다. 하지만 시각적으로 읽기 어려울 수 있다. 이를 완화시키기 위해 값을 정형화하고 보고서에 포함할 칼럼을 선택하는 데 시간을 들이는 것이 좋다. 수치의 의미에 대한 세심한 설명도 도움이 된다.

이 첫 번째 소개 페이지에서 SCD에 대한 중요한 고려 사항의 일부를 살펴봤다.

- 현재와 과거의 값이 모두 중요하다. 모델에 쿼리를 통해 어떤 관점의 데이터를 가져올 것인지에 따라 둘 다 사용할 것이다. SCD를 잘 구현한 경우 레코드별로 과거와 현재의 값을 모두 저장해야 한다.

- 용어는 서서히 변하는 디멘션이지만 실제로 디멘션 자체는 변하지 않는다. 대신 디멘션의 하나 또는 하나 이상의 속성이 변한다.

지금까지 과거의 변화를 처리의 타당성과 보고서에서 SCD를 사용할 때의 복잡성을 살펴봤다. 이제 SCD를 적절하게 처리하기 위해 필요한 다양한 종류의 데이터 모델 작업을 해야 한다.

서서히 변하는 디멘션 사용

SCD가 무엇인지 살펴봤고 이제는 이를 사용할 때 고려해야 할 점을 알아볼 것이다. SCD를 사용할 때 일부 계산은 더 복잡하다. 표준 디멘션을 사용할 때 각 엔티티는 테이블의 한 줄에 저장된다. 예를 들어 고객은 항상 customer 테이블에서 한 줄이다. 그러나 고객을 SCD로 처리하는 경우, 여러 버전이 있다면 한 고객이 여러 줄에 표시될 수 있다. 더 이상 한 고객이 한 줄로 연결되는 단순한 일대일 관계가 아니다. 고객의 숫자를 세는 것과 같은 단순한 작업이 복잡해진다.

앞서 언급한 예제에서 지역 매니저를 고객의 속성 중 하나로 저장하기로 결정한다. 결과적으로 시간에 따라 고객에 대해 얼마나 많은 매니저가 있었는가에 따라 동일한 고객의 여러 버전이 존재하게 될 것이다. 실제로 이 책에서 사용하는 샘플 데이터베이스에는 18,869의 고객이 있지만 시간에 따른 매니저 변경 때문에 Customer 테이블의 줄 수는 43,882이다. 고객의 수를 세기 위해 다음과 같이 단순한 측정식을 정의했다면 그 결과는 잘못될 것이다.

```
NumOfCustomers = COUNTROWS ( Customer )
```

그림 5-7과 같이 잘못된 결과를 볼 수 있고, 이는 현재 매니저로 구분한 고객의 수를 보여준다.

Actual Manager	NumOfCustomers
Louise	10.901
Mark	26.082
Paul	1.937
Raoul	4.962
Total	**43.882**

그림 5-7 SCD에서 줄 수를 세는 것은 더 이상 고객을 세는 바른 방법이 아니다.

보고서의 결과는 고객 버전의 수를 보여주고 이는 실제 고객의 수가 아니다. 고객의 수를 정확하게 세려면 고객의 고유한 수를 세야 한다. 다음 코드를 사용하자.

```
NumOfCustomers := DISTINCTCOUNT ( Customer[Customer Code] )
```

이제 DISTINCTCOUNT를 사용해 그림 5-8과 같이 올바른 방법으로 값을 보고한다.

Actual Manager	NumOfCustomers
Louise	3.639
Mark	9.910
Paul	1.937
Raoul	3.383
Total	**18.869**

그림 5-8 DISTINCTCOUNT를 사용한 결과는 유일한 고객 코드를 반영해 정확한 합계를 나타낸다.

고객의 속성 중 하나로 구분하고 싶다면 COUNTROWS를 DISTINCTCOUNT로 바꾸는 것이 좋다. customer 디멘션에 속하지 않는 다른 속성으로 분할하고 싶다면 문제는 더 복잡하다. 아주 일반적인 계산 한 가지는 어떤 카테고리의 제품을 구매한 고객의 숫자이다. 표준 customer 디멘션을 사용하고 서서히 변하는 디멘션이 아니라면, 단순하게 팩트 테이블에 있는 고객 키의 고유한 숫자를 세어서 얻을 수 있다. 우리 예제에서의 코드는 다음과 같다.

```
NumOfBuyingCustomers := DISTINCTCOUNT ( Sales[CustomerKey] )
```

SCD를 사용하는 모델에서 이를 사용하면 정확한 것처럼 보이지만 여전히 잘못된 결과를 얻게 된다. 결과는 그림 5-9와 같다.

Brand ▲	NumOfBuyingCustomers
A. Datum	189
Adventure Works	392
Contoso	820
Fabrikam	173
Litware	201
Northwind Traders	151
Proseware	127
Southridge Video	862
Tailspin Toys	594
The Phone Company	76
Wide World Importers	133
Total	**2,395**

그림 5-9 DISTINCTCOUNT를 사용해 계산한 구매 고객의 숫자는 정확한 것처럼 보이지만 여전히 잘못됐다.

고객 키의 고유한 숫자를 계산함으로 고객 버전의 고유한 수를 계산한 것이지 실제 고객 수를 계산한 것이 아니다. 정확한 값을 계산하려면 양방향 패턴을 사용해 Customer에서의 고객 코드의 수를 세어야 한다. Customer와 Sales 사이의 관계를 양방향으로 하거나, 다음 패턴을 사용해 코드를 수정해야 한다.

```
NumOfBuyingCustomersCorrect :=
CALCULATE (
    DISTINCTCOUNT ( Customers[Customer Code] ),
    Sales
)
```

그림 5-10은 그림 5-9와 같은 보고서를 보여주지만, 새로운 측정식이다. 대부분의 값은 동일하고 다른 것도 여전히 비슷하다. 이는 잘못된 계산에 얼마나 속기 쉬운지 보여준다.

Brand	NumOfBuyingCustomers	NumOfBuyingCustomersCorrect
A. Datum	189	189
Adventure Works	392	392
Contoso	820	815
Fabrikam	173	173
Litware	201	199
Northwind Traders	151	151
Proseware	127	125
Southridge Video	862	855
Tailspin Toys	594	594
The Phone Company	76	76
Wide World Importers	133	133
Total	**2.395**	**2.353**

그림 5-10 나란히 놓인 두 측정식은 정확한 값과 잘못된 값 사이의 사소한 차이를 보여준다.

이 책에서 자주 사용한 Sales와 Customer 사이의 양방향 관계 설정 대신, Sales 테이블을 필터로 사용하는 양방향 패턴을 사용한 것을 알 수 있다. 여기서 Sales와 Customer 사이 관계의 양방향 필터링만으로 총계는 정확하지 않을 것이다. 실제로 다음의 코드를 사용해 측정식을 작성하면 (그림 5-11에서 보여주는) 총계는 어떤 물건을 산 고객만이 아닌 모든 고객을 셀 것이다.

```
NumOfBuyingCustomersCorrectCrossFilter :=
CALCULATE (
    DISTINCTCOUNT ( Customer[Customer Code] ),
    CROSSFILTER ( Sales[CustomerKey], Customer[CustomerKey], BOTH )
)
```

Brand	NumOfBuyingCustomers	NumOfBuyingCustomersCorrect
A. Datum	189	189
Adventure Works	392	392
Contoso	820	815
Fabrikam	173	173
Litware	201	199
Northwind Traders	151	151
Proseware	127	125
Southridge Video	862	855
Tailspin Toys	594	594
The Phone Company	76	76
Wide World Importers	133	133
Total	**2.395**	**18.869**

그림 5-11 양방향 필터링만 설정하면 총계는 잘못된 결과가 된다.

NumOfBuyingCustomersCorrectCrossFilter 측정식의 총계가 다른 이유는 총계에서 Sales 테이블이 필터링되지 않기 때문이다. 따라서 엔진은 Customer로 전파할 필터가 없다. 대신 Sales 테이블을 필터로 사용하는 전체 양방향 패턴을 사용하면 필터는 항상 적용되고 Sales 어딘가에 나타나는 고객만 보여줄 것이다. 이 때문에 CROSSFILTER 버전은 필터를 적용하지 않을 때 더 잘 동작하고 성능 측면에서 더 좋다. 두 계산의 차이는 현재 선택된 고객의 버전이 여럿일 때 분명해진다.

본질적으로 SCD는 천천히 변한다. 따라서 동일 고객의 여러 버전은 일반적으로 주어진 특징에 맞지 않다. 하지만 데이터가 충분히 크다면 이런 특징이 발생할 수 있다. 예를 들어 여러 해를 거친 데이터는 여전히 동일 고객의 몇몇 버전을 포함할 가능성이 높다.

고객의 수와 버전의 수를 계산할 때의 미묘한 차이점을 발견하는 방법을 배우는 것이 좋다. 작은 세부 사항을 이해하는 것이 데이터 모델링 경력에 도움이 되고 값이나 총계가 잘못됐을 때 알아보는 데 도움이 된다.

서서히 변하는 디멘션 로딩

5장에서 파워 BI 데스크톱 쿼리 편집기를 사용해 SCD를 로드하는 방법에 대해 간략히 살펴본다. 원래의 모델에 항상 SCD가 있는 것은 아니지만, 작업을 하고 있는 특정 모델에서 이를 소개해야 할 때가 있다. 예를 들어 5장에서 사용하고 있는 시현용 데이터베이스에서 원래의 모델은 SCD를 포함하지 않는다. 하지만 원래의 데이터 웨어하우스에는 존재하지 않는 정보의 일부인 현재의 판매 매니저와 과거 판매 매니저를 추적하기 위해 SCD를 로드해야 할 것이다.

SCD를 다루는 어려움을 전달하기 위해 우리는 1장, '데이터 모델링 소개'에서 소개했던 중요한 주제인 그래뉼래러티를 가져와야 한다. SCD의 존재로 인해 디멘션과 팩트 테이블의 그래뉼래러티가 바뀐다.

SCD를 사용하지 않으면 시현용 데이터베이스 팩트 테이블의 그래뉼래러티는 고객 레벨이다. SCD를 소개했을 때 그래뉼래러티는 각 고객의 버전 레벨로 높아진다. 같은 고객의 서로 다른 버전은 판매가 발생한 시점에 따라 서로 다른 판매와 연결돼야 한다.

그래뉼래러티를 변경하기 위해서는 정확한 모델 설계를 위한 작업과 세부 사항이 필요하다. 또한 디멘션과 팩트 테이블의 쿼리도 그래뉼래러티와 맞게 바꿔야 한다. 한 테이블의 그래뉼래러티를 업데이트 하지 않고 다른 테이블의 그래뉼래러티도 업데이트할 수 없다. 그렇지 않으면 관계는 정상 동작하지 않을 것이다.

시나리오 분석을 시작해보자. 데이터베이스에는 Customer 테이블이 있고 이는 SCD가 아니다. 또한 CountryManagers 테이블이 있고 이는 국가나 지역별 판매 매니저와 관리를 시작한 연도와 끝난 연도를 포함한다. 국가나 지역의 판매 매니저가 매년 동일하지는 않다. 그러나 국가나 지역의 판매 매니저가 매년 변하는 것도 아니기 때문에 그래뉼래러티를 고객/연도 레벨로 증가시켜 같은 고객을 불필요한 중복되게 하는 것은 좋지 않다. 이 시나리오에서 이상적인 그래뉼래러티는 고객(바뀌는 매니저를 처리하기에는 너무 낮다)과 고객/연도(몇 년간 그대로 남은 매니저를 처리하기에 너무 높다) 사이의 어딘가이다. 이상적인 그래뉼래러티는 고객이 있는 국가나 지역의 매니저가 얼마나 자주 바뀌었는지에 따라 다르다.

적절한 그래뉼래러티를 찾아보자. 이 단계를 수행하기 위해 먼저 최악의 그래뉼래러티를 설계할 것이다. 그 후 적절한 그래뉼래러티가 무엇인지 확인할 것이다. 그림 5-12는 여러 국가 또는 지역의 판매 매니저를 포함하는 원래의 테이블이다.

	CountryRegion	Manager	FromYear	ToYear
1	Australia	Paul	2007	2008
2	United States	Louise	2007	2008
3	Canada	Louise	2007	2008
4	United States	Paul	2008	2009
5	Australia	Mark	2008	2009
6	United States	Mark	2009	2010
7	Canada	Raoul	2008	2010
8	Australia	Louise	2009	2010
9	Germany	Raoul	2007	2010
10	United Kingdom	Paul	2007	2010

그림 5-12 CountryManagers 테이블은 판매 매니저가 각 국가나 지역을 담당했던 연도를 가리키는 FromYear와 ToYear 칼럼을 포함한다.

적절한 그래뉼래러티를 찾기 위해 이 모델을 국가 또는 지역, 판매 매니저를 포함하는 단순한 모델로 바꾸고 FromYear와 ToYear를 연도를 나타내는 하나의 칼럼으로 교체한다. 이렇게 해서 줄 수를 늘린다. 판매 매니저가 같은 서로 다른 연도가 많이 보일 것이다(곧 부수적인 줄을 제거하는 작업을 다룰 것이다).

먼저 그림 5-13과 같이 `List.Number` 함수를 사용해 테이블에 FromYear와 ToYear 사이에 포함된 연도의 목록이 있는 새 칼럼을 추가한다.

그림 5-13은 사용자 인터페이스에서 List로만 보이는 칼럼과 셀을 클릭해 쿼리 편집기에서 볼 수 있는 칼럼의 콘텐츠를 모두 볼 수 있다. Paul은 2007년부터 2010년까지 영국을 담당하던 매니저였다는 것을 알 수 있고, 따라서 목록에는 2007, 2008, 2009의 세 개의 연도가 포함된다.

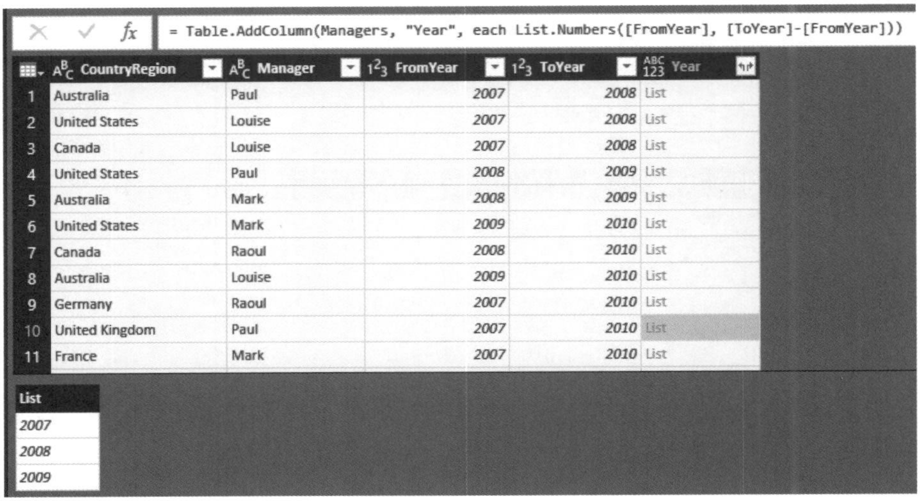

그림 5-13 Year 칼럼은 FromYear와 ToYear 사이의 연도 목록이다.

이제 연도 목록을 만들었으므로 리스트의 각 요소를 한 줄로 생성해 목록을 확장할 수 있다. 그리고 이제 FromYear와 ToYear 칼럼은 필요 없으므로 제거할 수 있다. 이로써 그림 5-14와 같은 결과를 얻는다.

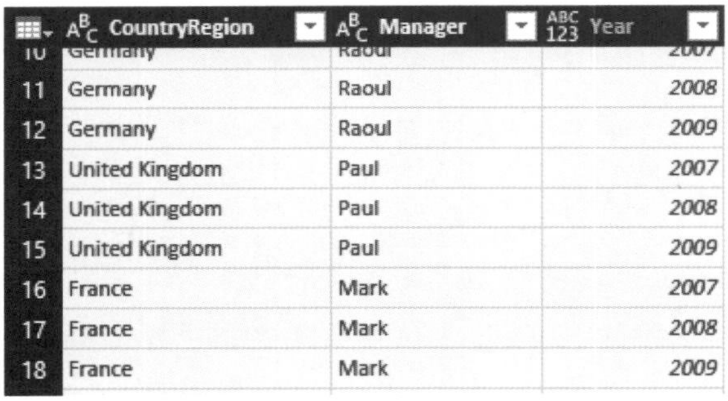

그림 5-14 이 테이블에서 United Kingdom은 동일한 매니저가 세 번 나온다.

이 테이블은 이제 해마다 하나의 버전을 사용하는 국가나 지역에 대한 최악의 그래뉼래러티를 가진다. 많은 줄에서 국가와 매니저가 같고 단지 연도만 다르다. 하지만 팩트 테이블의 그래뉼래러티가 바뀔 때 검색 테이블로 사용할 것이므로 이 테이블은 여전히 유용하다.

테이블이 과거 국가 또는 지역의 판매 매니저를 포함하고 있으므로 Historical Country Managers라는 이름으로 저장한다.

두 번째로 국가 또는 지역의 현재 판매 관리자를 저장하는 테이블이 필요하다. 이는 Historical Country Managers에서 시작하면 설계하기 쉽다. 과거 국가 또는 지역의 판매 매니저를 CountryRegion과 Manager로 그룹화하면 고유한 CountryRegion과 Manager의 쌍을 얻을 수 있다. 그룹화하면서 판매 매니저가 해당 국가 또는 지역을 담당했던 마지막 연도를 얻기 위해 MAX를 사용해 year를 병합한다. 그림 5-15와 같이 이제 United Kingdom은 한 줄로 표시된다.

그림 5-15 그룹화 후 카디널리티(cardinality)가 적절하다.

테이블에는 CountryRegion과 Manager의 고유한 쌍을 저장하고 이는 판매 매니저가 그 국가 또는 지역을 담당했던 마지막 연도를 포함한다. 이 테이블을 현재의 판매 매니저만 저장하는 테이블로 변환하려면 last year에서 현재 연도를 포함하지 않는 값을 필터링하면 된다(이 예제에서 현재 연도는 2009년이고, 이는 데이터에 있는 마지막 연도다). 그림 5-16은 Actual Country Managers라고 이름 붙인 두 번째 쿼리의 결과를 보여준다.

CountryRegion	Manager
4 Germany	Raoul
5 United Kingdom	Paul
6 France	Mark
7 the Netherlands	Louise
8 Greece	Raoul
9 Switzerland	Paul
10 Ireland	Mark
11 Portugal	Louise
12 Spain	Raoul
13 Italy	Paul
14 Russia	Mark
15 Poland	Louise

그림 5-16 Actual Country Managers 테이블은 각 국가 또는 지역의 마지막 그리고 현재 판매 매니저만 포함한다.

이 시점에서 다음의 두 개의 테이블이 있다.

- Actual Country Managers   각 국가 또는 지역의 현재 판매 매니저를 포함한다.

- Historical Country Managers   각 국가 또는 지역의 과거 판매 매니저의 기록을 포함한다.

다음 단계는 이 두 테이블을 사용해 Customer 테이블과 Sales 테이블을 업데이트하는 것이다.

디멘션의 그래뉼래러티 수정

Customer와 Sales 테이블의 그래뉼래러티를 적절하게 설정하기 위해 이 두 테이블을 사용할 것이다. 먼저 Customer 테이블을 살펴보자. 그래뉼래러티를 높이기 위해 원래의 Customer 테이블과 Historical Country Managers 테이블을 병합한다. Customer 테이블에는 CountryRegion 칼럼이 있다. CountryRegion을 기반으로 Customer 테이블과 Historical Country Managers 테이블을 조인하면 해당 고객의 여러 매니저에 대한 줄로 인해 더 많은 줄을 포함하는 결과가 나올 것이다. 최악의 그래뉼래러티의 경우처럼 연도별로 고객의 버전을 포함하지는 않을 것이다. 대신 Historical Country Managers 테이블에서의 그룹화 작업으로 인해 각 고객의 적절한 버전 수를 포함할 것이다.

이 두 작업을 한 후의 데이터를 OriginalCustomerKey 칼럼에서 오름차순 정렬하면 그림 5-17과 같은 결과를 얻는다.

1²₃ OriginalCustomerKey	Aᴮᴄ Customer Code	Aᴮᴄ Name	Aᴮᴄ CountryRegion	Aᴮᴄ Actual Manager	Aᴮᴄ Historical Manager	ᴬᴮᴄ₁₂₃ Year
1	11000	Yang, Jon	Australia	Louise	Paul	2007
1	11000	Yang, Jon	Australia	Louise	Mark	2008
1	11000	Yang, Jon	Australia	Louise	Louise	2009
2	11001	Huang, Eugene	Australia	Louise	Paul	2007
2	11001	Huang, Eugene	Australia	Louise	Mark	2008
2	11001	Huang, Eugene	Australia	Louise	Louise	2009
3	11002	Torres, Ruben	Australia	Louise	Paul	2007
3	11002	Torres, Ruben	Australia	Louise	Mark	2008
3	11002	Torres, Ruben	Australia	Louise	Louise	2009
4	11003	Zhu, Christy	Australia	Louise	Paul	2007
4	11003	Zhu, Christy	Australia	Louise	Mark	2008
4	11003	Zhu, Christy	Australia	Louise	Louise	2009
5	11004	Johnson, Elizabeth	Australia	Louise	Paul	2007
5	11004	Johnson, Elizabeth	Australia	Louise	Mark	2008

그림5-17 새로운 Customer 테이블은 조정된 그래뉼래러티로 현재와 과거 매니저를 비정규화해 보여준다.

첫 번째 세 줄에 조금 더 살펴보자. Jon Yang이라고 표시된 호주 고객은 시간에 따라 Paul, Mark, Louise라는 세 명의 판매 매니저가 있었다. 이는 모델에서 적절하게 표현됐지만, 문제가 있다. (OriginalCustomerKey라는) 고객 키를 포함하는 칼럼이 더 이상 테이블 키로 적절하지 않다는 점이다. 실제로 이 코드는 고객을 표시하지만 이제 고객의 버전을 표시해야 한다. 고객 키가 더 이상 고유하지 않기 때문에 더 이상 키로 사용할 수 없다. 따라서 새로운 것이 필요하다.

일반적으로 1부터 시작해 각 줄마다 1씩 증가하는 인덱스를 새 칼럼으로 추가해 키로 만들 수 있다. 이는 데이터베이스 매니저가 선호하는 기술이다. 여기서는 새 테이블의 그래뉼래러티가 고객/연도 레벨이고, 여기서 사용한 연도는 매니저가 국가를 담당했던 마지막 연도다. 그러므로 단순하게 OriginalCustomerKey를 새 Customer 테이블에 비정규화된 Historical Country Managers 테이블의 연도인 Year와 이어서 안전하게 새 칼럼을 만들 수 있다. 그림 5-18은 새로운 키를 사용하는 결과 테이블이다.

1²₃ OriginalCustomerKey	ABC₁₂₃ CustomerKey	ABC Customer Code	ABC Name	ABC CountryRegion	ABC Actual Manager	ABC Historical Manager
1	1	12007 11000	Yang, Jon	Australia	Louise	Paul
2	1	12008 11000	Yang, Jon	Australia	Louise	Mark
3	1	12009 11000	Yang, Jon	Australia	Louise	Louise
4	2	22007 11001	Huang, Eugene	Australia	Louise	Paul
5	2	22008 11001	Huang, Eugene	Australia	Louise	Mark
6	2	22009 11001	Huang, Eugene	Australia	Louise	Louise
7	3	32007 11002	Torres, Ruben	Australia	Louise	Paul
8	3	32008 11002	Torres, Ruben	Australia	Louise	Mark
9	3	32009 11002	Torres, Ruben	Australia	Louise	Louise
10	4	42007 11003	Zhu, Christy	Australia	Louise	Paul
11	4	42008 11003	Zhu, Christy	Australia	Louise	Mark
12	4	42009 11003	Zhu, Christy	Australia	Louise	Louise
13	5	52007 11004	Johnson, Elizabeth	Australia	Louise	Paul
14	5	52008 11004	Johnson, Elizabeth	Australia	Louise	Mark
15	5	52009 11004	Johnson, Elizabeth	Australia	Louise	Louise
16	6	62007 11005	Ruiz, Julio	Australia	Louise	Paul

그림 5-18 OriginalCustomerKey는 더 이상 키가 아니다. 연도를 포함하는 새로운 CustomerKey를 사용하는 것이 더 좋다.

여기까지 왔을 때 Customer 테이블의 그래뉼래러티는 기존 그래뉼래러티(고객)에서 최악의 경우(고객과 연도)로 바뀌었다. 이 테이블이 최종 결과는 아니지만 유용한 중간 단계이다. 이를 CustomerBase로 저장한다.

마지막 단계는 그래뉼래러티를 수정하고 적절하게 조정하는 것이다. 이 단계는 다양한 국가 또는 지역의 판매 매니저를 처리했던 것과 비슷하다. CustomerBase에서 시작해 그래뉼래러티 칼럼을 제외한 모든 칼럼을 제거하고 OriginalCustomerKey, Actual Manager, Historical Manager로 그룹화를 수행한다. 다음으로 CustomerKey의 MAX를 가져와 NewCustomerKey라고 이름 붙인다. 결과는 그림 5-19와 같다.

1²₃ OriginalCustomerKey	ABC Actual Manager	ABC Historical Manager	1.2 NewCustomerKey
26	9 Louise	Mark	92008
27	9 Louise	Louise	92009
28	10 Louise	Paul	102007
29	10 Louise	Mark	102008
30	10 Louise	Louise	102009
31	11 Louise	Paul	112007
32	11 Louise	Mark	112008
33	11 Louise	Louise	112009
34	12 Louise	Paul	122007
35	12 Louise	Mark	122008
36	12 Louise	Louise	122009
37	18 Louise	Paul	182007

그림 5-19 임시 테이블은 적절한 그래뉼래러티 레벨을 가진다.

이 그룹화 작업은 적절한 그래뉼래러티를 만들기 위해 유용하지만 이를 수행하면서 기존 Customer 테이블의 모든 칼럼을 제거해야 한다. 다음 단계는 필요한 칼럼을 복구하는 것이다. 먼저 그림 5-20과 같이 테이블의 모든 칼럼을 제거하고 NewCustomerKey 칼럼만 남긴다.

	1.2 NewCustomerKey
7	32007
8	32008
9	32009
10	42007
11	42008
12	42009
13	52007
14	52008
15	52009

그림 5-20 이 테이블에는 오직 고객 키만 있지만 그래뉼래러티는 적절하다.

마지막 단계는 고객 키를 기반으로 이 테이블과 CustomerBase를 병합하고, 필요한 모든 칼럼을 가져오는 것이다. 그림 5-21의 결과에서 볼 수 있듯이 시간이 지나면서 얼마나 많은 매니저가 있었는지에 따라 고객의 버전 수가 다르다는 사실을 쉽게 알 수 있다.

	OriginalCustomerKey	CustomerKey	Customer Code	Name	CountryRegion	Actual Manager	Historical Manager
419	143	1432007	11142	Patterson, Eduardo	Canada	Raoul	Louise
420	143	1432009	11142	Patterson, Eduardo	Canada	Raoul	Raoul
421	144	1442007	11143	Henderson, Jonathan	United States	Mark	Louise
422	144	1442008	11143	Henderson, Jonathan	United States	Mark	Paul
423	144	1442009	11143	Henderson, Jonathan	United States	Mark	Mark
424	145	1452007	11144	Hernandez, Edward	United States	Mark	Louise
425	145	1452008	11144	Hernandez, Edward	United States	Mark	Paul
426	145	1452009	11144	Hernandez, Edward	United States	Mark	Mark
427	146	1462007	11145	Coleman, Jasmine	United States	Mark	Louise
428	146	1462008	11145	Coleman, Jasmine	United States	Mark	Paul

그림 5-21 최종 Customer 테이블은 그래뉼래러티가 적절하고 관련 있는 모든 칼럼이 있다.

다음으로 Sales 테이블에서 유사한 작업을 할 것이다(Customer 테이블의 키를 바꿨으므로 Sales의 CustomerKey 칼럼은 더 이상 사용하기 좋은 키가 아니라는 사실을 기억한다).

팩트 테이블의 그래뉼래러티 수정

Sales에서 판매 연도를 기반으로 새 키를 계산할 수 없다. 실제로 국가나 지역의 판매 매니저가 바뀌지 않는다면 새로운 키는 판매 연도와 상관없을 것이다. 대신 새 키를 검색할 수 있다. 디멘션의 새로운 카디널리티는 고객, 현재 매니저, 과거 매니저에 따라 다르다. 주어진 세 값으로 새 Customer 디멘션에서 검색할 수 있다. 거기서 새로운 CustomerKey를 찾을 것이다.

Sales 테이블에서 그래뉼래러티를 수정하기 위해 다음을 수행해야 한다.

1. 원래의 Sales 테이블에 판매 연도를 포함하는 칼럼을 추가한다.
2. 고객의 국가, 그리고 현재와 과거의 매니저를 얻기 위해 CustomerBase 테이블과 조인한다(판매 연도를 검색할 수 있으므로 CustomerBase를 사용한다. CustomerBase 테이블에는 여전히 해마다 서로 다른 고객이 있다. 테이블의 그래뉼래러티가 잘못됐지만, 판매 연도를 사용해 쉽게 검색할 수 있기 때문에 유용하다).

병합 작업의 결과는 그림 5-22와 같이 새로운 칼럼에 있다.

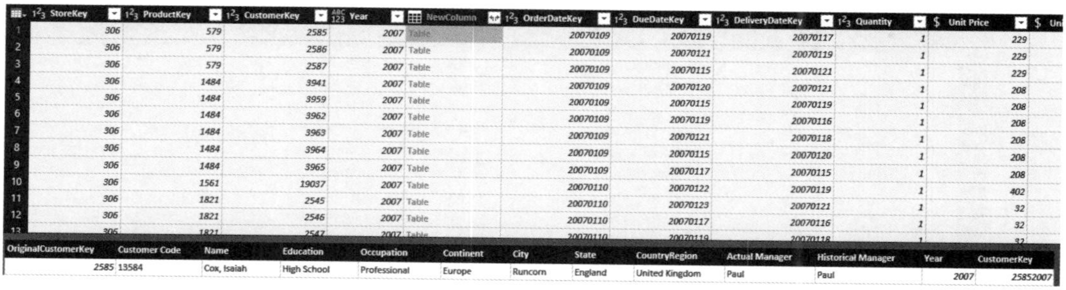

	StoreKey	ProductKey	CustomerKey	Year	NewColumn	OrderDateKey	DueDateKey	DeliveryDateKey	Quantity	Unit Price
1	306	579	2585	2007	Table	20070109	20070119	20070117	1	229
2	306	579	2586	2007	Table	20070109	20070121	20070119	1	229
3	306	579	2587	2007	Table	20070109	20070115	20070121	1	229
4	306	1484	3941	2007	Table	20070109	20070120	20070121	1	208
5	306	1484	3959	2007	Table	20070109	20070115	20070119	1	208
6	306	1484	3962	2007	Table	20070109	20070119	20070116	1	208
7	306	1484	3963	2007	Table	20070109	20070121	20070118	1	208
8	306	1484	3964	2007	Table	20070109	20070115	20070120	1	208
9	306	1484	3965	2007	Table	20070109	20070117	20070115	1	208
10	306	1561	19037	2007	Table	20070110	20070122	20070119	1	402
11	306	1821	2545	2007	Table	20070110	20070123	20070121	1	32
12	306	1821	2546	2007	Table	20070110	20070117	20070116	1	32
13	306	1821	2547	2007	Table	20070110	20070119	20070118	1	32

OriginalCustomerKey	Customer Code	Name	Education	Occupation	Continent	City	State	CountryRegion	Actual Manager	Historical Manager	Year	CustomerKey
2585	13584	Cox, Isaiah	High School	Professional	Europe	Runcorn	England	United Kingdom	Paul	Paul	2007	25852007

그림 5-22 현재와 과거 매니저를 가져오기 위해 Sales와 CustomerBase를 병합해야 한다.

여기까지 왔으면 현재와 과거 매니저를 확장할 수 있다. 다음으로 이를 사용해 그래뉼래러티가 적절한 Customer 테이블과 두 번째 조인을 수행할 수 있다. 고객 코드, 현재 매니저, 과거 매니저가 같은 고객을 검색한다. 마지막 검색에서 새로운 고객 키를 가져오고 팩트 테이블의 그래뉼래러티는 해결될 것이다.

그림 5-23에서 처리 후의 Sales 테이블 일부를 살펴본다. 첫 번째 강조된 줄은 첫 매니저가 Mark이고 이후에 Louise로 바뀐 고객에 대한 줄이다. 따라서 해당 고객에 대한 서로 다른 버전이 있고, (매니저가 여전히 Mark인 2007년과 관계된) 개별 줄은 고객의 2007 버전을 가리킨다. 두 번째 줄은 판매 매니저가 바뀐 적이 없고 따라서 (마지막 연도인 2009년으로 표시된) 고객은 오직 하나의 줄만 있다. 게다가 (비록 2007년에 일어났다고 하더라도) 판매는 고객의 2009 버전을 가리킨다. Sales 테이블의 최종 버전에서 Lookup 칼럼은 더 이상 존재하지 않는다. 이는 단지 처리 과정일 뿐이다.

CustomerKeyLookup	NewColumn.Actual Manager	NewColumn.Historical Manager	NewColumn.Year	NewColumn.CustomerKey
1752007	Mark	Louise	2007	1752007
1782007	Mark	Louise	2007	1782007
1802007	Mark	Louise	2007	1802007
1812007	Mark	Louise	2007	1812007
1822007	Mark	Louise	2007	1822007
2062009	Mark	Mark	2009	2062009
2072009	Mark	Mark	2009	2072009
3022007	Mark	Louise	2007	3022007
3022007	Mark	Louise	2007	3022007
3392007	Raoul	Raoul	2007	3392009
3392007	Raoul	Raoul	2007	3392009

그림 5-23 강조된 두 줄은 판매 매니저가 변경된 고객과 변경되지 않는 고객의 차이를 보여준다.

SCD를 로드하는 것은 많은 주의가 필요하다. 다음은 지금까지 수행한 단계의 간단한 개요이다.

1. SCD의 새 그래뉼래러티를 정의했다. 새로운 그래뉼래러티는 시간에 따라 바뀔 것으로 예상되는 디멘션의 속성에 의존한다.

2. 적절한 그래뉼래러티를 사용하도록 디멘션을 수정했다. 이를 위해 복잡한 쿼리와 관계 기반으로 사용하기 위한 새로운 고객 코드의 정의가 필요했다.

3. 새 코드를 사용할 수 있게 팩트 테이블을 수정했다. 새 코드는 쉽게 계산할 수 없기 때문에 lookup을 수행해 새 디멘션에서 값을 검색해야 했다. 그래뉼래러티를 정의하기 위해 서서히 변하는 모든 속성을 사용했다.

파워 BI 데스크톱의 쿼리 편집기를 사용해 SCD를 처리하는 방법을 설명하는 전체 과정을 살펴봤다(엑셀 2016에서도 동일한 단계를 수행할 수 있다). SCD를 처리하는 과정에 포함된 복잡성의 정도를 보여주려고 했다. 다음 절에서는 빠르게 변하는 디멘션에 대해 설명한다. 곧 알게 되겠지만 빠르게 변하는 디멘션의 관리는 SCD에 비해 간단하다. 하지만 빠르게 변하는 디멘션은 저장소와 성능의 관점에서 최선의 방법이 아니다. 또한 데이터 모델이 충분히 작다면-수백만 줄의 범위라면-서서히 변하는 패턴 대신 빠르게 변하는 디멘션의 패턴을 사용할 수 있다.

빠르게 변하는 디멘션

이름에서 알 수 있듯이 서서히 변하는 디멘션은 일반적으로 서서히 변하고 아주 많은 버전의 엔티티를 생성하지는 않는다. 여기서는 의도적으로 매년 변경될 가능성이 있는 SDC의 예제로 고객 하위의 다양한 판매 매니저를 사용했다. 모든 고객이 변하는 속성을 갖기 때문에 생성되는 새로운 버전의 숫자가 상당히 많다. 고객 주소가 해마다 변경되지는 않을 것이므로 고객의 현재와 이전 주소를 추적하는 것이 더 전통적인 SCD의 예제일 것이다. 주소 예제보다 엑셀 또는 파워 BI 데스크톱을 사용해 결과를 생성하기 쉬운 판매 매니저 예제를 사용하기로 한다.

추적하기 좋은 또 다른 속성은 매년 변하는 고객의 나이다. 연령대에 따른 판매 분석을 하고 싶다고 하자. 고객의 나이를 SCD로 관리하지 않는다면 이를 customer 디멘션에 저장할 수 없다. 고객의 나이는 변하고 현재의 나이가 아닌 판매한 시점의 나이를 추적해야 한다. 나이를 처리하기 위해 이전 절에서 설명했던 패턴을 사용할 수 있다. 하지만 이번 절에서는 디멘션에서 변화를 관리하는 다른 방법으로 빠르게 변하는 디멘션을 위한 패턴 구현 방법을 알아본다.

모델에 10년간의 데이터를 저장하고 있다고 하자. SCD를 사용하면 아마 테이블에서 한 고객의 10개의 서로 다른 버전이 있어야 할 것이다. 더 많은 속성 변화를 관찰해야 한다면 다루기 힘들 정도로 많아질 것이다. 이를 해결하기 위해 전체 디멘션이 변하지 않는다는 사실에 주의하자. 변하는 것은 디멘션의 한 속성이다. 하나의 속성이 자주 변한다면 가장 좋은 옵션은 그 속성 자체를 디멘션으로 저장하고 customer 디멘션에서 이를 삭제하는 것이다.

Customer 테이블에 고객의 현재 나이가 저장된 그림 5-24와 같은 모델부터 살펴본다.

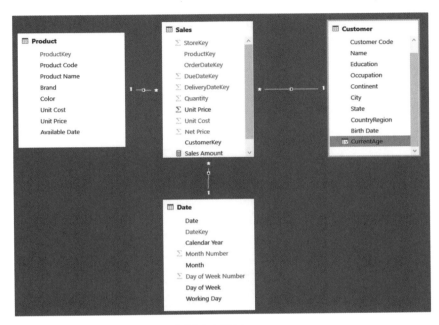

그림 5-24 고객의 나이가 Customer 테이블의 속성이다.

Customer 테이블에 저장된 나이는 각 고객의 현재 나이다. 이는 현재 날짜를 기준으로 매일 업데이트된다. 하지만 고객의 과거 나이 즉, 고객에게 판매했을 때의 나이는 어떨까? 고객의 나이는 빠르게 변하기 때문에 계산된 칼럼을 사용해 팩트 테이블에 과거의 나이를 저장하는 편이 모델을 만드는 좋은 방법이다. 코드를 다음과 같이 작성해보자.

```
Sales[Historical Age] =
DATEDIFF (
    RELATED ( Customer[Birth Date] ),
    RELATED ( 'Date'[Date] ),
    YEAR
)
```

이 칼럼은 판매 당시 고객의 생일과 판매 날짜의 차이를 계산한다. 결괏값은 간단하고 편리하게 과거 나이를 저장한다. 팩트 테이블이 비정규화해 저장하면 디멘션을 만들지 않을 것이다. 이 접근 방법은 SCD를 처리하기 위해 필요한 데이터 변환 과정 없이 나이를 모델링한다.

이 칼럼은 이미 차트를 작성하기 유용하다. 그림 5-25는 연령으로 구분된 판매 히스토그램을 보여준다.

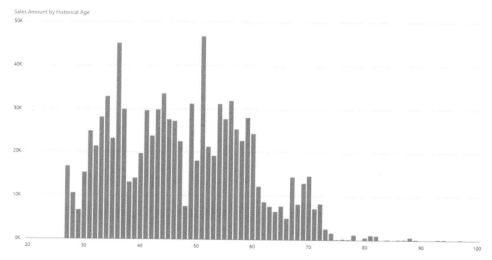

그림 5-25 과거 나이는 히스토그램과 차트를 보여주기에 아주 좋다.

숫자로 된 나이는 차트에서 잘 동작한다. 하지만 나이를 다른 관점의 다양한 범위로 그룹화하고 싶을 수 있다. 이런 경우 가장 좋은 옵션은 실제 디멘션을 생성하고 팩트 테이블의 나이를 디멘션을 가리키는 외부 키로 사용하는 것이다. 그러면 그림 5-26과 같은 데이터 모델을 얻을 수 있다.

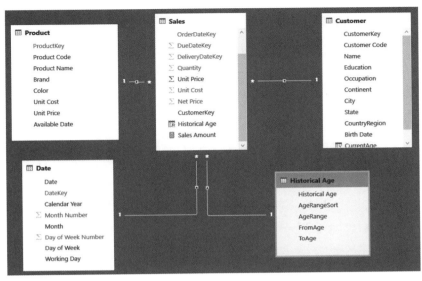

그림 5-26 과거의 나이를 외부 키로 바꾸고 적절한 나이 디멘션을 만들 수 있다.

Historical Age 디멘션에 연령대 또는 다른 관심 있는 속성을 저장할 수 있다. 이로써 각각의 나이 대신 연령대로 분할된 보고서를 생성할 수 있다. 예를 들어 그림 5-27에서 볼 수 있는 보고서는 판매 금액, 연령대에 있는 고객의 숫자 및 해당 연령대의 평균 소비 금액을 보여준다.

AgeRange	Sales Amount	NumOfCustomers	AverageSale
	2.870.569,69	352	$8.155,03
25-40	281.923,90	615	$458,41
40-50	252.664,85	556	$454,43
50-60	272.339,29	525	$518,74
Over 60	146.787,88	310	$473,51
Total	**3.824.285,61**	**2.353**	**$1.625,28**

그림 5-27 적절한 디멘션을 사용해 연령대로 분할할 수 있다.

빠르게 변하는 속성을 기존 디멘션에서 별도로 분리하고 이를 팩트 테이블의 값으로 저장하거나 필요할 경우 속성에 대한 디멘션을 적절하게 생성해 좋은 데이터 모델을 얻을 수 있다. 완전한 기능의 SCD보다 결과를 얻는 과정은 쉽고 데이터 모델은 단순하다.

올바른 모델링 기술 선택

5장에서 변하는 디멘션을 처리하는 두 개의 서로 다른 방법을 살펴봤다. 정식 방법으로는 더 복잡한 로딩 과정을 사용해 완전한 기능을 갖춘 SCD를 생성하는 것이다. 더 단순한 방법은 서서히 변하는 속성을 팩트 테이블의 칼럼으로 저장하고 필요하다면 속성에 대한 디멘션을 만드는 것이다.

후자의 방법은 개발하기 훨씬 쉽고 그래서 특히 서서히 변하는 속성을 분리시키기 쉬운 SCD를 처리하기 가장 좋은 방법일 수 있다. 하지만 속성의 숫자가 많아지면 결국 디멘션이 너무 많아지고 데이터 모델을 살펴보기 어려워진다. 데이터 모델링에서 종종 일어나기 때문에 언제나 하나의 방법을 선택하기 전에 주의 깊게 생각해야 한다. 예를 들어 customer에서 나이, 전체 주소(국가/지역, 주, 대륙), 국가 또는 지역의 판매 매니저, 그리고 그 외 가능한 다른 속성 등의 과거 속성을 추적하고 싶다면 결국 이 모든 속성의 추적을 위한 목적의 많은 디멘션을 만들어야 한다. 반면 하나의 디멘션에 속하는 속성이 얼마나 많이 변하는지와 상관없이 완전한 기능을 하는 SCD를 선택하면 오직 하나의 디멘션만 유지하면 된다.

5장에서 살펴봤던 현재와 과거의 판매 매니저를 처리하는 예제로 다시 돌아가보자. 디멘션에 주목하는 대신 속성에만 초점을 맞추면 그림 5-28의 모델을 사용해 시나리오를 쉽게 해결할 수 있다.

모델을 만드는 것은 간단하다. 각 판매에 대해 판매 당시 고객의 국가나 지역에 할당된 판매 매니저를 계산한다. 두 번의 병합 작업으로 이를 얻을 수 있다. 그리고 팩트 테이블이나 디멘션의 그래뉼래러티 업데이트를 하지 않아도 된다는 사실이 가장 중요하다.

SCD에 관한 간단한 규칙이 있다. 가능하다면 서서히 변하는 속성(또는 속성의 집합)을 분리하고 이 속성들을 위한 별도의 디멘션을 만들기 위해 노력한다. 그래뉼래러티를 업데이트할 필요는 없다. 속성 수가 너무 많다면 전체 SCD를 만드는 복잡한 과정을 선택하는 것이 가장 좋은 방법이다.

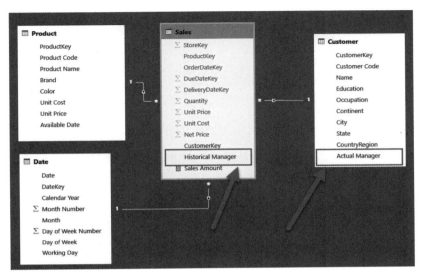

그림 5-28 팩트 테이블의 과거 매니저를 비정규화해 단순한 모델을 얻을 수 있다.

결론

SCD는 관리하기 어렵다. 하지만 관계에서 일어나는 일을 추적하고 미래에 일어날 일을 예측하는 것이 좋은 경우가 많기 때문에 SCD를 사용하는 것이 중요하다. 다음은 5장에서 기억해야 할 주요 내용이다.

- 변하는 것은 디멘션이 아니다. 디멘션의 속성 집합이다. 따라서 변화하는 데이터의 특징을 표현하는 적절한 방법은 서서히 변하는 속성을 이해하는 것이다.

- 과거를 분석할 때 과거의 속성을 사용한다. 미래를 예측하기 위해 현재의 데이터를 투영할 때 현재의 속성을 사용한다.

- 서서히 변하는 속성의 집합이 작다면 안전하게 이를 팩트 테이블에 비정규화할 수 있다. 이 속성들에 대한 디멘션이 필요하다면 별도로 과거 정보를 위한 디멘션을 만들 수 있다.

- 속성 수가 너무 많으면 로딩 처리가 너무 복잡해지고 에러가 발생하기 쉬우므로 반드시 SCD 패턴을 따라야 한다.

- SCD를 만든다면 팩트 테이블과 디멘션의 그래뉼래러티를 원래의 엔티티 대신 엔티티 버전으로 바꾸어야 한다.

- SCD를 관리할 때, 새로운 그래뉼래러티를 처리하기 위해 대부분의 수를 세는 계산을 조정해야 한다. 일반적으로 count 대신 distinct count를 사용한다.

CHAPTER 6

스냅샷 사용

스냅샷(snapshot)은 데이터 모델링에서 종종 사용하는 일종의 테이블이다. 1장에서 모델을 팩트 테이블과 디멘션으로 구분하는 개념에 대해 익숙해졌고 팩트 테이블은 이벤트 유형 즉 뭔가 발생하는 것이라고 배웠다. 그리고 SUM이나 COUNT, DISTINCTCOUNT와 같은 함수를 사용해 팩트 테이블 값의 합계를 구했다. 하지만 사실 팩트는 때로는 이벤트가 아니다. 때로는 팩트에 엔진의 온도, 매달 가게에 입장한 고객 수의 평균, 제품 수량과 같이 측정된 값을 저장하기도 한다. 이 모든 경우 이벤트의 측정식이 아닌 특정 시점의 측정값을 저장한다. 이런 모든 시나리오는 일반적으로 스냅샷으로 모델링한다. 또 다른 종류의 스냅샷은 현재 계좌의 잔고다. 팩트는 계좌의 개별 트랜잭션이고, 스냅샷은 특정 시점의 잔액 상태이다.

스냅샷은 팩트가 아니다. 이는 특정 시점에 측정한 값이다. 사실 스냅샷에서 아주 중요한 부분은 시간이다. 더 세분화된 정보는 너무 크거나 사용할 수 없기 때문에 모델에 스냅샷이 나타날 수 있다.

6장에서 이를 처리하는 방법에 대한 이해를 돕기 위해 몇 가지 종류의 스냅샷을 분석한다. 언제나 그렇듯 분석하는 모델은 표준 패턴으로 설명하는 것과는 약간 다를 수 있다. 여러분의 필요에 따라 이 책의 내용을 조절하고 모델의 개발에 창조성을 발휘할 수 있도록 한다.

시간에 따라 집계할 수 없는 데이터 사용

가게에서 주기적으로 재고를 확인한다. 재고 물품을 포함하는 테이블은 팩트 테이블이다. 하지만 지금 팩트는 뭔가 발생한 것이 아니라 해당 시점에 존재하는 무엇이다. 팩트 테이블은 "이 날짜에 가게에 있는 제품의 수는 x이다"를 말한다. 다음 달에 동일한 작업을 수행할 때는 사실이 다를 수 있다. 이것이 스냅샷이다. 즉, 그 시점에 사용 가능한 측정식이다. 운영 관점에서 보면 테이블에서 값을 계산할 가능성이 높고 디멘션과 연결되기 때문에 테이블은 팩트 테이블이다. 여기서 차이점은 구조보다 팩트의 특징을 사용한다는 것이다.

스냅샷의 또 다른 예제는 통화 환율이다. 통화 환율을 저장해야 한다면 날짜, 통화, USD와 같은 다른 기준 통화와 비교한 값을 포함하는 테이블에 저장할 수 있다. 이는 디멘션과 관련 있고 집계를 위해 사용할 것이므로 팩트 테이블이다. 하지만 발생한 이벤트를 저장하는 것은 아니다. 대신 해당 시점에 측정된 값을 저장한다. 나중에 11장, '다중 통화 작업'에서 환율 관리 방법에 대한 전체 내용을 다룰 것이다. 6장에서는 환율이 일종의 스냅샷이라는 점에 주목한다.

다음의 스냅샷을 구별하는 것이 좋다.

- **자연 스냅샷**Natural snapshots 본질적으로 스냅샷 형태의 데이터 집합이다. 예를 들어 매일 엔진의 물 온도를 측정한 팩트 테이블은 자연 스냅샷이다. 즉, 팩트는 측정식이고 이벤트는 그 측정값이다.

- **파생 스냅샷**Derived snapshots 스냅샷처럼 보이는 데이터 집합이지만 단지 이를 스냅샷처럼 생각하기 때문에 그렇게 다루는 것이다. 예를 들어 원 단위로 계좌 잔고를 저장한 팩트 테이블을 생각해보자. 매달 측정식은 잔고지만 실제로 계좌 잔고는 이전에 발생한 모든 트랜잭션(가산 또는 감산)의 합에서 파생된다. 따라서 데이터는 스냅샷 형식이지만 또한 원시 트랜잭션의 간단한 집계에 의한 계산된 것으로 볼 수 있다.

차이는 중요하다. 6장에서 배우겠지만 스냅샷 처리는 장점과 단점 모두 있다. 데이터를 표현할 수 있는 가장 좋은 방법을 선택해 장단점 사이에서 올바르게 균형을 잡아야 한다. 때로는 잔고를 저장하는 것이 좋지만 어떨 땐 트랜잭션을 저장하는 것이 좋다. 파생 스냅샷의 경우, 적절한 선택을 위한 자유(그리고 책임)가 있다. 하지만 자연 스냅샷에서는 데이터가 자연스럽게 스냅샷으로 제공되기 때문에 선택의 범위가 제한적이다.

스냅샷 집계

스냅샷의 데이터를 바르게 집계하는 방법을 배움으로 스냅샷 분석을 시작해보자. 매주 각
가게에서 각 제품의 수량에 대한 스냅샷을 포함하는 재고 팩트를 생각해보자. 모델은 그림
6-1과 같다.

처음에는 두 개의 팩트 테이블(Sales와 Inventory)이 있는 단순한 스타 스키마처럼 보이고
문제는 전혀 없어 보인다. 실제로 두 팩트 테이블에는 동일하게 날짜, 제품, 가게 그래뉼래
러티 디멘션이 있다. 두 테이블 사이에는 Inventory는 스냅샷인 반면 Sales는 보통의 팩트
테이블이라는 차이가 있다.

노트 | 이번 절에서 배울 것이지만, 스냅샷 테이블에서 값을 계산하는 것은 약간의 복잡성이 숨겨져 있다.
사실 정확한 계산식을 만드는 과정에서 많은 실수를 하고 이를 함께 분석할 것이다.

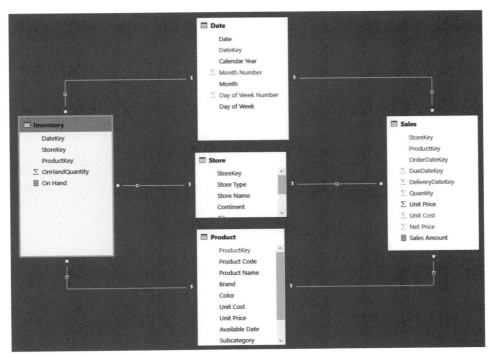

그림 6-1 Inventory 테이블에는 주 단위로 생성되는 재고 수량 스냅샷이 포함된다.

이제 Inventory 테이블을 살펴보자. 앞서 언급했듯이 Inventory는 모든 제품과 가게의 재고 수량 스냅샷을 포함한다. 다음의 코드를 사용해 쉽게 On Hand 칼럼을 집계하는 측정식을 만들 수 있다.

```
On Hand := SUM ( Inventory[OnHandQuantity] )
```

이 측정식을 사용해 파워 BI 데스크톱에서 각 제품의 값을 분석하는 매트릭스 보고서를 만들 수 있다. 그림 6-2는 독일의 여러 가게에 있는 한 종류의 스테레오 헤드폰에 대한 보고서다.

Product Name
- ☐ NT Bluetooth Active Headphones E202 Black
- ☐ NT Bluetooth Active Headphones E202 Red
- ☐ NT Bluetooth Active Headphones E202 Silver
- ☐ NT Bluetooth Active Headphones E202 White
- ■ NT Bluetooth Stereo Headphones E52 Black
- ☐ NT Bluetooth Stereo Headphones E52 Blue
- ☐ NT Bluetooth Stereo Headphones E52 Pink
- ☐ NT Bluetooth Stereo Headphones E52 Yellow
- ☐ NT Wireless Bluetooth Stereo Headphones E10...
- ☐ NT Wireless Bluetooth Stereo Headphones E10...
- ☐ NT Wireless Bluetooth Stereo Headphones E10...
- ☐ NT Wireless Bluetooth Stereo Headphones E10...
- ☐ NT Wireless Bluetooth Stereo Headphones E30...
- ☐ NT Wireless Bluetooth Stereo Headphones E30...
- ☐ NT Wireless Bluetooth Stereo Headphones E30...
- ☐ NT Wireless Bluetooth Stereo Headphones E30...
- ☐ NT Wireless Bluetooth Stereo Headphones M4...
- ☐ NT Wireless Bluetooth Stereo Headphones M4...
- ☐ NT Wireless Bluetooth Stereo Headphones M4...
- ☐ NT Wireless Bluetooth Stereo Headphones M4...
- ☐ NT Wireless Bluetooth Stereo Headphones M4...
- **Total**

Calendar Year	Month	Giebelstadt Store	Munich Store	obamberg Store	Total
CY 2007	January		6		6
	February		18		18
	March			8	8
	April	8	8	24	40
	May	24	18		42
	June			6	6
	July			20	20
	October	6	6	6	18
	November	18	18	18	54
	Total	**56**	**74**	**82**	**212**
CY 2008	May		34		34
	June	18	63		81
	July	42	42		84
	Total	**60**	**139**		**199**
CY 2009	November			20	20
	December			27	27
	Total			**47**	**47**
Total		**116**	**213**	**129**	**458**

그림 6-2 독일의 여러 가게에 있는 한 제품의 재고 수량을 보여준다.

보고서의 합계를 보면 문제를 쉽게 발견할 수 있다. 각 가게의 연간 합계가 잘못됐다. 실제로 11월에 Giebelstadt라는 가게에서 18개의 판매 가능한 헤드폰이 있다면, 2007년의 합계는 확실히 56이 아니다. 11월 이후에는 데이터가 없으므로 옳은 값은 0이 돼야 한다. 스냅샷은 주 단위이기 때문에, 월을 날짜 단위로 확장하면 월 단위에서도 보고되는 값이 잘못된 것을 알아챌 것이다. 그림 6-3에서 보면 월 단위 합계는 개별 날짜의 값을 합한 것이라는 점을 알 수 있다.

Calendar Year	Month	Date	Giebelstadt Store	Munich Store	obamberg Store	Total
CY 2007	January	1/27/2007		6		6
		Total		**6**		**6**
	February	2/3/2007		6		6
		2/10/2007		6		6
		2/17/2007		6		6
		Total		**18**		**18**
	March	3/3/2007			8	8
		Total			**8**	**8**
	April	4/7/2007			6	6
		4/14/2007			6	6
		4/21/2007	8	8	6	22
		4/28/2007			6	6
		Total	**8**	**8**	**24**	**40**
	May	5/5/2007	8	6		14
		5/12/2007	8	6		14
		5/26/2007	8	6		14
		Total	**24**	**18**		**42**

그림 6-3 월 단위 합계는 개별 날짜의 값을 합했고 결과적으로 잘못된 값이다.

스냅샷을 처리할 때 스냅샷은 가산 측정식을 생성하지 않는다는 사실을 기억한다. 가산 측정식은 모든 디멘션에서 SUM을 사용해 집계될 수 있는 측정식이다. 예를 들어 스냅샷에서는 가게들에 대해 집계할 때만 SUM을 사용하고 시간에 대해 집계할 때는 SUM을 사용할 수 없다. 스냅샷은 해당 시점에 유효한 정보의 집합이다. 그러나 총계 레벨에서 일반적인 합계를 사용해 집계하지 않는다. 예를 들어 모든 날짜별의 합계를 집계하지 않는다. 대신 마지막 유효값, 평균, 또는 다른 종류의 의미 있는 결과를 보여주는 집계를 고려해야 한다.

이는 정보가 있는 마지막 기간의 값을 보여주는 반가산 패턴을 사용해야 하는 전형적인 시나리오다. 예를 들어 4월을 살펴보면 데이터가 있는 마지막 날짜는 28일이다. DAX를 사용해 이 계산을 처리하는 여러 방법에 대해 알아보자.

표준 반가산 패턴에서 기간의 마지막 날짜를 가져오기 위해 LASTDATE 함수를 사용한다. 이 예제에서 4월을 선택했을 때 LASTDATE는 데이터가 없는 4월 30일이 되므로 이 예제에서는 유용하지 않은 함수다. 실제로 On Hand를 다음과 같이 수정하면 월별 합계가 없어질 것이다.

```
On Hand :=
CALCULATE (
    SUM ( Inventory[OnHandQuantity] ),
    LASTDATE ( 'Date'[Date] )
)
```

그림 6-4에서 월 단위의 합계가 비어 있는 것을 볼 수 있다.

Calendar Year	Month	Date	Giebelstadt Store	Munich Store	obamberg Store	Total
CY 2007	January	1/27/2007		6		6
		Total				
	February	2/3/2007		6		6
		2/10/2007		6		6
		2/17/2007		6		6
		Total				
	March	3/3/2007			8	8
		Total				
	April	4/7/2007			6	6
		4/14/2007			6	6
		4/21/2007	8	8	6	22
		4/28/2007			6	6
		Total				

그림 6-4 LASTDATE를 사용해 기간의 마지막 날짜를 가져오면 합계가 없어진다.

사용해야 하는 날짜는 데이터가 있는 마지막 날짜이고, 이는 해당 월의 마지막 날짜와 다를 수 있다. 이 경우 Inventory 테이블의 DateKey가 날짜고 따라서 다른 공식으로 해야 한다. 모든 날짜를 포함하는 Date 테이블에서 LASTDATE를 사용하는 대신, 가능한 날짜만 포함하는 Inventory 테이블의 Inventory date 칼럼에서 LASTDATE를 시도해야 한다. 고지식한 모델에서 이런 종류의 계산식을 여러 번 봤다. 하지만 불행히도 잘못된 합계 결과를 얻게 된다. 이는 DAX 모범 사례 중 하나를 위반하기 때문이다. 즉 관계에 속하는 칼럼에 대한 필터를 팩트 테이블에 적용하는 대신 디멘션에 적용하기 때문이다. 다음 코드를 사용해 측정식을 수정한 그림 6-5의 결과를 보며 이 동작을 분석해보자.

```
On Hand :=
CALCULATE (
    SUM ( Inventory[OnHandQuantity] ),
    LASTDATE ( Inventory[DateKey] )
)
```

Calendar Year	Month	Date	Giebelstadt Store	Munich Store	obamberg Store	Total
CY 2007	January	1/27/2007		6		6
		Total		**6**		**6**
	February	2/3/2007		6		6
		2/10/2007		6		6
		2/17/2007		6		6
		Total		**6**		**6**
	March	3/3/2007			8	8
		Total			**8**	**8**
	April	4/7/2007			6	6
		4/14/2007			6	6
		4/21/2007	8	8	6	22
		4/28/2007			6	6
		Total	**8**	**8**	**6**	**6**

그림 6-5 LASTDATE를 Inventory 날짜 칼럼에서 사용해도 여전히 잘못된 결과를 얻는다.

4월 합계를 보자. Giebelstadt와 Munich를 보면 4월 21일에 값이 있는 반면, Obamberg 의 경우 4월 28일에 있다. 하지만 세 가게의 총계는 6이고, 28일에 세 가게의 합계와 일치한다. 무슨 일이 벌어진 걸까? Munich와 Giebelstadt의 마지막 날짜(21일) 값과 Obamberg의 마지막 날짜(28일) 값을 계산하는 대신, 세 가게의 마지막 날짜가 28일이기 때문에 단순히 28일의 값으로 총계를 계산한 것이다. 즉 해당 값 6은 총계가 아니지만, 가 게 레벨의 부분적인 합계다. 사실 Giebelstadt와 Munich는 28일에 수량이 없으므로 월별 합계는 사용 가능한 마지막 값이 아닌 0이 보여야 한다. 따라서 총계를 구하는 바른 공식 은 최소한 한 가게에서 값이 있는 마지막 날짜를 검색해야 한다. 이 패턴을 위한 표준 방식 은 다음과 같다.

```
On Hand := CALCULATE (
    SUM ( Inventory[OnHandQuantity] ),
    CALCULATETABLE (
        LASTNONBLANK ( 'Date'[Date], NOT ( ISEMPTY ( Inventory ) ) ),
        ALL ( Store )
    )
)
```

또는 이와 같은 특수한 상황에서는 다음과 같이 사용할 수 있다.

```
On Hand := CALCULATE (
    SUM ( Inventory[OnHandQuantity] ),
```

```
LASTDATE (
    CALCULATETABLE (
        VALUES ( Inventory[Date] ),
        ALL ( Store )
    )
)
)
```

두 버전 모두 잘 동작한다. 여기서는 살펴볼 필요가 없지만 데이터 분포와 모델의 특징을 기반으로 사용할 버전을 결정할 수 있다. 요점은 수량을 계산하는 이 버전을 사용해 그림 6-6과 같이 원하는 결과를 얻을 수 있다는 점이다.

Calendar Year	Month	Date	Giebelstadt Store	Munich Store	obamberg Store	Total
CY 2007	January	1/27/2007		6		6
		Total		**6**		**6**
	February	2/3/2007		6		6
		2/10/2007		6		6
		2/17/2007		6		6
		Total				
	March	3/3/2007			8	**8**
		Total				
	April	4/7/2007			6	**6**
		4/14/2007			6	**6**
		4/21/2007	8	8	6	**22**
		4/28/2007			6	**6**

그림 6-6 마지막 공식으로 합계의 결과가 정확하다.

코드는 잘 실행되지만, 중요한 단점이 있다. 데이터가 있는 날짜를 찾을 때마다 Inventory 테이블을 훑어야만 한다는 점이다. 테이블의 날짜 개수와 데이터 분포에 따라 시간이 걸릴 수 있고 성능 저하로 이어질 수 있다. 이 경우 좋은 방법은 데이터를 메모리에 로드할 때 처리 과정에서 재고가 유효한 날짜의 계산을 예측하는 것이다. 이를 위해 Date 테이블에 주어진 날짜라 Inventory 테이블에 있는지 가리키는 계산된 칼럼을 생성할 수 있다. 다음 코드를 사용한다.

```
Date[RowsInInventory] := CALCULATE ( NOT ISEMPTY ( Inventory ) )
```

칼럼은 오직 두 개의 값 TRUE와 FALSE만 사용할 수 있는 부울이다. 게다가 이는 항상 크기가 작은 Date 테이블에 저장된다(10년의 데이터라고 하더라도 Date 테이블은 약 3,650줄을 처리할 뿐이다). 결과적으로 작은 테이블을 훑어 보는 것은 항상 빠르게 동작하는 반면 (백만 줄이 있을 수 있는) 팩트 테이블을 훑는 것은 그렇지 않다. 이렇게 칼럼을 준비한 후 다음과 같이 수량의 계산을 수정한다.

```
On Hand := CALCULATE (
    SUM ( Inventory[OnHandQuantity] ),
    LASTDATE (
        CALCULATETABLE (
            VALUES ( 'Date'[Date] ),
            'Date'[RowsInInventory] = TRUE
        )
    )
)
```

코드가 더 복잡해 보이더라도 부울 칼럼을 필터링해 작은 Date 테이블의 inventory 날짜를 검색하기 때문에 더 빠르다.

이 책은 DAX에 관한 책이 아니다. 데이터 모델링에 관한 책이다. 그렇다면 왜 반가산 측정식을 계산하기 위한 DAX를 분석에 많은 시간을 보낼까? 실제 데이터 모델링과 관련된 다음의 상세 내용에 주의하는 것이 좋기 때문이다.

- **스냅샷 테이블은 보통의 팩트 테이블과 다르다.** 시간에 따른 값을 합할 수 없다. 대신 비가산 공식(일반적으로 LASTDATE)을 사용해야 한다.

- **스냅샷 그래뉼래러티는 거의 개별 날짜가 아니다.** 일 단위 제품의 수량에 대한 스냅샷 테이블은 괴물로 변하기 쉽다. 아주 커서 성능이 매우 나빠진다.

- **반가산을 사용하고 그래뉼래러티를 바꾸면 문제가 될 수 있다.** 계산식은 작성하기 어려운 경향이 있다. 게다가 상세한 내용에 주의하지 않으면 성능이 나빠진다. 물론 정확한 방법으로 총계를 계산하지 않도록 쉽게 코드를 작성할 수 있다. 결과가 옳다고 생각하기 전에 모든 값은 다시 한 번 확인하는 것이 좋다.

- **코드를 최적화하기 위해 가능할 때마다 정보를 미리 계산한다.** date 테이블의 계산된 칼럼을 사용해 스냅샷에 존재하는 날짜에 대한 정보를 미리 계산한다. 이 작은 변화로 성능이 훨씬 더 좋아진다.

이번 절에서 배운 것은 거의 모든 종류의 스냅샷에 적용된다. 주식 가격이나 엔진의 온도, 또는 어떤 종류의 측정에 대한 처리를 해야 할 수 있다. 이들은 모두 같은 카테고리에 포함된다. 때로는 기간의 시작점에서의 값이 필요할 것이다. 또는 종료 시점의 값이 필요할 것이다. 하지만 스냅샷의 값을 집계하기 위해 단순하게 합산을 사용하는 경우는 거의 없을 것이다.

파생 스냅샷 이해

파생 스냅샷은 값을 간결하게 볼 수 있도록 사전에 집계한 테이블이다. 대부분 성능의 이유로 스냅샷을 생성한다. 값을 계산할 때마다 수십억 개의 줄을 집계해야 한다면 모델의 계산 작업을 줄이기 위해 스냅샷의 값을 미리 계산하는 것이 좋을 수 있다.

이는 좋은 생각이지만, 스냅샷 모델을 선택하기 전에 장단점의 균형을 잘 살펴야 한다. 매달 고객의 숫자 및 신규 고객과 재방문 고객을 구분해 보여주는 보고서를 만든다고 하자. 그림 6-7과 같이 매달 필요한 세 값을 포함하는 미리 계산된 테이블을 사용할 수 있다.

DateKey	Customers	NewCustomers	ReturningCustomers
20070131	182	182	0
20080131	40	27	13
20090131	21	10	11
20070228	154	147	7
20080229	54	40	14
20090228	47	39	8
20070331	152	148	4
20080331	61	56	5
20090331	49	42	7
20070430	185	177	8
20080430	100	94	6
20090430	26	19	7
20070531	153	143	10
20080531	43	38	5

그림 6-7 이 테이블은 새로운 고객과 재방문 고객을 스냅샷으로 포함한다.

미리 집계된 NewCustomers라는 이 테이블을 모델에 추가하고 Date 테이블과의 관계를
통해 조인할 수 있다. 이를 사용해 보고서를 생성할 수 있다. 그림 6-8은 결과 모델을 보여
준다.

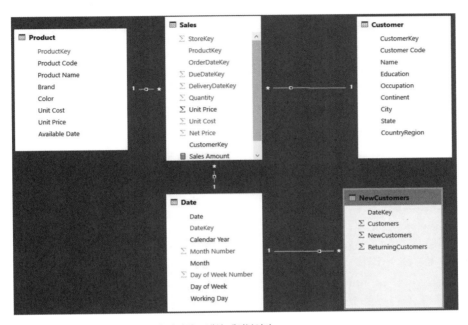

그림 6-8 NewCustomers는 모델에 연결된 스냅샷 테이블이다.

이 스냅샷은 월별로 오직 하나의 줄을 가져 전체 36개의 줄을 가진다. 팩트 테이블의 수백
만 줄과 비교하면 상당히 좋다. 실제로 이렇게 미리 계산된 값을 사용해 그림 6-9와 같이
판매 금액을 보여주는 보고서를 쉽게 생성할 수 있다.

Calendar Year	Month	Sales Amount	Customers	NewCustomers	ReturningCustomers
CY 2007	January	101,097.12	182	182	0
CY 2007	February	108,553.20	154	147	7
CY 2007	March	119,707.83	152	148	4
CY 2007	April	121,085.74	185	177	8
CY 2007	May	123,413.41	153	143	10
CY 2007	June	121,707.44	86	75	11
CY 2007	July	139,381.00	113	106	7
CY 2007	August	87,384.31	119	114	5
CY 2007	September	155,275.94	81	73	8
CY 2007	October	99,872.65	70	60	10
CY 2007	November	122,522.86	106	98	8
CY 2007	December	159,214.45	97	86	11
CY 2008	January	64,601.67	40	27	13
CY 2008	February	61,157.39	54	40	14

그림6-9 스냅샷을 사용해 월별 보고서를 쉽게 생성할 수 있다.

성능 관점에서 보면, 모든 숫자는 미리 계산돼 있고 밀리초 내에 볼 수 있으므로 상당히 훌륭한 보고서다. 그럼에도 불구하고 이와 같은 시나리오에서 속도에 대한 대가가 있다. 사실 이 보고서는 다음과 같은 문제가 있다.

- **소계를 생성할 수 없다.** 앞 절에서 본 스냅샷처럼 SUM을 사용한 집계로 소계를 생성할 수 없다. 이 경우 더 불행히도 모든 숫자가 distinct count로 계산된다. 즉 LASTDATE나 다른 기술을 사용해 집계할 수 없다는 의미다.

- **다른 속성으로 분할할 수 없다.** 같은 보고서에 관심이 있지만 어떤 종류의 제품을 구매한 고객에만 관심이 있다고 하자. 이 경우 스냅샷은 도움이 되지 않는다. 월보다 상세한 날짜나 다른 속성에서도 마찬가지다.

이 시나리오에서는 측정식을 사용해 동일한 계산을 저장할 수 있기 때문에 스냅샷이 가장 좋은 옵션이 아니다. 몇억 줄 이하의 테이블을 처리해야 한다면 파생 스냅샷은 좋은 옵션이 아니다. 일반적으로 실시간으로 계산하는 것이 성능이 더 좋고 유연하다.

그렇기는 하지만 유연성을 원하지 않거나 피해야 하는 시나리오가 있다. 이런 시나리오에서는 파생 스냅샷이라도 스냅샷이 데이터 모델의 정의에서 아주 중요한 역할을 한다. 다음 절에서는 이런 시나리오 중 하나인 전이 행렬transition matrix을 분석한다.

전이 행렬 이해

전이 행렬은 강력한 분석 모델을 만들기 위해 스냅샷을 광범위하게 사용하는 유용한 모델링 기법이다. 어려운 기술이지만 최소한 전이 행렬의 기본 개념을 이해하는 것이 좋다.

한 달에 얼마나 많이 구매했는가에 따라 고객의 순위를 매긴다고 가정하자. 그림 6-10과 같이 낮음, 보통, 높음의 세 고객 카테고리가 있고 각 카테고리의 경계를 저장하는 Customer Rankings 배열 테이블이 있다.

Rating	MinSale	MaxSale
Low	0	100
Medium	100	500
High	500	999999999

그림 6-10 고객 등급에 대한 Customer Rankings 배열 테이블

다음 코드를 사용해 이 배열 테이블을 기반으로 모델에 매월 각 고객의 순위를 매기는 계산된 테이블을 만들 수 있다.

```
CustomerRanked =
SELECTCOLUMNS (
    ADDCOLUMNS (
        SUMMARIZE ( Sales, 'Date'[Calendar Year], 'Date'[Month], Sales[CustomerKey] ),
        "Sales", [Sales Amount],
        "Rating", CALCULATE (
            VALUES ( 'Rating Configuration'[Rating] ),
            FILTER (
                'Ranking Configuration',
                AND (
                    'Ranking Configuration'[MinSale] < [Sales Amount],
                    'Ranking Configuration'[MaxSale] >= [Sales Amount]
                )
            )
        ),
        "DateKey", CALCULATE ( MAX ( 'Date'[DateKey] ) )
    ),
    "CustomerKey", [CustomerKey],
```

```
    "DateKey", [DateKey],
    "Sales", [Sales],
    "Rating", [Rating]
)
```

이 쿼리가 더 복잡해 보이지만 사실 결과는 간단하다. 월, 연도, 고객 키의 목록을 생성한다. 그리고 배열 테이블을 기반으로 각 고객에게 매월 등급을 매긴다. 결과 테이블 CustomerRanked는 그림 6-11과 같다.

DateKey	CustomerKey	Sales	Rating
20070228	11567	$1,136.46	High
20070228	11601	$2,302.68	High
20070228	4550	$607.96	High
20070228	6126	$627.00	High
20070228	10056	$3,383.15	High
20070228	6124	$313.50	Medium
20070228	6125	$313.50	Medium
20070228	6336	$313.50	Medium
20070228	6337	$313.50	Medium
20070228	6341	$313.50	Medium
20070228	956	$103.55	Medium

그림 6-11 순위 스냅샷은 월별로 고객의 등급을 저장한다.

고객이 구매한 금액에 따라 고객은 월별로 다르게 평가될 수 있다. 또는 몇 개월 동안 고객의 등급이 없을 수 있다(그 몇 개월 동안 고객이 아무것도 사지 않았다는 의미다). 모델에 테이블을 추가하고 적절하게 관계를 만들면 그림 6-12와 같은 데이터 모델이 될 것이다. 여기서 파생 스냅샷을 만든다고 생각하는 것이 맞다. CustomerRanked는 실제 팩트를 저장한 Sales를 기반으로 미리 메트릭을 계산한 파생 스냅샷이다.

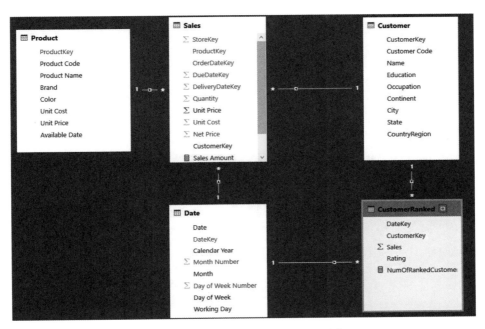

그림 6-12 언제나 그렇듯이 스냅샷은 모델에서 또 다른 팩트 테이블처럼 보인다.

이 테이블을 사용해 여러 달과 연도에 평가된 고객의 숫자를 보여주는 단순한 보고서를 만들 수 있다. 이 스냅샷은 각 고객이 전체 레벨에서 한 번만 고려되도록 반드시 distinct count를 사용해 집계해야 한다는 점에 주목한다. 다음 계산식을 사용해 그림 6-13의 보고서에 있는 측정식을 생성한다.

```
NumOfRankedCustomers :=
CALCULATE (
    DISTINCTCOUNT ( CustomerRanked[CustomerKey] )
)
```

Calendar Year	Month	Low	Medium	High	Total
CY 2007	January	87	40	55	**182**
	February	53	47	54	**154**
	March	43	55	54	**152**
	April	60	61	64	**185**
	May	41	46	66	**153**
	June	41	6	39	**86**
	July	35	22	56	**113**
	August	76	14	29	**119**
	September	12	23	46	**81**
	October	16	29	25	**70**
	November	38	22	46	**106**
	December	24	24	49	**97**
	Total	**526**	**389**	**583**	**1498**

그림 6-13 해당 등급의 고객 숫자를 세기 위해 스냅샷을 사용하는 것이 간단하다.

지금까지 앞 절에서 스냅샷을 사용하지 않기를 권한 시나리오 예제와 아주 비슷해 보이는 스냅샷 테이블을 만들었다. 여기서 차이는 무엇일까? 중요한 차이는 다음과 같다.

- 등급은 고객이 얼마나 많은 금액을 사용했는가에 따라 할당되고 어떤 제품을 구매했는가는 상관이 없다. 등급의 정의가 외부 선택과는 독립적이기 때문에 이를 미리 계산하고 이를 영원히 저장하는 것이 의미가 있다.

- 예를 들어 월 전체의 판매를 기반으로 등급을 할당하기 때문에 날짜 레벨로 더 분할하는 것은 의미가 없다. 그러므로 할당된 등급에 월의 개념이 포함된다.

이런 고려 사항으로 인해 스냅샷은 충분히 좋은 해결책이다. 그럼에도 불구하고 스냅샷을 사용하는 것이 좋은 더 중요한 이유가 있다. 이 스냅샷을 전이 행렬로 전환하고 더 많은 고급 분석을 수행할 수 있다는 점이다.

전이 행렬은 "2007년 1월 중간 등급인 고객이었던 고객의 등급이 어떻게 될까?"와 같은 질문의 답을 구하는 것이 목표다. 그림 6-14와 같은 보고서가 필요하다. 이 보고서는 2007년 1월에 중간 등급이었던 고객과 시간에 따른 그들의 등급을 보여준다.

Year Month

| January 2007 | ⌄ |

Rating

| Medium | ⌄ |

Calendar Year	Month	Low	Medium	High	Total
CY 2007	January		40		40
	April			1	1
	May	1			1
	November			1	1
	Total	**1**	**40**	**2**	**40**
CY 2009	June	4			4
	Total	**4**			**4**
Total		**5**	**40**	**2**	**40**

그림 6-14 전이 행렬은 고객 분석에 있어서 매우 강력한 관점을 제공한다.

그림 6-14는 2007년 1월, 40명의 고객이 중간 등급이었다는 것을 보여준다. 고객들 중 1명이 4월에 높은 등급이 됐고, 5월에 1명이 낮은 등급이 됐으며, 11월에 1명이 높은 등급이 됐다. 2009년 6원에는 40명의 고객 중 4명이 낮은 등급이 됐다. 보다시피 한 달에 해당 등급에 대한 필터를 설정했다. 이 필터는 고객의 집합을 확인한다. 그런 다음 다른 기간에 해당 고객의 행위에 대한 분석을 할 수 있다.

전이 행렬을 만들기 위해 다음의 고유한 두 작업을 수행해야 한다.

1. 주어진 등급의 고객과 날짜를 식별한다.

2. 다른 기간에 어떤 등급인지 확인한다.

첫 번째 작업부터 살펴보자. 먼저 특정 달에 해당 등급의 고객을 분리하는 것이 좋다. 스냅샷의 날짜와 등급을 수정하기 위해 구분자를 사용하는 것이 좋으므로 필터로 사용할 헬퍼 테이블이 필요하다. 이 내용을 이해하는 것이 중요하다. 스냅샷의 날짜 필터링에 대해 생각해보자(이 예제에서는 2007년 1월). Date 테이블을 필터로 사용하면 나중에 그 테이블을 시간에 따라 변화된 값을 보여주기 위해서도 사용한다. 즉, Date 테이블을 사용해 2007년 1월을 필터링하면 그 필터가 전체 모델에 영향을 미치고 2007년 2월의 변화된 값을 볼 수 없기 때문에 보고서를 만드는 것이 불가능해진다(또는 아주 어렵다).

스냅샷에서 Date 테이블을 필터로 사용할 수 없기 때문에 가장 좋은 옵션은 분할자의 소스로 쓸 수 있는 새로운 테이블을 만드는 것이다. 이런 테이블은 두 칼럼을 가진다. 하나는 다양한 등급이고 다른 하나는 팩트 테이블에서 참조하는 월이다. 다음 코드를 사용해 만들 수 있다.

```
SnapshotParameters =
SELECTCOLUMNS (
    ADDCOLUMNS (
        SUMMARIZE (
            CustomerRanked,
            'Date'[Calendar Year],
            'Date'[Month],
            CustomerRanked[Rating]
        ),
        "DateKey", CALCULATE ( MAX ( 'Date'[DateKey] ) )
    ),
    "DateKey", [DateKey],
    "Year Month", FORMAT (
        CALCULATE ( MAX ( 'Date'[Date] ) ),
        "mmmm YYYY"
    ),
    "Rating", [Rating]
)
```

결과 테이블(SnapshotParameters)은 그림 6-15와 같다.

그림 6-15 SnapshotParameters 테이블에는 세 개의 칼럼이 있다.

테이블에는 DateKey(숫자)와 Year Month(문자열)가 있다. 구분자에 문자열을 넣고 필터를 스냅샷 테이블에 이동시킬 때 대응되는 키를 가져올 수 있다.

이 테이블은 모델의 어떤 다른 테이블과도 연결되지 않아야 한다. 이는 단순한 헬퍼 테이블로 스냅샷 날짜와 스냅샷 등급을 위한 두 분할자 소스로 사용된다. 이제 데이터 모델을 준비했다. 등급의 시작점을 선택하고 매트릭스의 줄에 연도와 월을 넣을 수 있다. 다음 DAX 코드는 원하는 값을 계산할 것이다. 즉, 구분자에서 선택한 등급의 고객 수와 다른 기간의 다른 등급이다.

```
Transition Matrix =
CALCULATE (
    DISTINCTCOUNT ( CustomerRanked[CustomerKey] ),
    CALCULATETABLE(
        VALUES ( CustomerRanked[CustomerKey] ),
        INTERSECT (
            ALL ( CustomerRanked[Rating] ),
            VALUES ( SnapshotParameters[Rating] )
        ),
        INTERSECT (
            ALL ( CustomerRanked[DateKey] ),
            VALUES ( SnapshotParameters[DateKey] )
        ),
        ALL ( CustomerRanked[RatingSort] ),
        ALL ( 'Date' )
    )
)
```

이 코드는 한눈에 이해하기는 어렵지만 자세히 공부하기 위해 시간을 투자하기 바란다. 아주 강력한 몇 줄이므로 이를 이해하면 좋은 아이디어를 얻게 될 것이다.

코드의 핵심은 두 개의 INTERSECT를 호출하는 **CALCULATETABLE** 함수다. INTERSECT는 SnapshotParameters(구분자로 사용하는 테이블)의 선택 내용을 CustomerRanked의 필터로 적용하기 위해 사용된다. 두 개의 INTERSECT 호출이 있다. 하나는 날짜에 대한 호출이고 하나는 등급에 대한 호출이다. 이 필터가 준비되면 CALCULATETABLE은 해당 날짜에 해당 등급으로 평가된 고객의 키를 반환한다. 따라서 바깥쪽의 CALCULATE는 다른 기간에 평가된 고객 수를 계산하지만 CALCULATETABLE에서 선택된 고객 수만 처리하도록 제한한다. 결과 보고서는 그림 6-14와 같다.

모델링의 관점에서 이 같은 종류의 분석을 수행하기 위해 스냅샷이 필요하다는 사실이 흥미롭다. 사실 이 경우 해당 월에 특정 등급의 고객 집합을 확인하기 위해 스냅샷을 사용한다. 이 정보는 시간에 따른 그들의 행동을 분석하기 위해 필터로 더 많이 사용된다.

지금까지 다음의 중요한 점을 살펴봤다.

- 스냅샷은 계산을 멈추고 싶을 때 아주 훌륭하다. 이 예제에서 특정 달에 해당 등급이었던 고객에 초점을 맞추고 싶었다. 스냅샷은 이를 위한 쉬운 방법을 제공한다.

- 스냅샷 날짜를 필터링해야 하지만 필터를 모델로 전파하고 싶지 않다면, 테이블을 연결시키지 않고 INTERSECT를 사용해 필요한 필터를 활성화시킬 수 있다.

- 스냅샷을 도구로 사용해 고객에 대한 필터로 계산할 수 있다. 이 예제에서는 다양한 기간 동안의 해당 고객들의 행위를 확인하고 싶었다.

전이 행렬의 흥미로운 면은 더 복잡한 값을 계산하기 위해 사용할 수 있다는 점이다.

결론

스냅샷은 그래뉼래러티를 희생해 테이블의 크기를 줄이는 유용한 도구이다. 데이터를 미리 집계해 계산식이 훨씬 빨라진다. 게다가 전이 행렬 패턴을 사용하면서 보았듯이 스냅샷 데이터를 사용해 완전하게 분석할 수 있다. 그렇기는 하지만 스냅샷은 모델의 복잡성을 증가시킨다. 6장에서 살펴본 주요 내용은 다음과 같다.

- 스냅샷은 거의 항상 단순한 합계가 아닌 집계가 필요하다. 필요한 집계의 종류를 주의 깊게 분석하고 최악의 경우에도 소계를 구하는 것은 피한다.

- 스냅샷의 그래뉼래러티는 일반적인 팩트 테이블의 그래뉼래러티와는 다르다. 보고서를 만들 때 속도에 한계가 있으므로 이를 고려해야 한다.

- 모델이 너무 크지 않다면 파생 스냅샷을 피할 수 있다. DAX 코드를 최적화해 수용 가능한 성능을 얻지 못한다면 파생 스냅샷을 마지막 리소스로 사용한다.

- 전이 행렬에서 보았듯이 스냅샷은 데이터 분석의 새로운 가능성을 연다. 분석해야 하는 비즈니스의 종류에 따라 살펴볼 수 있는 더 많은 가능성이 있다.

스냅샷을 사용하는 것은 쉽지 않다. 6장에서는 일부 단순한 시나리오와 고급 시나리오를 살펴봤다. 단순한 시나리오를 살펴보고 더 어려운 시나리오에서 어떤 이점을 얻을 수 있는지 생각하는 시간을 가져보자. 그리고 천천히 스냅샷의 사용과 전이 행렬을 살펴본다. 6장의 일부 코드는 노련한 데이터 모델로조차도 작성하기 어려울 것이다. 그럼에도 필요하다면 전이 행렬은 데이터에서 통찰을 얻기에 매우 강력하다.

CHAPTER 7

날짜와 시간 간격 분석

4장, '날짜와 시간 처리'에서 타임 인텔리전스와 시간에 따른 계산에 대해 살펴봤다. 7장에서 다시 주요 분석 도구로 시간을 이용하는 일부 모델을 살펴볼 것이다. 하지만 이번에는 YTD나 전년 대비와 같은 계산에 관심을 갖지 않는다. 대신 분석의 초점은 시간이 되지만 반드시 분할을 위한 주요 디멘션일 필요는 없는 시나리오에 대해 알아본다. 따라서 기간 내 작업 시간, 서로 다른 시간에 다양한 프로젝트에 투입할 수 있는 직원 수, 그리고 현재 진행 중인 주문 수 계산과 같은 시나리오를 살펴볼 것이다.

이런 모델과 표준 모델의 차이는 무엇일까? 표준 모델에서 팩트는 매우 정확한 시점에 발생하는 하나의 이벤트다. 반면 이런 모델에서의 팩트는 일반적으로 일정 기간 동안의 이벤트고 얼마의 시간 동안 효과가 지속된다. 따라서 팩트 테이블에 저장하는 것은 이벤트의 날짜가 아닌 이벤트가 시작된 시점이다. 그리고 이벤트의 기간을 처리하기 위해 DAX와 모델을 사용해 작업해야 한다.

이런 모델에서는 시간과 기간, 시기와 같은 개념이 존재한다. 나중에 보겠지만 초점은 단지 시간별로 분할하는 것뿐만 아니라 기간별로 팩트를 분석하는 것이다. 시간 정보를 집계해야 하거나 고려해야 한다면 모델은 다소 복잡해진다. 신중한 모델링이 필요하다.

시간 데이터 소개

지금까지 데이터를 분할하기 위해 date 디멘션을 사용하는 것에 아주 익숙해졌다. 값을 분할(slice)하거나 다이스(dice)하기 위해 date 디멘션을 사용해 시간에 따른 팩트의 행위를 분석할 수 있다. 팩트에 대해 이야기할 때 보통 이벤트와 관련된 숫자를 함께 생각한다. 판매한 아이템 수, 그 가격, 또는 고객의 연령 등을 예로 들 수 있다. 하지만 때로 팩트는 해당 시점에 발생하지 않는다. 대신 주어진 시점에 시작하고 일정 기간 동안 효과가 지속된다.

일반적인 노동자를 한번 생각해보자. 노동자는 주어진 날짜에 일을 했고, 얼마간 일을 했으며, 특정 금액을 벌었다는 사실을 모델링할 수 있다. 이 모든 정보를 보통의 팩트 테이블로 저장한다. 동시에 일한 시간을 숫자로 모델에 저장할 수 있고 월말에 이 데이터를 요약할 수 있다. 이런 경우 그림 7-1과 같은 단순한 모델이 정확한 것처럼 보인다. 여기서 두 개의 디멘션 Workers와 Date가 있고, 관련 키와 값이 있는 팩트 테이블 Schedule이 있다.

그림 7-1 이 수치는 작업 일정을 처리하는 단순한 데이터 모델을 보여준다.

하루에 일하는 시간에 따라 노동자의 임금률이 서로 다를 수 있다. 야간 근무는 일반적으로 주간 근무보다 급여가 많다. Schedule 테이블의 내용을 보여주는 그림 7-2에서 오후 6시에 시작하는 근무조의 시간당 임금이 더 높은 것을 볼 수 있다(Amount를 HoursWorked로 나누어 이 비율을 구할 수 있다).

WorkerId	Date	TimeStart	HoursWorked	Amount
1	1/1/2016	9:00:00 AM	8	160
1	1/15/2016	6:00:00 PM	6	180
1	1/31/2016	9:00:00 PM	9	360
2	1/1/2016	9:00:00 AM	8	160
2	1/15/2016	6:00:00 PM	5	150
2	1/31/2016	9:00:00 PM	8	320
1	2/1/2016	9:00:00 AM	4	80
1	2/15/2016	6:00:00 PM	3	90
1	2/29/2016	9:00:00 PM	8	320
2	2/1/2016	9:00:00 AM	6	120
2	2/15/2016	6:00:00 PM	5	150
2	2/29/2016	9:00:00 PM	8	320

그림 7-2 Schedule 테이블 내용이다.

이제 이 단순한 데이터세트를 사용해 월 단위로 일한 시간과 노동자가 벌어들인 총액 보고서를 만들 수 있다. 매트릭스는 그림 7-3과 같다.

Year ▼	Month Name	Michelle	Paul	Total
2016	January	21	23	**44**
	February	19	15	**34**
	Total	**40**	**38**	**78**
Total		**40**	**38**	**78**

그림 7-3 schedule 데이터 모델을 사용한 간단한 매트릭스 보고서

한눈에 보기에 숫자가 정확해 보인다. 하지만 각 기간(1월이나 2월)의 마지막 날에 주목해서 그림 7-2를 다시 살펴보자. 1월의 마지막 날 오후 9시에 근무를 시작했고 기간 때문에 다음날로 연장되는 것을 알 수 있다. 게다가 해당 월의 마지막 날이기 때문에 다음 달로도 이어진다. 1월 31일 금액의 일부는 2월에 계산되고, 2월 29일의 금액 일부는 3월에 계산될 필요가 있다고 말하는 것이 더 정확하다. 데이터 모델은 이런 결과를 생성하지 않는다. 대신 모든 시간이 근무를 시작한 날 한 것처럼 보이고, 이는 사실이 아니다.

단지 소개하는 절이기 때문에 상세한 해결 방법까지 다루지 않는다. 이는 7장의 나머지 부분에서 살펴볼 것이다. 여기서의 요점은 데이터 모델이 정확하지 않다는 점이다. 문제는 팩트 테이블에 저장된 각 이벤트의 기간이 있고, 이 기간은 팩트 테이블에 정의된 그래뉼

래러티 밖으로까지 효과가 지속된다. 다시 말해, 팩트 테이블은 하루 단위의 그래뉼래러티를 갖는데, 저장된 팩트는 다른 여러 날짜와 관련된 정보를 포함할 수 있다. 이 때문에 다시 한 번 그래뉼래러티 문제가 생긴다. 기간을 분석해야 할 때마다 아주 유사한 시나리오가 생긴다. 기간이 있는 각 팩트는 유사한 시나리오를 갖게 되고 많은 주의를 기울여 처리해야 한다. 그렇지 않으면 결국 실제 세상을 정확하게 표현하지 못하는 데이터 모델이된다.

이 데이터 모델이 틀렸다는 말이 아니다. 이는 데이터 모델이 답하길 바라는 질문의 종류 따라 다르다. 현재 모델은 많은 보고서에서 정상 동작하지만, 특정 분석에서는 충분히 정확하지 않다. 어쩌면 교대 근무가 시작되는 달에 전체 금액이 출력돼야 한다고 결정할 수 있고, 대개 이것이 타당하다. 하지만 이 책은 데이터 모델링에 관한 책이므로 다양한 요구 사항에 맞는 모델을 만들어야 한다.

7장에서 이 예제와 같은 시나리오를 다루며 저장해야 하는 데이터를 제대로 반영하는 시나리오를 모델링하는 방법을 배울 것이다.

단순 간격 집계

간격 분석의 복잡성을 자세하게 다루기 전에 단순한 시나리오부터 시작해보자. 이 절에서는 모델에서 time 디멘션을 바르게 정의하는 방법을 살펴본다. 사실 대부분의 시나리오에서 time 디멘션을 관리해야 하고 이를 모델링하는 방법을 배워야 한다.

일반적인 데이터베이스에서 날짜와 시간을 하나의 칼럼에 저장한 DateTime 칼럼을 볼 것이다. 따라서 2017년 1월 15일 오전 9시 30분에 시작된 이벤트는 정확한 시점을 저장하는 하나의 칼럼을 가질 것이다. 비록 소스 데이터베이스에서 찾은 데이터라고 해도 이를 날짜와 시간의 두 서로 다른 칼럼으로 나누는 것이 좋다. 이유는 파워 피벗과 파워 BI의 엔진 Tabular가 큰 디멘션보다 작은 디멘션과 더 잘 동작하기 때문이다. 날짜와 시간을 하나의 칼럼에 저장하면 훨씬 더 큰 디멘션이 필요하다. 각각의 날짜에 모든 시와 분을 저장해야 하기 때문이다. 이 정보를 두 칼럼으로 나누면 date 디멘션의 그래뉼래러티는 일 단위가 되고 time 디멘션의 그래뉼래러티는 시간이 된다. 예를 들어 10년의 데이터가 있다면 date 디멘션에는 약 3,650줄이 필요하고 분 레벨까지 처리하면 time 디멘션에는 1,440줄이 필요하다. 반면 하나의 date/time 디멘션은 3,650과 1,440의 곱인 5,256,000줄이 필요하다. 쿼리의 속도 차이가 아주 크다.

물론 모델에 데이터를 추가하기 전에 날짜/시간 칼럼을 두 칼럼으로 분할하는 작업을 해야 한다. 즉, 모델에서 날짜/시간 칼럼을 로드하고 이 관계를 기반으로 두 개의 계산된 칼럼 즉 날짜와 시간을 만들 수 있다. 그렇기는 하지만 날짜/시간 칼럼을 사용하지 않을 것이므로 이 칼럼이 사용하는 메모리는 자원 낭비다. 엑셀 또는 파워 BI 쿼리 편집기를 사용해 분할하는 것이 메모리의 낭비를 줄이면서 같은 결과를 얻을 수 있고, 고급 사용자는 SQL 뷰를 사용해 분할할 수 있다. 그림 7-4는 단순한 time 디멘션이다.

Time	Hour	Minute	HourMinute	TimeIndex
00.00	00	00	00:00	0
00.01	00	01	00:01	1
00.02	00	02	00:02	2
00.03	00	03	00:03	3
00.04	00	04	00:04	4
00.05	00	05	00:05	5
00.06	00	06	00:06	6
00.07	00	07	00:07	7
00.08	00	08	00:08	8
00.09	00	09	00:09	9
00.10	00	10	00:10	10

그림 7-4 분 레벨 그래뉼래러티의 아주 기본적인 time 디멘션이다.

단지 시 단위와 분 단위만 포함하는 time 디멘션이라면, 아주 상세한 수준까지 분석을 수행할 필요가 없는 경우 그다지 유용하지 않다. 여러 버킷에 데이터를 그룹화할 수 있도록 디멘션에 속성을 추가할 가능성이 높다. 예를 그림 7-5에서 두 개의 칼럼을 추가해 (저녁, 아침 등과 같이) 하루의 시간 또는 시간별 버킷을 그룹화할 수 있다. 그리고 Time 칼럼의 형식을 다시 맞춘다.

Time	Hour	Minute	HourMinute	TimeIndex	Hour Range	Day Period
00.00	00	00	00:00	0	From 00:00 to 01:00	Night
00.01	00	01	00:01	1	From 00:00 to 01:00	Night
00.02	00	02	00:02	2	From 00:00 to 01:00	Night
00.03	00	03	00:03	3	From 00:00 to 01:00	Night
00.04	00	04	00:04	4	From 00:00 to 01:00	Night
00.05	00	05	00:05	5	From 00:00 to 01:00	Night
00.06	00	06	00:06	6	From 00:00 to 01:00	Night
00.07	00	07	00:07	7	From 00:00 to 01:00	Night
00.08	00	08	00:08	8	From 00:00 to 01:00	Night
00.09	00	09	00:09	9	From 00:00 to 01:00	Night
00.10	00	10	00:10	10	From 00:00 to 01:00	Night

그림 7-5 계산된 칼럼을 사용해 다양한 버킷의 시간으로 그룹화할 수 있다.

시간 버킷을 분석할 때 특별히 주의를 기울여야 한다. 사실 time 디멘션을 분 레벨로 정의하고 버킷을 사용해 그룹화하는 것이 아주 자연스러워 보이지만, 버킷 레벨에서 디멘션을 정의할 수도 있다. 즉, 분 레벨의 데이터(보통의 경우)를 분석하고 싶지 않고 30분 레벨로 분석하고 싶다면 전체 디멘션은 1,440줄이 아닌 48줄이 된다. 이렇게 하면 할당되는 큰 팩트 테이블을 아낄 수 있으므로 규모와 RAM 및 쿼리 속도라는 두 면에서 엄청나게 절감할 수 있다. 그림 7-6은 그림 7-5와 같지만 30분 레벨로 저장한 time 디멘션이다.

물론 30분 레벨로 시간을 저장하면 테이블의 인덱스로 사용하는 팩트 테이블의 칼럼을 계산해야 할 것이다. 그림 7-6에서는 자동으로 가산되는 단순한 칼럼을 사용하는 대신 Hours×60+Minutes를 인덱스로 사용했다. 이는 날짜/시간에서 출발해 팩트 테이블의 시간 키를 계산하기 훨씬 쉽다. 복잡한 범위 검색을 하지 않고 이렇게 단순하게 계산해 시간 키를 얻을 수 있다.

Time	Hour	Minute	HourMinute	TimeIndex	Hour Range	Day Period
03.00	03	00	03:00	180	From 03:00 to 04:00	Night
03.30	03	30	03:30	210	From 03:00 to 04:00	Night
04.00	04	00	04:00	240	From 04:00 to 05:00	Night
04.30	04	30	04:30	270	From 04:00 to 05:00	Night
05.00	05	00	05:00	300	From 05:00 to 06:00	Night
05.30	05	30	05:30	330	From 05:00 to 06:00	Night
06.00	06	00	06:00	360	From 06:00 to 07:00	Night
06.30	06	30	06:30	390	From 06:00 to 07:00	Night
07.00	07	00	07:00	420	From 07:00 to 08:00	Morning
07.30	07	30	07:30	450	From 07:00 to 08:00	Morning
08.00	08	00	08:00	480	From 08:00 to 09:00	Morning
08.30	08	30	08:30	510	From 08:00 to 09:00	Morning

그림 7-6 30분 레벨로 저장해 테이블이 훨씬 작아졌다.

아주 중요한 사실을 다시 한 번 반복한다. 날짜와 시간은 분리된 칼럼으로 저장해야 한다. 여러 해에 걸쳐 다양한 고객의 다양한 요구 사항을 컨설팅한 결과, 하나의 날짜/시간 칼럼이 가장 좋은 해결책인 경우는 아직 많이 찾지 못했다. 이는 날짜/시간 칼럼을 저장하는 것이 금지된 것은 아니라는 말이다. 날짜/시간 칼럼이 유일하게 실행 방법인 경우가 아주 드물게 있다. 하지만 이는 날짜/시간 칼럼이 좋은 경우는 거의 없으므로 항상 기본적으로 칼럼을 나눈다. 하지만 만약에 아주 강력하게 필요하다면 마음을 바꿀 준비는 돼 있다. 말할 필요도 없이 이는 일반적으로 발생하지 않는다.

날짜를 넘기는 간격

앞 절에서 time 디멘션의 모델링 방법을 배웠다. 이제 이벤트가 발생하는 시나리오를 더 자세히 소개하고 분석할 시간이다. 이 시나리오는 기간을 포함하고 다음날까지 걸쳐질 수도 있다.

기억하듯이 작업한 시간을 저장한 Schedule 테이블을 봤다. 노동자는 교대 근무를 늦은 저녁에 (심지어는 밤에) 시작할 수 있었기 때문에 근무일이 다음날까지 걸쳐질 수 있었고 분석하기가 어려웠다. 그림 7-7과 같은 데이터 모델을 다시 살펴보자.

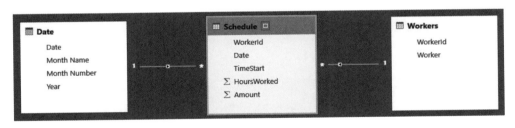

그림 7-7 작업 스케줄을 처리하는 단순한 데이터 모델

먼저 DAX 코드를 사용해 올바르게 이 모델을 분석하는 방법을 알아보자. DAX를 사용하는 것이 최적의 해결 방법이 아니라는 사실은 알고 있다. 이는 단지 적절한 모델을 사용해 작업하지 않으면 코드가 얼마나 복잡해질 수 있는지 보여주기 위한 예제다.

이 특별한 예제에서 교대 근무는 두 날짜에 걸쳐질 수 있다. 그날 일한 시간을 먼저 계산하고 다음날로 넘어간 시간을 제거해 실제로 일한 시간을 구할 수 있다. 이렇게 한 후에 전 날짜에서 현재 날짜로 걸쳐진 근무 시간이 있다면 이를 반드시 더해야 한다. 이는 다음의 DAX 코드로 구할 수 있다.

```
Real Working Hours =
--
-- Computes the working hours in the same day
--
SUMX (
    Schedule,
    IF (
        Schedule[TimeStart] + Schedule[HoursWorked] * ( 1 / 24 ) <= 1,
        Schedule[HoursWorked],
        ( 1 - Schedule[TimeStart] ) * 24
    )
)
--
-- Check if there are hours today, coming from a previous day that overlapped here
--
+ SUMX (
    VALUES ( 'Date'[Date] ),
    VAR
        CurrentDay = 'Date'[Date]
    RETURN
        CALCULATE (
            SUMX (
                Schedule,
                IF (
                    Schedule[TimeStart] + Schedule[HoursWorked] * ( 1 / 24 ) > 1,
                    Schedule[HoursWorked] - ( 1 - Schedule[TimeStart] ) * 24
                )
            ),
            'Date'[Date] = CurrentDay - 1
        )
)
```

이 코드는 그림 7-8과 같이 바른 값을 반환한다.

Year ▼	Month Name	Date	Michelle	Paul	Total
2016	January	1/1/2016	8	8	16
		1/15/2016	5	6	11
		1/31/2016	3	3	6
		Total	**16**	**17**	**33**
	February	2/1/2016	11	10	21
		2/15/2016	5	3	8
		2/29/2016	3	3	6
		Total	**19**	**16**	**35**
	March	3/1/2016	5	5	10
		Total	**5**	**5**	**10**
	Total		**40**	**38**	**78**
Total			**40**	**38**	**78**

그림 7-8 새로운 측정값은 특정 날짜의 정확한 작업 시간을 보여준다.

문제가 해결된 것처럼 보인다. 하지만 여기서 실제 문제는 이런 측정값을 작성하고 싶은가이다. 여기서는 이 책을 써야 했고 또 이것이 얼마나 복잡한지 시연해야 했기에 이런 측정식을 작성했지만 아마도 다른 옵션이 있을 것이다. 이렇게 복잡한 코드에서는 실수를 할 가능성이 아주 많다. 게다가 이는 연이은 두 날짜라는 특별한 경우에만 동작한다. 만약 이벤트가 2일 이상 지속되면 이 코드는 훨씬 더 복잡해지고 따라서 문제가 발생할 가능성도 높아진다.

이 책에서 일반적으로 그랬듯이 (그리고 실제 세계에서도) 복잡한 DAX 코드를 작성하는 것이 해결 방법이 아니다. 가장 좋은 해결 방법은 이를 모델링해야 하는 데이터를 더 정확하게 반영하도록 데이터 모델을 바꾸는 것이다. 그러면 코드는 단순해질 것이다(그리고 더 빨라질 것이다).

이 모델을 바꾸는 몇 가지 옵션이 있다. 7장 초반에서 예상했듯이 문제는 잘못된 그래뉼래러티로 데이터를 저장하는 것이다. 직원이 하루에 실제 일한 시간으로 분할하려면, 그리고 야간 근무를 실제 달력 날짜에 속하는 것으로 간주하고 싶다면 그래뉼래러티를 바꿔야 한다. 팩트를 "이 날짜에 시작했고, 노동자는 몇 시간 일했다"라고 저장하는 대신 "해당 날짜에 얼마나 많은 시간 동안 일했다"로 저장해야 한다. 예를 들어 노동자가 9월 1일 교대 근무를 시작해 9월 2일에 끝났다면, 두 줄을 저장할 것이다. 한 줄은 9월 1일의 시간이고 한 줄은 9월 2일의 시간으로, 한 줄을 여러 줄로 나누는 것이다.

따라서 이전 테이블의 각 줄은 새로운 데이터 모델에서 여러 줄이 될 수 있다. 노동자가 늦은 저녁에 근무를 시작하면 그 근무를 위한 두 줄 즉, 일을 시작한 날과 시작 시간을 위한 한 줄 그리고 다음날과 자정부터 시작해 남은 시간을 위한 한 줄을 저장할 것이다. 근무 시간이 여러 날짜에 걸쳐지면, 여러 줄을 생성할 수 있다. 물론 이는 더 복잡한 데이터를 준비해야 하고, 이는 꽤 복잡한 M 코드를 포함하기 때문에 여기서 다루지 않는다. 하지만 관심이 있다면 참고 콘텐츠에서 볼 수 있다. 결과의 Schedule 테이블은 그림 7-9와 같이 전날부터 연속돼 자정에 시작하는 날짜를 볼 수 있다. 일한 시간은 Extract, Transform, Load(ETL)로 저장했다.

WorkerId	Amount	Date	TimeStart	HoursWorked
1	160	1/1/2016	9:00:00 AM	8
1	180	1/15/2016	6:00:00 PM	6
1	360	1/31/2016	9:00:00 PM	3
1	360	2/1/2016	12:00:00 AM	6
1	80	2/1/2016	9:00:00 AM	4
1	90	2/15/2016	6:00:00 PM	3
1	320	2/29/2016	9:00:00 PM	3
1	320	3/1/2016	12:00:00 AM	5
2	160	1/1/2016	9:00:00 AM	8
2	150	1/15/2016	6:00:00 PM	5
2	320	1/31/2016	9:00:00 PM	3
2	320	2/1/2016	12:00:00 AM	5
2	120	2/1/2016	9:00:00 AM	6
2	150	2/15/2016	6:00:00 PM	5
2	320	2/29/2016	9:00:00 PM	3
2	320	3/1/2016	12:00:00 AM	5

그림 7-9 Schedule 테이블은 일 레벨로 그래뉼래러티가 낮다.

모델의 그래뉼래러티를 바로잡는 수정으로 인해 이제 단순한 SUM을 사용해 값을 집계하기 쉽다. 이렇게 해 정확한 결과를 얻고, 이전에 본 복잡한 DAX 코드는 피할 것이다.

신중한 독자라면 HoursWorked를 포함하는 필드를 수정했지만 Amount와 동일한 작업은 하지 않았다는 사실을 알아챘을 수 있다. 사실 총계를 합해서 보여주는 현재 모델을 집계하면 잘못된 결과를 얻을 것이다. 이는 자정을 넘어가기 때문에 생성됐을 수 있는 다른 날을 위해 집계되기 때문이다. 모델에서 이 작은 실수를 더 살펴보기 위해 의도적으로 그렇게 했다.

쉬운 해결 방법은 하루 중 일한 시간을 그 근무 때에 일한 전체 시간으로 나눠 금액을 바로 잡는 것이다. 해당 날짜에 처리돼야 하는 금액의 비율을 얻어야 한다. 이는 분석을 위한 데이터를 준비할 때 ETL 과정의 일부로 처리될 수 있다. 하지만 더 정밀하게 보면 시간당 급여는 하루 중 어떤 시간인가에 따라 달라질 가능성이 있다. 서로 다른 시간당 급여가 섞인 근무가 있을 수 있다. 이런 경우라면 다시 한 번 데이터 모델은 충분히 정확하지 않다.

시간당 급여가 다르면 다시 그래뉼래러티를 시간 단위로 변경해 데이터 모델의 그래뉼래러티를 낮게 (즉, 더 높은 수준의 세부 사항으로) 바꿔야 한다. 시간당 하나의 팩트를 저장하거나 시간당 급여가 바뀌지 않을 때 미리 집계해 이를 쉽게 처리할 수 있다. 유연성 측면에서 볼 때, 시간 레벨로 바꾸는 것은 더 자유롭고 보고서를 만들기 쉽다. 해당 시점에서 다른 날짜로 넘어가는 시간을 분석하는 옵션도 있기 때문이다. 값을 미리 집계하는 경우가 더 복잡할 수 있다. 하지만 그래뉼래러티가 낮으면 팩트 테이블의 줄 수는 많아진다. 데이터 모델링에서 항상 그렇듯이 크기와 분석력 사이에서 완벽하게 균형을 잡아야 한다.

이 예제에서는 시간 레벨의 그래뉼래러티로 바꾸기로 하고 그림 7-10과 같은 모델을 생성했다.

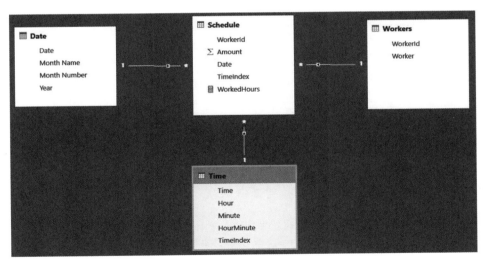

그림 7-10 새 측정값은 정확한 날짜에 일한 시간을 보여준다.

이 모델에서 팩트는 "이날, 이 시간에 직원이 일했다"를 말한다. 가장 낮은 그래뉼래러티로 더욱 상세하게 만들었다. 여기서 일한 시간을 계산하기 위해 SUM을 수행할 필요도 없다. 사실 일한 시간을 얻기 위해 다음의 WorkedHours 측정값처럼 Schedule의 줄 수를 세는 것으로 충분하다.

```
WorkedHours := COUNTROWS ( Schedule )
```

시간의 중간에 근무를 시작한 경우, 측정값의 일부로 시간에 분 단위 근무 시간을 저장할 수 있고, SUM을 사용해 집계한다. 또는 아주 극단적으로 그래뉼래러티를 더 낮게 30분 또는 심지어 분 단위 레벨로 바꿀 수 있다.

말했듯이 날짜와 시간을 나누었을 때의 가장 큰 이점은 시간 자체를 날짜와 상관없이 디멘션으로 분석할 수 있다는 점이다. 노동자가 대부분 일한 근무를 분석하고 싶다면 그림 7-11과 같은 간단한 매트릭스를 만들 수 있다. 7장 초반에 설명했던 것처럼, 이 그림에서는 24줄만 포함하는 하루 단위의 time 디멘션 버전을 사용했다. 시간에만 관심이 있기 때문이다.

Day Period	Michelle	Paul	Total
Morning	8	8	**16**
Afternoon	6	4	**10**
Evening	16	15	**31**
Night	10	11	**21**
Total	**40**	**38**	**78**

그림 7-11 날짜와 상관없이 시간 단위의 기간 분석을 보여준다.

여기서 시간당 급여(아마도 일종의 배열 테이블이 필요할 것이다)를 계산할 수 있고, 모델에서 더 훌륭한 분석을 할 수 있다. 그럼에도 불구하고 이 설명에서 적절한 그래뉼래러티를 찾기에만 집중했다. 여기서 이 예제 분석을 멈출 수 있다.

이 설명에서 중요한 내용은 적절한 그래뉼래러티를 찾음으로 아주 복잡한 DAX 표현을 단순하게 바꾼 것이다. 동시에 데이터 모델의 분석력을 높였다. 같은 개념을 얼마나 많이 반복했는지 알고 있다. 하지만 이런 식으로 수행하려는 분석에 따라 모델에 필요한 그래뉼래러티를 자세하게 분석하는 것이 얼마나 중요한지 알 수 있다.

원본 데이터가 어떠했는지는 중요하지 않다. 모델러로써 모델에 필요한 형태가 될 때까지 데이터를 계속해서 조작해야 한다. 최적의 형태가 됐을 때, 모든 값을 빠르고 쉽게 얻을 수 있다.

교대 근무와 시간 근무 모델링

앞 예제에서 쉬운 교대 근무 시나리오를 분석했다. 사실 노동자가 근무를 시작한 시간이 모델의 일부였다. 이는 아주 일반적인 시나리오이고 아마도 보통 데이터 분석가가 다루는 시나리오보다 복잡하다.

실제 낮 동안의 근무 시간을 고정하는 것이 더 일반적인 시나리오다. 예를 들어 노동자는 하루 여덟 시간을 일하면, 한 달 동안 노동자들은 서로 다른 세 종류의 교대 근무를 할당받을 수 있다. 이들 중 하나는 다음날로 넘어가고 시나리오는 이전 시나리오와 비슷하다.

시간이 변하는 또 다른 예제는 주어진 채널을 보는 사람의 숫자를 분석하고 싶은 시나리오로, 쇼 시청자의 구성을 알기 위해 일반적으로 사용한다. 예를 들어 쇼가 오후 11시 30분에 시작하고 두 시간 동안 지속된다면 다음날 끝난다는 의미가 된다. 그럼에도 불구하고 이전 날에 포함시키는 것이 좋다. 자정 30분 후에 시작하는 쇼는 어떨까? 이를 한 시간 먼저 시작하는 쇼와 비교하고 싶을까? 두 쇼는 시작하는 시간과 상관없이 같은 시간 동안 방송되기 때문에 대답은 그렇다일 것이다. 둘 중 하나를 선택할 가능성이 높다.

시간의 정의를 넓혀야 하는 이 두 시나리오를 위한 흥미로운 해결 방법이 있다. 교대 근무의 경우, 해결 방법은 시간을 완전히 무시하는 것이다. 팩트 테이블에 시작 시간을 저장하는 대신 단순하게 근무 번호를 저장하고 이 근무 번호를 사용해 분석할 수 있다. 분석에서 시간을 고려해야 하면 가장 좋은 옵션은 그래뉼래러티를 낮추고 이전의 해결 방법을 사용하는 것이다. 하지만 대부분 간단히 모델에서 시간의 개념을 없애 해결한다.

시청자 분석 시나리오는 약간 다르고 솔루션은 약간 이상하지만 단순하다. 자정 직후 발생한 이벤트를 이전 날에 속하도록 간주해 하루의 시청자를 분석할 때 자정 이후 발생한 합계만 고려한다. 그렇게 하기 위해 시간을 이동시키는 알고리즘을 구현할 수 있다. 예를 들어 자정을 하루의 시작으로 보는 대신, 오전 2시에 시작하는 것으로 한다. 그리고 표준 시간에서 두 시간을 더해 시간 범위가 00:00부터 24:00가 아니라 02:00부터 26:00가 되도록 한다. 이 특정 예제에서 24시간 형식을 사용하는 것이 오전/오후를 사용하는 것보다 낫다는 사실에 주목한다.

그림 7-12는 시간을 이동시키는 기술을 사용한 일반적인 보고서이다. 사용자 정의 기간은 02:00에서 시작해 25:59에 끝난다. 전체 시간은 여전히 24시간이지만 이 방법으로 시간을 이동시켜 하루의 시청자를 분석할 때 다음날의 처음 두 시간도 포함한다.

Date

4/7/2007 ∨			
CustomPeriod ▲	Elementary Schoool	Middle School	University
02:00 - 06:59	10,067.46	25,018.60	1,415.84
07:00 - 08:59	18,475.77	48,784.07	7,690.13
09:00 - 11:59	47,470.48	95,504.44	14,268.88
12:00 - 14:59	65,762.05	119,570.51	11,174.80
15:00 - 17:59	71,332.52	109,397.22	19,694.87
18:00 - 20:29	73,224.83	133,068.51	19,587.23
20:30 - 22:29	56,335.09	80,823.25	19,095.64
22:30 - 25:59	41,825.78	64,199.56	11,762.30
Total	**45,129.44**	**79,795.58**	**11,925.10**

그림 7-12 시간을 이동시키는 기술을 사용해 하루가 자정이 아닌 02:00에 시작한다.

확실히 이런 시나리오 데이터를 로딩할 때 변환을 수행해야 할 것이다. 하지만 보통의 날짜/시간에는 25:00와 같은 시간이 없으므로 DateTime 칼럼은 사용할 수 없을 것이다.

진행 중인 이벤트 분석

7장에서는 기간의 개념을 사용하는 팩트 테이블을 다룬다. 이런 종류의 이벤트를 분석할 때마다 흥미로운 모델은 해당 기간에 얼마나 많은 이벤트가 진행 중인지 분석하는 모델이다. 이벤트가 시작하고 아직 끝나지 않았다면 진행 중인 이벤트로 볼 수 있다. 판매 모델의 주문을 포함해 서로 다른 종류의 이벤트가 많다. 하나의 주문을 받고 처리되고 배송된다.

영수증의 날짜와 배송 날짜 사이 기간 동안 주문은 진행 중이다(물론 이 분석을 수행하는 동안 추가로 배송과 수령 사이에 대해서도 주문이 진행 중이지만 다른 상태에 있다고 생각할 수 있다).

단순하게 만들기 위해 이렇게 서로 다른 상태의 복잡한 분석을 하지 않는다. 여기서는 진행 중인 이벤트를 분석하기 위해 데이터 모델을 만드는 방법에 관심을 가진다. (시작 날짜와 종료 날짜가 있는) 보험 정책과 보험 청구, 식물 재배 주문, 기계류의 품목 생성 등 다양한 시나리오에서 이런 모델을 사용할 수 있다. 이런 모든 경우에 이벤트(재배 식물, 주문 처리, 또는 전체 이벤트 등)를 사실로 기록한다. 하지만 이벤트 자체는 이벤트가 끝날 때까지 실행되는 과정을 가리키는 둘 이상의 날짜가 있다.

이 시나리오를 처리하기 전에 주문을 분석할 때 처리해야 하는 첫 번째 고려 사항을 살펴보자. 이 책의 전반에서 사용하는 데이터 모델은 제품, 날짜, 고객 레벨의 그래뉼래러티를 가진다. 따라서 하나의 주문이 10개의 서로 다른 제품을 포함하면 Sales 테이블에 10개의 줄이 표시된다. 그림 7-13과 같은 모델을 볼 수 있다.

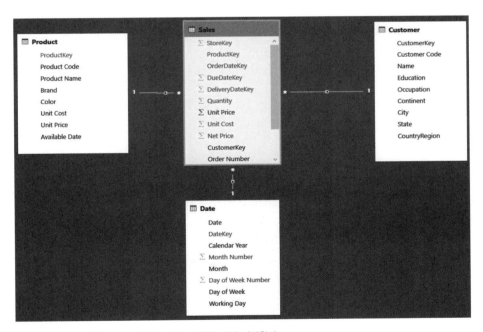

그림 7-13 이 모델의 팩트 테이블은 개별 판매에 대해 저장한다.

이 모델에서 주문 수를 세고 싶다면 Sales에서 Order Number 칼럼의 고유 값을 세어야한다. 해당 주문 번호가 여러 번 반복되기 때문이다. 게다가 주문이 여러 포장으로 배송되면하나의 주문에 대해 배송 날짜가 다른 여러 줄이 된다. 그러므로 완료되지 않은 주문을 분석하고 싶다면 모델의 그래뉼래러티가 잘못됐다. 사실은 주문의 모든 제품이 배송 완료됐을때만 전체 주문이 배송됐다고 볼 수 있다. 약간 복잡한 DAX 코드를 사용해 주문의 마지막제품이 배송된 날짜를 계산할 수 있지만, 이 경우에는 주문만 저장하는 새로운 팩트 테이블을 만드는 것이 더 쉽다. 이렇게 하면 그래뉼래러티가 낮아지고 줄 수가 줄어들 것이다.줄 수를 줄이는 것이 계산 속도를 빠르게 하고 distinct count를 피할 수 있는 이점이 있다.

Orders 테이블을 만드는 첫 번째 단계는 SQL을 사용하거나 또는 예제에서처럼 다음의 코드를 사용해 계산된 테이블을 사용할 수 있다.

```
Orders =
SUMMARIZECOLUMNS (
    Sales[Order Number],
    Sales[CustomerKey],
    "OrderDateKey", MIN ( Sales[OrderDateKey] ),
    "DeliveryDateKey", MAX ( Sales[DeliveryDateKey] )
)
```

새 테이블은 줄 수가 작고 칼럼도 작다. 또한 마지막 제품의 배송을 전체 배송으로 고려해실질적인 배송 날짜를 확인하는 첫 번째 계산 단계를 이미 포함하고 있다. 필요한 관계를생성한 결과 데이터 모델은 그림 7-14와 같다.

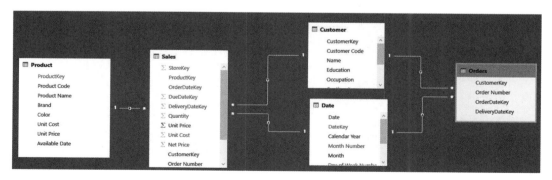

그림 7-14 새 데이터 모델은 서로 다른 그래뉼래러티를 갖는 두 팩트 테이블을 포함한다.

Orders 테이블은 Product와 관계가 없는 것을 볼 수 있다. Order가 헤더이고 Sales가 디테일인 표준 헤더/디테일 테이블을 사용하는 시나리오를 모델링할 수 있다는 점에 주목한다. 이런 경우 2장, '헤더/디테일 테이블 사용'에서 살펴봤던 모든 주의 사항을 고려해야 한다. 이번 절에서 Order 테이블만 사용하기를 원하므로 헤더/디테일 관계는 무시한다. 따라서 그림 7-15와 같이 단순화한 모델을 사용할 것이다(참고 파일에서 Orders가 Sales에 의존하기 때문에 Sales 테이블이 여전히 존재한다. 하지만 세 개의 테이블에만 집중할 것이다).

그림 7-15 이번 데모를 위해 사용하는 단순 모델

모델을 준비한 후 다음 코드를 사용해 완료되지 않은 주문의 수를 계산하는 DAX 측정값을 만들 수 있다.

```
OpenOrders :=
CALCULATE (
    COUNTROWS ( Orders ),
    FILTER (
        ALL ( Orders[OrderDateKey] ),
        Orders[OrderDateKey] <= MIN ( 'Date'[DateKey] )
    ),
    FILTER (
        ALL ( Orders[DeliveryDateKey] ),
        Orders[DeliveryDateKey] > MAX ( 'Date'[DateKey] )
    ),
    ALL ( 'Date' )
)
```

코드 자체는 복잡하지 않다. 중요한 점은 Order와 Date 사이에 OrderDateKey를 기반으로 하는 관계가 있기 때문에 Date 테이블에서 ALL을 사용해 이에 영향을 받지 않도록 해야 한다. 이를 잊어버리면 잘못된 결과를 반환할 것이다. 기본적으로 주문과 같은 숫자다. 측정값 자체는 받은 주문의 수와 완료되지 않은 주문 수를 보여주는 그림 7-16과 같이 잘 동작한다.

Calendar Year	Month	Date	OrdersReceived	OpenOrders
CY 2007	January	2/1/07	10	10
		3/1/07	10	20
		4/1/07	15	35
		5/1/07	2	37
		6/1/07		37
		7/1/07	6	43
		8/1/07		42
		9/1/07	9	50
		10/1/07	15	61
		11/1/07	5	62
		12/1/07	9	66
		13/1/07	6	64
		14/1/07		60
		15/1/07	9	61

그림 7-16 보고서는 받은 주문 수와 완료되지 않은 주문 수를 보여준다.

측정값을 확인하기 위해 받은 주문과 배송된 주문을 하나의 보고서에서 보는 것이 유용하다. 3장, '다중 팩트 테이블 사용'에서 배운 기술로 Order와 Date 사이의 새로운 관계를 추가해 얻을 수 있다. 이번에는 관계는 배송 날짜를 기반으로 하고 모델 모호성을 피하기 위해 비활성화 상태로 둔다. 다음과 같은 방법으로 새 관계를 사용해 OrdersDelivered 측정값을 구할 수 있다.

```
OrdersDelivered :=
CALCULATE (
    COUNTROWS ( Orders ),
    USERELATIONSHIP ( Orders[DeliveryDateKey], 'Date'[DateKey] )
)
```

그림 7-17에서 볼 수 있는 보고서는 읽고 확인하기 쉽다.

Calendar Year	Month	Date	OrdersReceived	OrdersDelivered	OpenOrders
CY 2007	January	2/1/07	10		10
		3/1/07	10		20
		4/1/07	15		35
		5/1/07	2		37
		6/1/07			37
		7/1/07	6		43
		8/1/07		1	42
		9/1/07	9	1	50
		10/1/07	15	4	61
		11/1/07	5	4	62
		12/1/07	9	5	66
		13/1/07	6	8	64
		14/1/07		4	60
		15/1/07	9	8	61

그림 7-17 OrdersDelivered 측정값을 추가해 보고서를 이해하기 쉽다.

이 모델은 일 레벨에서 정확한 답을 제공한다. 하지만 달 레벨에서 (또는 일 이상의 다른 레벨에서) 심각한 단점이 있다. 사실 보고서에서 날짜를 제거하고 월만 남기면 결과는 놀랍게도 그림 7-18처럼 OpenOrders 측정값이 항상 공백이 된다.

Calendar Year	Month	OrdersReceived	OrdersDelivered	OpenOrders
CY 2007	January	194	134	
	February	167	184	
	March	170	176	
	April	203	165	
	May	174	187	
	June	108	139	
	July	132	122	
	August	136	137	
	September	104	114	
	October	93	82	
	November	124	126	
	December	121	130	
	Total	**1726**	**1696**	

그림 7-18 월 레벨에서 측정값의 결과가 잘못됐다(비어 있다).

문제는 한 달 이상 지속되는 주문이 없고, 측정값은 해당 기간의 첫날 이전에 주문을 받고 그 기간(이 예제에서는 한 달)이 끝난 후에 배송된 주문의 수를 반환한다. 필요에 따라 기간의 마지막에 완료되지 않은 주문의 값을 보여주도록 또는 해당 기간 동안 완료되지 않은 주문의 평균값을 보여주도록 측정값을 업데이트해야 한다. 예를 들어 기간의 마지막에 완료되지 않은 주문은 다음의 코드를 사용해 만들 수 있다. 단순하게 원래의 계산식에 LASTDATE 필터를 추가했다.

```
OpenOrders :=
CALCULATE (
    CALCULATE (
        COUNTROWS ( Orders ),
        FILTER (
            ALL ( Orders[OrderDateKey] ),
            Orders[OrderDateKey] <= MIN ( 'Date'[DateKey] )
        ),
        FILTER (
            ALL ( Orders[DeliveryDateKey] ),
            Orders[DeliveryDateKey] > MAX ( 'Date'[DateKey] )
        ),
        ALL ( 'Date' )
    ),
    LASTDATE ( 'Date'[Date] )
)
```

새 계산식을 사용해 그림 7-19와 같이 원하던 월 레벨의 결과를 얻었다.

Calendar Year	Month	OrdersReceived	OrdersDelivered	OpenOrders
CY 2007	January	194	134	60
	February	167	184	43
	March	170	176	37
	April	203	165	75
	May	174	187	62
	June	108	139	31
	July	132	122	41
	August	136	137	40
	September	104	114	30
	October	93	82	41
	November	124	126	39
	December	121	130	30
	Total	**1726**	**1696**	**30**

그림 7-19 보고서는 월 레벨에서 그달의 마지막 날까지 완료되지 않은 주문을 보여준다.

이 모델은 정상 동작하지만, (엑셀 2013과 SQL 서버 분석 서비스 2012 및 2014의) 오래된 버전의 엔진에서는 성능이 저하될 수 있다. 파워 BI와 엑셀 2016의 새 엔진에서는 빠르지만,

여전히 측정값의 성능이 좋지 않다. 이런 낮은 성능의 정확한 이유는 이 책의 범위를 벗어나지만, 간단히 말해 필터링 조건이 관계를 사용하지 않는다는 사실이 문제라고 할 수 있다. 대신 엔진은 계산식 엔진이라고 하는 느린 부분에서 두 조건문의 값을 구한다. 반면 관계에만 의존하는 방법으로 모델을 만들면 계산식이 빨라질 것이다.

이 결과를 얻기 위해 팩트 테이블의 팩트 의미를 수정해 데이터 모델을 변경해야 한다. 시작과 종료 날짜를 사용해 주문 기간을 저장하는 대신 "이 날짜에 주문이 여전히 완료되지 않았다"라고 하는 더 단순한 팩트를 저장할 수 있다. 이 팩트 테이블은 Order Number와 DateKey의 두 칼럼이 필요하다. 더 나아가 이 모델에서는 고객 키를 추가해 주문을 고객별로 분할할 수 있도록 했다. 새 팩트 테이블은 다음의 DAX 코드를 통해 얻을 수 있다.

```
OpenOrders =
SELECTCOLUMNS (
    GENERATE (
        Orders,
        VAR CurrentOrderDateKey = Orders[OrderDateKey]
        VAR CurrentDeliverDateKey = Orders[DeliveryDateKey]
        RETURN
        FILTER (
            ALLNOBLANKROW ( 'Date'[DateKey] ),
            AND (
                'Date'[DateKey] >= CurrentOrderDateKey,
                'Date'[DateKey] < CurrentDeliverDateKey
            )
        )
    ),
    "CustomerKey", [CustomerKey],
    "Order Number", [Order Number],
    "DateKey", [DateKey]
)
```

 노트 | 테이블을 위한 DAX 코드를 제공했지만 쿼리 편집기나 SQL 뷰를 사용해 데이터를 만들 가능성이 높다. DAX가 SQL과 M보다 더 간결하기 때문에 DAX 코드를 선호하지만, 성능 면에서 가장 좋은 방법이라고 여기지 않기 바란다. 이 책은 구축하는 방법에 대한 성능이 아닌 데이터 모델 자체에 초점을 맞춘다.

그림 7-20과 같은 데이터 모델을 볼 수 있다.

그림 7-20 새 Open Orders 테이블은 완료되지 않은 주문만 포함한다.

이 새로운 모델에서 하나의 주문이 완료되지 않았을 때의 전체 로직을 테이블에 저장한다. 때문에 결과 코드는 훨씬 단순하다. Open Orders 측정값은 다음의 DAX 한 줄이다.

```
Open Orders := DISTINCTCOUNT ( OpenOrders[Order Number] )
```

주문이 여러 번일 수 있기 때문에 여전히 고유한 수를 세야 하지만 전체 로직은 테이블로 이동했다. 이 측정값의 가장 큰 이점은 DAX의 빠른 엔진만 사용한다는 점과 엔진의 캐시 시스템을 더 잘 활용한다는 점이다. OpenOrders 테이블은 원래의 팩트 테이블보다 커졌지만 데이터는 단순하고 더 빠를 가능성이 높다. 이 경우 이전 모델과 같이 월 레벨의 집계는 원치 않은 결과로 이어진다. 사실 월 레벨에서 이전 모델은 기간의 시작 때 열려 있고 종료 때 닫히지 않은 주문을 반환해 결과적으로 빈 값을 얻었다. 반면 이 모델에서 월 레벨은 한 달 기간 동안 하루라도 열려 있었던 주문의 전체 숫자가 된다.

Calendar Year	Month	Open Orders
CY 2007	January	194
	February	227
	March	213
	April	240
	May	249
	June	170
	July	163
	August	177
	September	144
	October	123
	November	165
	December	160
	Total	**1726**

그림 7-21 이 새 모델은 월 레벨에서 해당 기간 내에 열린 주문을 반환한다.

이를 처리 중인 주문의 평균 또는 월말에 처리 중인 주문으로 바꾸기 위해서는 다음 두 계산식을 사용한다.

```
Open Orders EOM := CALCULATE ( [Open Orders], LASTDATE ( ( 'Date'[Date] ) ) )
Open Orders AVG := AVERAGEX ( VALUES ( 'Date'[DateKey] ), [Open Orders] )
```

예제의 결과 보고서는 그림 7-22에서 볼 수 있다.

Calendar Year	Month	Open Orders	Open Orders EOM	Open Orders AVG
CY 2007	January	194	60	56
	February	218	43	61
	March	207	37	55
	April	236	75	60
	May	240	62	57
	June	166	31	42
	July	154	41	42
	August	173	40	44
	September	143	30	38
	October	119	41	30
	November	160	39	42
	December	154	30	39
	Total	**1726**	**30**	**47**

그림 7-22 이 보고서는 총계, 평균, 월말에 처리 중인 주문 수를 나타낸다.

처리 중인 주문을 계산하는 것은 CPU에 상당히 의존적인 작업이다. 몇백만의 주문을 처리해야 한다면 보고서가 느려질 수 있다. 이런 경우, DAX 코드를 제거하고 계산적인 로직을 테이블로 더 이동시키는 것에 대해 고려할지 모른다. 좋은 예제는 날짜와 처리 중인 주문 수를 저장하는 팩트 테이블을 만들어 일 레벨의 값을 미리 계산하는 것이다. 이 동작을 수행해 필요한 모든 값이 이미 계산돼 있는 아주 단순한 (그리고 작은) 팩트 테이블을 얻고, 코드는 작성하기 쉬워진다.

다음 코드를 사용해 사전에 집계된 테이블을 생성할 수 있다.

```
Aggregated Open Orders =
FILTER (
    ADDCOLUMNS (
        DISTINCT ( 'Date'[DateKey] ),
        "OpenOrders", [Open Orders]
```

```
    ),
    [Open Orders] > 0
)
```

결과 테이블은 날짜 테이블과 그래뉼래러티가 같기 때문에 아주 작다. 따라서 몇천 줄을 포함한다. 이 모델은 주문 번호와 고객 키가 없고 날짜를 사용하는 하나의 관계만 가지므로 이 시나리오를 위해 분석한 모델 중 가장 단순하다. 그림 7-23에서 볼 수 있다(참고 파일에는 더 많은 테이블이 있다. 이번 절의 뒤에서 설명할 전체 모델을 포함하기 때문이다).

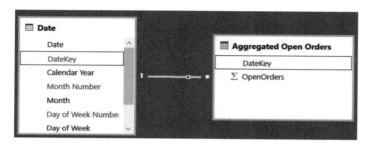

그림 7-23 처리 중인 주문을 사전에 집계해 데이터 모델이 놀랍도록 단순해졌다.

이 모델에서 처리 중인 주문의 수를 세는 방법은 OpenOrders의 칼럼을 SUM으로 계산할 수 있으므로 가장 단순하다.

여기서 세심한 독자는 데이터 모델링을 배우는 과정에서 몇 단계 뒤로 물러섰다고 반대할 수 있다. 사실 이 책의 앞 부분에서 사전에 모든 것이 계산된 하나의 테이블을 사용하는 것은 분석력을 제한한다고 했다. 값이 테이블에 없다면 더 상세한 레벨로 분할하거나 새 값을 계산하는 능력을 잃기 때문이다. 게다가 6장, '스냅샷 사용'에서 스냅샷의 사전 집계는 거의 쓸모가 없다고 했고, 지금은 쿼리의 성능을 향상시키기 위해 스냅샷을 만든다.

어떤 규모에서는 이 비판이 맞지만, 이 모델에 대해 조금 더 생각해보기 바란다. 소스 데이터는 여전히 사용 가능하다. 이번에 한 것은 분석력을 떨어뜨리지 않는다. 대신 최상의 성능을 찾기 위해 대부분의 계산 로직을 포함하는 DAX를 사용해 스냅샷을 만들었다.

이 방법으로 처리 중인 주문 값처럼 계산이 많은 숫자는 사전 집계된 테이블에서 모을 수 있지만 동시에 전체 판매 금액처럼 계산이 적은 값은 원래의 팩트 테이블로 되찾을 수 있다. 따라서 이 모델의 표현 능력을 잃지 않았다. 대신 필요할 때 팩트 테이블을 추가해 표현 능력을 높였다. 그림 7-24는 이번 절에서 만든 전체 모델이다. 명백히 하나의 모델에서 이 모든 테이블을 만들지는 않을 것이다. 목적은 이번 긴 설명 중에 처리 중인 주문이 어떻게 공존할 수 있는지 생성한 모든 팩트 테이블을 보여주고, 모델에 대한 다른 통찰력을 제공하기 위해서다.

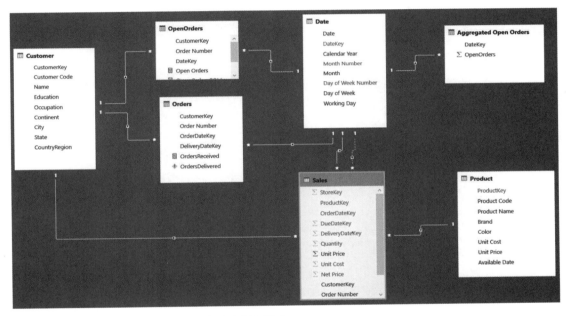

그림 7-24 모든 팩트 테이블을 모은 전체 모델은 상당히 복잡하다.

데이터 모델의 크기와 필요한 관점에 따라 전체 모델의 일부만 만들 것이다. 여러 번 언급했듯이 목적은 데이터 모델을 만드는 다양한 방법과 얼마나 좋은 모델인가에 따라 DAX 코드가 쉽거나 어려워지는 것을 보여주는 것이다. DAX 코드에 따라 각 접근 방법의 유연성 또한 바뀐다. 항상 그렇듯이 균형을 잘 찾고, 언제나처럼 분석 필요성이 변하면 모델을 바꿀 준비를 하는 것이 데이터 모델러의 일이다.

서로 다른 기간의 혼합

시간과 기간을 처리할 때, 가끔은 일정 기간 동안 유효한 정보를 저장하는 몇몇 테이블이 있을 것이다. 직원들을 관리할 때 두 개의 테이블이 있을 수 있다. 첫 번째 테이블에는 일하고 있는 가게와 일을 하고 있는 시점 표시다. 두 번째는 직원의 총 급여를 저장하고, 다른 소스에서 가져왔을 수 있다. 두 테이블의 시작과 끝 날짜는 맞을 필요가 없다. 직원 월급은 한 날짜에 바뀔 수 있고, 직원은 다른 날짜에 다른 가게로 전환될 수 있다.

이 시나리오를 접하면 이를 저장하기 위해 아주 복잡한 DAX 코드를 작성하거나 바른 정보를 저장하고 코드를 사용하기 쉽도록 데이터 모델을 변경할 수 있다. 그림 7-25의 데이터 모델을 먼저 살펴보자.

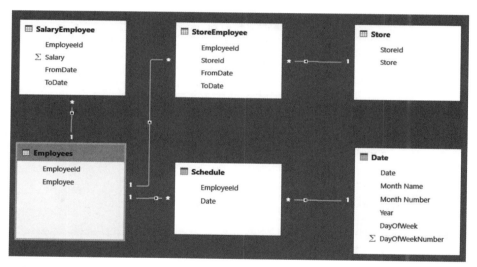

그림 7-25 서로 다른 가게에 할당되고 서로 다른 급여를 받는 직원을 보여주는 데이터 모델

이번 모델은 약간 복잡하다. 다음은 덧붙이는 설명이다.

- SalaryEmployee　직원의 급여와 시작 날짜와 종료 날짜를 저장한다. 따라서 각 급여의 기간이 있다.

- StoreEmployee   직원의 가게 할당과 시작 날짜, 종료 날짜를 저장한다. 즉 이 경우에도 기간이 있고 이 기간은 SalaryEmployee와는 다를 수 있다.

- Schedule   직원이 일한 날을 저장한다.

다른 테이블(Store, Employees, Date)은 직원 이름, 가게 이름을 저장한 단순한 테이블과 표준 캘린더 테이블이다.

데이터 모델은 초과 근무, 직원의 총 급여를 보여주는 보고서를 만들 수 있도록 모든 필요한 정보를 저장한다. 사용자는 가게 또는 직원으로 분할할 수 있다. 그 말은 해당 날짜에 다음을 수행해야 하기 때문에 작성해야 하는 측정값이 아주 복잡하다는 의미다.

1. 해당 직원의 SalaryEmployee에서 FromDate와 ToDate를 분석해 해당 날짜의 실제 급여를 가져온다. 여러 직원을 선택하면 각 직원에 대해 개별적으로 이 작업을 수행해야 할 것이다.

2. 해당 시점에 직원이 할당된 가게를 가져온다.

모델에서 바로 얻을 수 있는 단순한 보고서부터 시작한다. 직원당 근무일수를 연 단위로 구분한다. 관계가 설정돼 있기 때문에 Schedule을 캘린더의 연도와 직원 이름으로 분할할 수 있다. 다음과 같은 간단한 측정값을 작성할 수 있다.

```
WorkingDays := COUNTROWS ( Schedule )
```

측정값을 작성했다면 보고서의 첫 부분은 그림 7-26에서 보듯 복잡하지 않다.

Employee	Year	WorkingDays
Michelle	2015	261
Michelle	2016	119
Paul	2015	261
Paul	2016	42
Total		**683**

그림 7-26 근무일수를 연도와 직원으로 분할해 나타낸다.

먼저 2015년의 직원 2인 Michelle의 총 급여를 확인해보자. 그림 7-27은 SalaryEmployee 테이블에 저장된 급여 값이다.

EmployeeId	Salary	FromDate	ToDate	DailySalary
1	100000	1/1/2015	6/30/2015	$274.00
1	125000	7/1/2015	11/30/2015	$342.00
1	150000	12/1/2015	2/29/2016	$411.00
2	120000	1/1/2015	6/30/2015	$329.00
2	160000	7/1/2015	6/15/2016	$438.00

그림 7-27 날짜에 따라 각 직원의 급여가 바뀐다.

Michelle은 2015년에 두 개의 서로 다른 급여액이 있다. 따라서 계산식은 하루 단위로 해당 날짜의 급여를 확인해 반복 계산해야 한다. 이번에는 조건부 관계이기 때문에 관계에 의존할 수 없다. 급여는 현재 날짜를 포함하는 FromDate와 ToDate 칼럼에 의해 정의되는 범위를 가진다.

다음의 측정값 정의에서 볼 수 있듯이 코드를 작성하기 어렵다.

```
SalaryPaid =
SUMX (
    'Schedule',
    VAR SalaryRows =
        FILTER (
            SalaryEmployee,
            AND (
                SalaryEmployee[EmployeeId] = Schedule[EmployeeId],
                AND (
                    SalaryEmployee[FromDate] <= Schedule[Date],
                    SalaryEmployee[ToDate] > Schedule[Date]
                )
            )
        )
    RETURN
        IF ( COUNTROWS ( SalaryRows ) = 1, MAXX ( SalaryRows, [DailySalary] ) )
)
```

복잡성은 조건 사이를 평가하는 복잡한 **FILTER** 함수를 통해 필터를 이동해야 한다는 사실에서 온다. 뿐만 아니라, 급여가 존재하고 고유하며 계산식의 결과를 반환하기 전에 검증을 해야 한다. 제공되는 데이터 모델이 정확하면 계산식은 동작한다. 어떤 이유든 급여 테이블의 날짜가 겹치면 결과는 잘못될 수 있다. 이를 확인하고 발생 가능한 에러를 바로잡기 위해 더 많은 로직이 필요하다.

이 코드를 작성하면 그림 7-28과 같이 각 기간에 지급된 급여를 보여주도록 보고서를 개선할 수 있다.

Employee	Year	WorkingDays	SalaryPaid
Michelle	2015	261	$99,928.00
Michelle	2016	119	$51,684.00
Paul	2015	261	$81,461.00
Paul	2016	42	$16,851.00
Total		**683**	**$249,924.00**

그림 7-28 연도와 직원에 따른 근무일수를 나타낸다.

가게에 따라 분할하려면 시나리오는 더 복잡해진다. 사실 가게로 분할할 때, 각 직원이 해당 가게에서 일한 기간만 처리하는 것이 좋다. 가게 필터를 고려하고 Schedule에서 직원이 그 가게에서 일했을 때의 줄만 필터링하기 위해 사용해야 한다. 따라서 다음 코드를 사용해 Schedule 테이블 주위에 FILTER를 추가해야 한다.

```
SalaryPaid =
SUMX (
    FILTER (
        'Schedule',
        AND (
            Schedule[Date] >= MIN ( StoreEmployee[FromDate] ),
            Schedule[Date] <= MAX ( StoreEmployee[ToDate] )
        )
    ),
    VAR SalaryRows =
        FILTER (
            SalaryEmployee,
            AND (
```

```
                SalaryEmployee[EmployeeId] = Schedule[EmployeeId],
                AND (
                    SalaryEmployee[FromDate] <= Schedule[Date],
                    SalaryEmployee[ToDate] > Schedule[Date]
                )
            )
        )
    )
    RETURN
        IF ( COUNTROWS ( SalaryRows ) = 1, MAXX ( SalaryRows, [DailySalary] ) )
)
```

이 계산식은 그림 7-29와 같이 정상 동작하지만, 아주 복잡하고 적절한 방법으로 사용하지 않으면 잘못된 값을 반환할 수 있다.

Employee	Store	Year	SalaryPaid
Michelle	Miami	2015	$99,928.00
Michelle	Indianapolis	2016	$51,684.00
Paul	Indianapolis	2015	$38,523.00
Paul	Miami	2015	$42,938.00
Paul	Seattle	2016	$16,851.00
Total			**$249,924.00**

그림 7-29 마지막 버전의 SalaryPaid는 가게로 분할할 때 정확한 값을 반환한다.

이 모델의 문제는 가게, 급여, 직원 사이의 관계가 복잡하다는 점이다. 내용을 살펴보기 위해 DAX를 사용하면 코드가 아주 복잡해지고 에러가 발생할 가능성이 높다. 이전처럼 해결 방법은 스타 스키마에 가깝도록 DAX 코드에서 로딩 과정으로 복잡성을 이동시키는 것이다.

Schedule의 각 줄에서 직원이 일하는 가게와 일한 날의 일당을 구할 수 있다. 언제나 그렇듯이 적절한 비정규화는 복잡성을 집계 계산식에서 없애고 팩트 테이블로 이동시키며 사용하기 단순한 모델로 만든다.

Schedule에서 두 개의 계산된 칼럼을 만들어야 한다. 하나는 일당을 저장하고 다른 하나는 store ID를 저장한다. 다음 코드를 사용해 처리할 수 있다.

```
Schedule[DailySalary] =
VAR CurrentEmployeeId = Schedule[EmployeeId]
VAR CurrentDate = Schedule[Date]
RETURN
    CALCULATE (
        VALUES ( SalaryEmployee[DailySalary] ),
        SalaryEmployee[EmployeeId] = CurrentEmployeeId,
        SalaryEmployee[FromDate] <= CurrentDate,
        SalaryEmployee[ToDate] > CurrentDate
    )


Schedule[StoreId] =
VAR CurrentEmployeeId = Schedule[EmployeeId]
VAR CurrentDate = Schedule[Date]
RETURN
    CALCULATE (
        VALUES ( StoreEmployee[StoreId] ),
        StoreEmployee[EmployeeId] = CurrentEmployeeId,
        StoreEmployee[FromDate] <= CurrentDate,
        StoreEmployee[ToDate] >= CurrentDate
    )
```

두 개의 칼럼을 준비하면, SalaryEmployee와 StoreEmployee 테이블 사이의 대부분의 관계를 없앨 수 있고, 데이터 모델을 그림 7-30과 같은 단순한 스타 스키마로 변환할 수 있다.

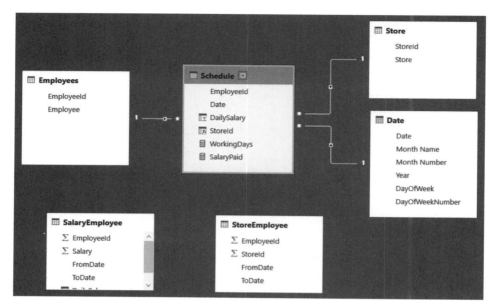

그림 7-30 비정규화 모델은 스타 스키마다.

> **노트** │ 계산된 칼럼을 계산하기 위해 사용된 SalaryEmployee와 StoreEmployee 테이블이 나머지 테이블과 관계가 없다는 사실을 강조하기 위해 의도적으로 모델의 그림에서 보이도록 남겨 뒀다. 생산 모델에서는 사용자가 이 테이블을 보지 못하도록 숨길 수 있다. 사용자의 관점에서는 유용한 정보가 저장된 테이블이 아니다.

새로운 모델을 사용해 지급된 급여를 계산하는 코드는 다음과 같이 쉽다.

```
SalaryPaid = SUM ( Schedule[DailySalary] )
```

다시 한 번 적절한 비정규화 전략으로 최고의 데이터 모델이 되는 것을 봤다. 모델에서 복잡한 관계를 유지하면 코드가 복잡하고 에러가 생기기 쉬워 도움이 되지 않는다. 반면 SQL이나 DAX를 사용해 비정규화된 값과 계산된 칼럼은 복잡한 시나리오를 작게 나눈다. 따라서 각각의 단일 계산식이 작성과 디버깅이 더 쉽고 단순하며, 마지막 통합 계산식도 작성하기 쉬워지고 빠르게 실행된다.

결론

7장은 기간이 주요 개념인 시나리오를 더 깊이 있게 분석하기 위해 표준 모델에서 벗어났다. 기간은 팩트의 개념을 다시 정의해 약간 다르게 생각해야 한다. 기간을 팩트로 저장할수 있지만 그렇게 하면 팩트의 효과가 다른 기간으로 확장될 수 있기 때문에 시간의 개념을 다시 고려해야 할 것이다. 다음은 7장에서 배운 내용의 간략한 개요다.

- 날짜와 시간은 별도의 칼럼으로 한다.

- 단순한 간격을 집계하는 것은 쉽다. 분석 요구 사항을 만족시키는 최선의 방법은 팩트의 카디널리티를 줄이려 노력하고 동시에 Time 칼럼의 카디널리티를 줄이는 것이다.

- time 디멘션의 기간(또는 간격)을 저장할 때 모델을 올바른 방법으로 정의해야 한다. 많은 옵션이 있고 그중 최선의 방법을 찾아야 할 책임이 있다. 좋은 소식은 단순하게데이터 모델을 변경해 하나의 방법에서 다른 방법으로 바꿀 수 있다. 그러면 특정 시나리오에 가장 잘 동작하는 것을 사용할 수 있다.

- 때로는 시간에 대한 생각을 바꾸는 것이 도움이 될 수 있다. 만약 하루가 자정에 끝나지 않는다면 원하는 대로 즉, 일례로 오전 2시에 시작하도록 모델링할 수 있다. 모델의 노예가 되지 말고, 필요에 따라 모델을 바꾼다.

- 활성 이벤트의 분석은 매우 단순한 시나리오로 많은 비즈니스에서 사용된다. 딱 맞는 모델, 더 쉬운 DAX 코드, 하지만 동시에 더 복잡한 데이터 준비 단계 등 이 시나리오를 해결하는 여러 방법을 배웠다.

- 여러 테이블이 있고 각 테이블이 기간을 자체적으로 정의할 때 코드를 매우 복잡하게 만드는 하나의 DAX 측정값을 사용해 문제를 해결할 수 있다. 하지만 계산된 칼럼이나 계산된 테이블에 값을 미리 계산하고 올바른 비정규화의 정도를 얻으면 더신뢰할 수 있고 단순한 DAX 코드가 될 것이다.

주요하게 얻는 것은 거의 항상 같다. DAX 코드가 너무 복잡해지면 모델에서 작업을 해야 한다는 훌륭한 지표다. 비록 하나의 보고서를 위해 모델을 만드는 것은 아니지만, 좋은 모델이 효율적인 방법의 핵심인 것은 사실이다.

CHAPTER 8

다대다 관계

다대다 관계는 데이터 분석의 여러 도구 중 중요한 도구이다. 다대다 관계는 종종 일반적인 모델보다 모델을 복잡하게 만드는 경향이 있어 문제가 있는 것처럼 보인다. 하지만 다대다 관계를 기회로 생각하길 바란다. 사실 다대다 관계는 처리하기 쉽다. 기본적인 기술을 배우고 편의에 따라 사용하기만 하면 된다.

8장에서 배우겠지만 다대다 관계는 모델링과 결과를 이해하는 데 약간의 복잡성을 숨기고 있지만 아주 강력하고 훌륭한 데이터 모델을 만들 수 있게 한다. 게다가 다대다 관계는 거의 모든 데이터 모델에 존재한다. 단순한 스타 스키마도 다대다 관계를 포함한다. 이런 관계를 알아보는 방법과 데이터의 좋은 점을 활용하는 방법을 알아본다.

다대다 관계 소개

다대다 관계의 소개부터 시작한다. 두 엔티티 사이에 관계를 단순한 관계로 표현할 수 없는 시나리오가 있다. 일반적인 예제는 당좌예금을 들 수 있다. 은행은 당좌예금과 관련된 트랜잭션을 저장한다. 하지만 여러 개인이 동시에 당좌예금을 소유할 수 있다. 역으로 한 개인은 여러 당좌예금을 소유할 수 있다. 따라서 고객 키를 Account 테이블에 저장할 수 없고, 동시에 계좌 키를 Customer 테이블에 저장할 수 없다. 이런 종류의 관계는 본질적으로 많은 엔티티가 다른 많은 엔티티와 관련이 있고 하나의 칼럼으로 표현할 수 없다.

노트 | 여러 판매 대리점이 주문을 감독하고 처리하는 판매 대리점처럼 다대다 관계가 있는 다른 많은 시나리오가 있다. 또 다른 예로 집을 소유하는 예제를 들 수 있다. 개인은 여러 집을 가질 수 있고 같은 집에 여러 소유주가 있을 수 있다.

다대다 관계를 모델링하는 일반적인 방법은 어떤 계좌를 어떤 개인이 소유하는가의 정보를 저장하는 브리지 테이블이다. 그림 8-1은 당좌예금 시나리오를 기반으로 다대다 관계를 사용하는 모델의 예제이다.

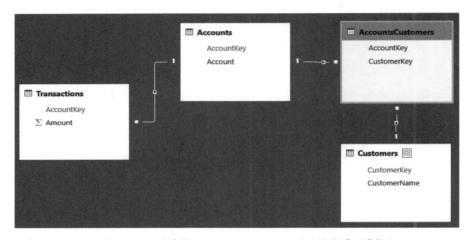

그림 8-1 Customers와 Accounts의 관계는 AccountsCustomers 브리지 테이블을 사용한다.

다대다 관계에 대해 가장 먼저 기억해야 할 중요한 것은 데이터 모델의 관점에서 관계의 종류가 다르지만, 구현할 때 한 쌍의 표준 일대다 관계로 변환된다. 따라서 다대다는 물리적인 관계라기보다 개념적인 관계이다. 다대다를 일종의 관계라고 말하고 생각하며 작업하지만, 이를 한 쌍의 관계로 구현한다.

브리지 테이블을 사용해 Customers와 Accounts를 연결하는 두 관계는 서로 반대 방향이라는 점을 기억한다. 사실 두 관계 모두 브리지 테이블에서 시작해 두 디멘션으로 향한다. 브리지 테이블이 항상 many side이다.

다대다는 왜 다른 종류의 관계보다 복잡할까? 몇 가지 이유가 있다.

- **다대다는 데이터 모델에서 기본적으로 동작하지 않는다.** 정확히 말해 설정하고 사용 중인 Tabular의 버전에 따라 동작할 수도 있고 동작하지 않을 수도 있다. 파워 BI에서 양방향 필터링을 사용할 수 있는 반면 마이크로소프트 엑셀(엑셀 2016까지 포함)에서는 계산식이 다대다 관계를 올바른 방법으로 트래버스하도록 약간의 DAX 코드를 작성해야 할 것이다.

- **다대다는 일반적으로 비가산 계산을 생성한다.** 다대다를 사용할 때 반환되는 값은 이해하기 더 어렵고 코드를 디버깅하기도 조금 더 까다롭다.

- **성능이 문제가 될 수 있다.** 다대다 필터링의 크기에 따라 반대 방향의 두 관계를 트래버스하는 것이 비싸질 수 있다. 따라서 다대다를 사용해 작업할 때 성능 문제가 있을 수 있고 더 많은 주의가 필요하다.

이 내용을 더 자세히 분석해보자.

양방향 패턴의 이해

기본적으로 테이블의 필터는 one side에서 many side로 이동하지만, many side에서 one side로 이동하지 않는다. 따라서 보고서를 생성하고 고객으로 분할하면 필터는 브리지 테이블을 향하지만 거기서 더 이상 전파되지 않을 것이다. 결론적으로 그림 8-2와 같이 Accounts 테이블은 Customers로부터 전달되는 필터를 받지 못한다.

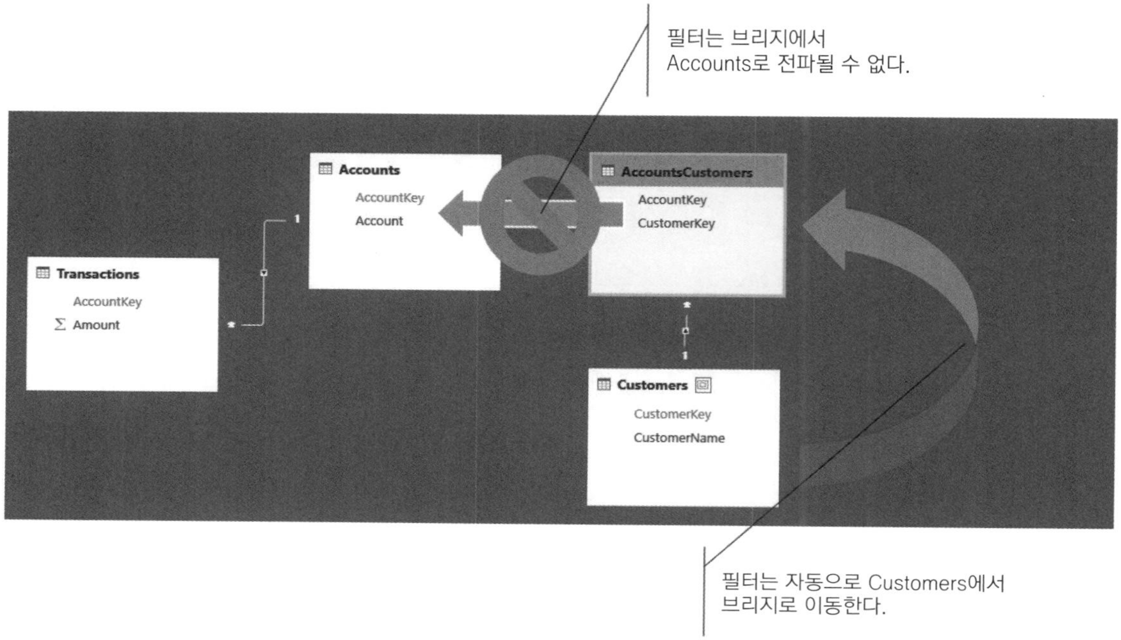

필터는 브리지에서
Accounts로 전파될 수 없다.

필터는 자동으로 Customers에서
브리지로 이동한다.

그림 8-2 필터는 one side에서 many side로 이동할 수 있지만 many side에서 one side로 이동할 수 없다.

각 줄이 고객이고 단순하게 Amount 칼럼의 SUM을 구하는 보고서를 만들면 같은 값이 모든 줄에 반복될 것이다. 이는 Customers의 필터가 Accounts와 트랜잭션에서 동작하지 않기 때문이다. 결과는 그림 8-3과 같다.

CustomerName	Amount
Luke	€ 5,000
Mark	€ 5,000
Paul	€ 5,000
Robert	€ 5,000
Total	**€ 5,000**

그림 8-3 다대다 관계 대문에 고객별 총액을 필터할 수 없다.

브리지 테이블과 Accounts 테이블 사이의 관계에 있는 필터의 전파를 양방향으로 설정해이 시나리오를 해결할 수 있다. 파워 BI에서는 양방향 필터링을 모델링 도구의 일부로 사용할 수 있으므로 쉽게 설정할 수 있다. 하지만 엑셀에서는 DAX를 사용해야만 한다.

한 방법은 모델에서 양방향 필터링을 활성화시키는 것으로 이는 모든 계산에서 활성화된다. 대안으로 CALCULATE에서만 양방향 필터링을 활성화시키기 위해 CALCULATE의 파라미터로 CROSSFILTER 함수를 사용할 수 있다. 다음 코드에서 이를 살펴볼 수 있다.

```
SumOfAmount :=
CALCULATE (
    SUM ( Transactions[Amount] ),
    CROSSFILTER ( AccountsCustomers[AccountKey], Accounts[AccountKey], BOTH )
)
```

두 경우 모두 결과는 같다. 필터는 계좌와 브리지를 연결하는 관계의 many side에서 one side로의 전파를 허용한다. 따라서 Accounts 테이블은 선택된 고객에 속하는 줄만 보여줄 것이다.

그림 8-4의 보고서에서 단순하게 SUM을 사용한 값과 새 측정값을 나란히 볼 수 있다.

CustomerName	Amount	SumOfAmount
Luke	$5,000.00	$800.00
Mark	$5,000.00	$2,800.00
Paul	$5,000.00	$1,700.00
Robert	$5,000.00	$1,700.00
Total	**$5.000.00**	**$5.000.00**

그림 8-4 SumOfAmount는 올바른 값을 계산하고 Amount는 항상 전체 합계를 보여준다.

관계를 양방향으로 설정하는 방법과 DAX 코드를 사용하는 방법 사이에는 차이가 있다. 사실 양방향 관계를 설정하면 모든 측정값은 many side에서 one side로의 필터가 자동 전파되는 이점이 있을 것이다. 하지만 DAX 코드에 의존하면 모든 측정값을 작성할 때 강제로 전파하기 위해 같은 패턴을 사용해야 한다. 측정값이 많다면 이는 모든 측정값에서 양방향 패턴의 세 줄을 사용하는 것이 약간 번거롭다. 반면 관계에 양방향 필터링을 설정하는 것은 모델을 모호하게 만든다. 이런 이유로 관계를 항상 양방향으로 만들 수 없고 약간의 코드를 작성해야 할 것이다.

그렇기는 하지만 엑셀은 양방향 관계를 제공하지 않으므로 선택의 여지가 없다. 반면 파워 BI에서는 선호하는 기술을 선택할 수 있다. 경험으로 보건대 양방향 관계는 더 편리하고 코드의 에러 수가 적은 경향이 있다.

DAX에서 테이블 확장을 사용해 CROSSFILTER와 비슷한 효과를 얻을 수 있다. 테이블 확장을 자세히 설명하는 것은 하나의 장이 필요할 것이다. 이 주제에 대해 자세히 다루는 『The Definitive Guide to DAX』(Microsoft Press, 2015)에서 더 자세히 살펴본다. 여기서는 테이블 확장을 사용해 이전의 측정값을 다음과 같이 작성할 수 있다는 것만 알아두자.

```
SumOfAmount :=
CALCULATE (
    SUM ( Transactions[Amount] ),
    AccountsCustomers
)
```

결과는 이전과 거의 같다. 여전히 필터 전파가 가능하지만 이번에는 테이블 확장을 통해서다. 양방향 필터링과 테이블 확장의 주요한 차이점은 테이블 확장을 사용하는 패턴은 항상 필터를 적용하는 반면 양방향 필터링은 필터가 활성화됐을 때만 동작한다는 점이다. 차이점을 확인하기 위해 Transactions 테이블에 어떤 계좌와도 관련 없는 새로운 줄을 추가한다. 이 줄은 $5,000를 저장하고 어떤 계좌와도 관련이 없으며 어떤 고객에도 속하지 않는다. 그림 8-5와 같은 결과를 볼 수 있다.

CustomerName	SumOfAmount CrossFilter	SumOfAmount Table Expansion
Luke	$800.00	$800.00
Mark	$2,800.00	$2,800.00
Paul	$1,700.00	$1,700.00
Robert	$1,700.00	$1,700.00
Total	**$10.000.00**	**$5.000.00**

그림 8-5 CROSSFILTER와 테이블 확장은 결과적으로 총계가 다르게 나타난다.

두 측정값의 차이는 정확하게 $5,000로 이는 어떤 고객과도 관련 없는 금액이다. CROSSFILTER 버전에서는 총계로 보고되지만 테이블 확장에서는 보고되지 않는다. 고객에 활성화된 필터가 없을 때 총계에서 CROSSFILTER 버전을 사용하면 팩트 테이블은 모든 줄을 보여준다. 반면 테이블 확장을 사용하면 필터가 항상 활성화돼 있고, 고객 중 하나를 통해 도달할 수 있는 팩트 테이블의 줄만 보여준다. 따라서 추가된 줄은 숨고 총계에 반영되지 않는다.

이런 경우가 종종 발생하기 때문에 하나의 값이 다른 값보다 더 정확한 것은 아니다. 다음의 여러 계산에서 서로 다른 값을 보고할 것이다. 필요에 따라 정확한 계산식을 사용할 수 있도록 차이를 알아야 한다. 성능 면에서 필터는 필요하지 않을 때 적용되지 않기 때문에 CROSSFILTER를 사용하는 버전이 테이블 확장 버전보다 약간 더 빠르다. 하지만 CROSSFILTER와 양방향 필터링은 같은 값을 보고하고 성능 측면에서도 동일한 방식으로 동작한다.

비가산 이해

다대다 관계에서 두 번째 중요한 점은 다대다 관계를 통해 집계된 측정값은 일반적으로 비가산이라는 점이다. 이는 모델의 에러가 아니다. 이런 관계를 비가산으로 만드는 것이 다대다의 특성이다. 이해를 돕기 위해 같은 매트릭스에서 Accounts와 Customers 테이블 모두를 보여주는 그림 8-6의 보고서를 살펴보자.

Account	Luke	Mark	Paul	Robert	Total
Luke	$800.00				**$800.00**
Mark		$800.00			**$800.00**
Mark-Paul		$1,000.00	$1,000.00		**$1,000.00**
Mark-Robert		$1,000.00		$1,000.00	**$1,000.00**
Paul			$700.00		**$700.00**
Robert				$700.00	**$700.00**
Total	**$800.00**	**$2,800.00**	**$1,700.00**	**$1,700.00**	**$10,000.00**

그림 8-6 다대다 관계는 비가산 계산을 만든다.

총계가 정확하다는 것을 알 수 있다. 즉, 총계는 그 칼럼의 모든 줄의 합이다. 하지만 줄의 total은 정확하지 않다. 이는 계좌의 총액은 그 계좌의 모든 소유주를 보여주기 때문이다. 예로 Mark-Paul 계좌는 Mark와 Paul이 함께 소유한다. 개인적으로 그들은 각각 $1,000를 갖고 있지만 그들을 함께 고려할 때 총계는 여전히 1,000이다.

비가산이 문제가 아니다. 이는 다대다 관계를 사용해 작업할 때 올바른 동작이다. 하지만 이를 고려하지 않으면 쉽게 속을 수 있기 때문에 비가산에 대해 알고 있어야 한다. 예를 들어 고객들을 순회하며 금액의 합을 계산하고 집계해 얻은 결과는 총계로 계산한 결과와 다르다. 다음의 두 계산의 결과를 보여주는 그림 8-7 보고서에서 볼 수 있다.

```
Interest := [SumOfAmount] * 0.01
Interest SUMX := SUMX ( Customers, [SumOfAmount] * 0.01 )
```

CustomerName ▲	Account	SumOfAmount	Interest	Interest SUMX
Luke	Luke	$800.00	$8.00	$8.00
	Total	**$800.00**	**$8.00**	**$8.00**
Mark	Mark	$800.00	$8.00	$8.00
	Mark-Paul	$1,000.00	$10.00	$10.00
	Mark-Robert	$1,000.00	$10.00	$10.00
	Total	**$2.800.00**	**$28.00**	**$28.00**
Paul	Mark-Paul	$1,000.00	$10.00	$10.00
	Paul	$700.00	$7.00	$7.00
	Total	**$1.700.00**	**$17.00**	**$17.00**
Robert	Mark-Robert	$1,000.00	$10.00	$10.00
	Robert	$700.00	$7.00	$7.00
	Total	**$1.700.00**	**$17.00**	**$17.00**
Total		**$5.000.00**	**$50.00**	**$70.00**

그림 8-7 다대다 관계 때문에 두 이자 계산의 총계가 다르다.

SUMX를 사용하는 버전은 sum을 계산 밖으로 이동시켜 가산하도록 했다. 그래서 잘못된 값을 계산했다. 다대다 관계를 처리할 때 이 관계의 특성과 동작을 자세하게 알아야 한다.

다대다 캐스케이딩

이전 절에서 봤듯이 다대다 관계를 처리하는 다양한 방법이 있다. 이 방법을 배우면 이런 종류의 관계를 쉽게 관리할 수 있다. 약간 더 주의를 기울여야 하는 시나리오로, 다대다 관계가 연결된 다대다 캐스케이딩cascading이 있다.

예제를 통해 살펴보자. 현재 계좌에 대한 모델을 사용해 각 고객별로 고객이 속하는 카테고리 목록을 저장하고 싶다. 모든 고객은 여러 카테고리에 속할 수 있고, 각 카테고리는 여러 고객에게 할당된다. 즉, 고객과 카테고리 사이에 다대다 관계가 있다.

데이터 모델은 이전 모델의 단순한 변형이다. 이번에는 그림 8-8과 같이 Accounts와 Customers 사이, 그리고 Customers와 Categories 사이에 두 개의 브리지 테이블을 포함한다.

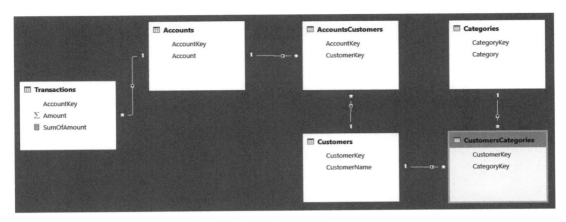

그림 8-8 캐스케이딩 다대다 패턴에 연결된 두 개의 브리지 테이블이 있다.

Accounts와 Accounts-Customers 사이와 Customers와 CustomersCategories 사이의 관계를 양방향으로 설정해 이 모델이 동작하게 할 수 있다. 이렇게 해서 모델은 완전하게 동작하고, 카테고리와 고객으로 분할된 사용 가능한 총액을 보여주는 그림 8-9와 같은 보고서를 생성할 수 있다.

Category	Luke	Mark	Paul	Robert	Total
House Owner		$2,800.00	$1,700.00		$3,500.00
Married		$2,800.00		$1,700.00	$3,500.00
Premium Customer		$2,800.00	$1,700.00		$3,500.00
Single	$800.00		$1,700.00		$2,500.00
Standard Customer	$800.00			$1,700.00	$2,500.00
Total	$800.00	$2,800.00	$1,700.00	$1,700.00	$5,000.00

그림 8-9 양방향 필터링이 있는 캐스케이딩 다대다는 행과 열을 합산하지 않는다.

확실히 다대다 관계를 통해 확인되는 모든 디멘션은 가산성을 잃는다. 따라서 쉽게 확인할 수 있듯이 열과 행 모두에서 가산성이 없어지고 결과를 해석하기 더 어려워진다.

양방향 필터링을 사용하는 대신 CROSSFILTER 패턴을 사용하려면 다음 코드를 사용해 두 관계 모두에 크로스 필터링을 설정해야 한다.

```
SumOfAmount :=
CALCULATE (
```

```
    SUM ( Transactions[Amount] ),
    CROSSFILTER ( AccountsCustomers[AccountKey], Accounts[AccountKey], BOTH ),
    CROSSFILTER ( CustomersCategories[CustomerKey], Customers[CustomerKey], BOTH )
)
```

반면 테이블 확장 패턴을 선택하면 코드를 작성할 때 주의를 더 기울여야 한다. 사실 테이블 필터는 팩트 테이블에서 먼 테이블부터 가까운 테이블의 순서로 처리돼야 한다. 즉, Categories로부터 Customers로 필터를 옮기고 이후에 Customers에서 Account로 필터를 옮겨야 한다. 순서를 제대로 지키지 못하면 잘못된 결과를 얻는다. 바른 패턴은 다음과 같다.

```
SumOfAmount :=
CALCULATE (
    SUM ( Transactions[Amount] ),
    CALCULATETABLE ( AccountsCustomers, CustomersCategories )
)
```

이 세부 사항에 주의를 기울이지 않으면 코드를 다음과 같이 작성할지 모른다.

```
SumOfAmount :=
CALCULATE (
    SUM ( Transactions[Amount] ),
    AccountsCustomers,
    CustomersCategories
)
```

하지만 이는 필터 전파가 바른 순서로 수행되지 않기 때문에 그림 8-10과 같이 결과가 틀리게 된다.

Category	Luke	Mark	Paul	Robert	Total
House Owner	$800.00	$2,800.00	$1,700.00	$1,700.00	**$5,000.00**
Married	$800.00	$2,800.00	$1,700.00	$1,700.00	**$5,000.00**
Premium Customer	$800.00	$2,800.00	$1,700.00	$1,700.00	**$5,000.00**
Single	$800.00	$2,800.00	$1,700.00	$1,700.00	**$5,000.00**
Standard Customer	$800.00	$2,800.00	$1,700.00	$1,700.00	**$5,000.00**
Total	**$800.00**	**$2,800.00**	**$1,700.00**	**$1,700.00**	**$5,000.00**

그림 8-10 테이블을 확장할 때 순서를 제대로 지키지 않는다면 잘못된 결과를 얻게 된다.

이 때문에 (가능하면) 양방향으로 관계를 선언하는 것이 좋고, 그러면 이런 세부 사항에 주의를 기울이지 않아도 코드가 잘 동작할 것이다. 테이블 확장은 잘못된 코드를 작성하기 쉽고, 비가산성의 복잡성 증가로 인해 디버깅이나 확인이 어려울 수 있다.

캐스케이딩 다대다 주제를 마무리하기 전에 캐스케이딩 다대다 모델은 대부분 하나의 브리지 테이블을 사용해 만들 수 있다는 점에 주의하자. 사실 지금까지 살펴본 모델에는 Categories와 Customers, Customers와 Accounts 사이의 두 브리지 테이블이 있었다. 좋은 대안으로 이 모델을 단순화해 그림 8-11과 같이 세 개의 테이블을 연결하는 하나의 브리지 테이블을 만들 수 있다.

적어도 하나의 다대다 관계를 사용하는 데이트 모델의 형태를 사용할 때보다 세 디멘션을 연결하는 브리지 테이블이 복잡하지 않고 데이터 모델은 분석하기 쉬워 보인다. 게다가 한 관계는 양방향으로 설정돼야 한다. CROSSFILTER나 테이블 확장의 경우, 하나의 파라미터가 필요하고 코드의 에러 발생 가능성이 낮다.

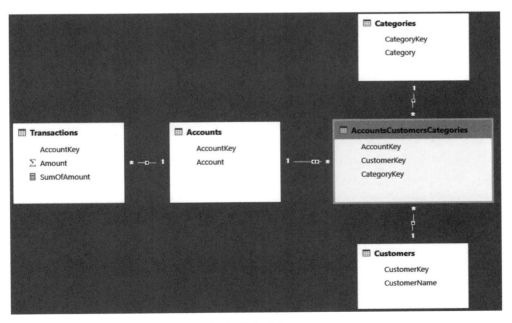

그림 8-11 하나의 브리지 테이블에 여러 테이블을 연결할 수 있다.

> **노트** | 세 개의 테이블을 연결하는 이 모델도 항목별 다대다 즉, 필터로 또 다른 테이블을 사용하는 다대다 관계에서 사용된다. 예를 들어 엔티티 사이에 서로 다른 종류의 관계-하나는 주 계좌이고 나머지는 부 계좌인 서로 다른 종류의 현재 계좌의 주인-가 있을 수 있다. 카테고리와 연결을 포함하는 브리지 테이블을 사용해 이를 모델링할 수 있다. 단순한 모델이지만 아주 강력하고 효과적이다.

확실히 슈퍼 브리지 모델을 만들 필요가 있다. 예제에서 단순하게 DAX를 사용해 만든 계산된 테이블을 사용했지만, 일반적으로 유사한 결과를 얻기 위해 SQL 또는 쿼리 편집기를 사용할 수 있다.

일시적인 다대다

이전 절에서 브리지가 여러 테이블에 연결되는 경우의 다대다 관계를 모델링할 수 있다고 배웠다. 브리지가 세 개의 테이블을 연결할 때 세 테이블 각각을 별도의 필터로 고려할 수 있고, 결국 모든 조건을 만족시키는 팩트 테이블의 줄을 찾을 수 있다. 이 시나리오는 다대다 관계가 조건을 가질 때 변형되지만, 조건은 단순히 관계를 사용해 표시할 수 없다. 대신 기간으로 표시된다. 이런 관계는 일시적인 다대다로 불리고, 기간 처리(7장, '날짜와 시간 간격 분석')와 다대다(8장 주제) 사이의 흥미로운 조합이다.

이런 종류의 관계를 시간에 따라 사람이 바뀌는 팀과 같은 모델에 사용할 수 있다. 개인은 서로 다른 팀에 속할 수 있고 시간이 흐르면 팀이 바뀔 수 있으므로 개인과 팀의 관계에 기간이 있다. 그림 8-12와 같은 모델에서 시작하자.

보면 알겠지만 이는 일반적인 다대다 모델이다.

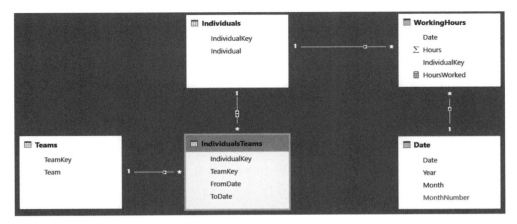

그림 8-12 하나의 브리지 테이블이 여러 테이블을 연결할 수 있다.

이 모델의 핵심은 대대대가 아니지만 브리지 테이블은 어떤 기간 동안 개인이 어떤 팀과 일했는지 나타내는 두 개의 날짜(FromDate와 ToDate)를 포함한다. 실제로 이 모델을 그대로 사용하고 일한 시간을 팀과 개인으로 나누면 잘못된 결과를 얻게 된다. 이 때문에 해당 기간 동안 개인을 팀에 올바르게 맵핑하기 위해 시간 제약을 주의 깊게 사용해야 한다. 단순한 개인별 필터는 동작하지 않을 것이다. 무슨 일이 일어나는지 더 알아보기 위해 그림 8-13의 브리지 테이블과 Catherine에게 해당되는 표시된 줄을 살펴보자.

FromDate	ToDate	Individual	Team
1/1/2015	1/31/2015	Catherine	Developers
2/1/2015	12/31/2015	Catherine	Sales
1/1/2016		Catherine	Testers
1/1/2015		Louis	Testers
1/1/2015	12/31/2015	Michelle	Testers
1/1/2016		Michelle	Sales
1/1/2015	2/28/2015	Paul	Developers
3/1/2015	9/30/2015	Paul	Testers
8/1/2015	12/31/2015	Paul	Sales
1/1/2016		Paul	Developers
1/1/2015	4/30/2015	Thomas	Developers
5/1/2015	5/31/2015	Thomas	Sales
6/1/2015	12/31/2015	Thomas	Developers
1/1/2016		Thomas	Testers

그림 8-13 Catherine으로 브리지를 필터링하면 언제였든 그녀가 일했던 팀을 전부 얻을 수 있다.

이름으로 필터링하면 Catherine이 일했던 모든 팀을 얻는다. 하지만 2015년을 보려면 처음 두 줄만 가져오는 것이 좋다. 게다가 Catherine은 2015년에 서로 다른 두 팀에서 일했기 때문에 1월에는 Developers 팀으로, 2월부터 12월에는 Sales 팀으로 처리하는 것이 좋다.

일시적인 다대다 관계는 해결하기 어려운 모델이고 일반적으로 최적화하기 까다롭다. 실제로 보이지 않는 많은 덫에 빠지기 쉽다. 선택된 기간 동안 유효한 줄만 보여주기 위해 단순히 다대다에 일시적인 필터를 적용하고 싶은 유혹에 빠질 수 있다. 하지만 2015년의 Catherine으로 줄을 제한한다고 생각해보자. 여전히 서로 다른 두 팀(Developers와 Slaes)을 보게 될 것이다.

이 시나리오를 해결하려면 다음의 단계를 올바르게 수행해야 한다.

1. 각 개인이 해당 팀에서 일한 기간을 확인한다.

2. 팩트 테이블에 이미 적용된 다른 필터와 교차하도록 주의하며 날짜 필터를 팩트 테이블로 옮긴다.

각 개인마다 고려해야 하는 기간이 다를 수 있으므로 개인 레벨에서 이 두 작업을 순차적으로 실행해야 한다. 다음의 코드로 처리할 수 있다.

```
HoursWorked :=
SUMX (
    ADDCOLUMNS (
        SUMMARIZE (
            IndividualsTeams,
            Individuals[IndividualKey],
            IndividualsTeams[FromDate],
            IndividualsTeams[ToDate]
        ),
        "FirstDate", [FromDate],
        "LastDate", IF ( ISBLANK ( [ToDate] ), MAX ( WorkingHours[Date] ), [ToDate] )
    ),
    CALCULATE (
        SUM ( WorkingHours[Hours] ),
```

```
        DATESBETWEEN ( 'Date'[Date], [FirstDate], [LastDate] ),
        VALUES ( 'Date'[Date] )
    )
)
```

이 시나리오는 브리지 테이블에서 팩트 테이블로 필터를 이동시키기 위해 DAX 코드를 하기 때문에 데이터 모델을 다대다 관계로 모델링할 방법이 없다. 코드는 간단하지 않고, 필터 문법을 관계를 통해 전파하는 방법에 대한 더 많은 이해가 필요하다. 게다가 복잡성 때문에 이 코드는 차선책이다. 그럼에도 이는 잘 동작하고 그림 8-14과 같은 보고서를 만들기 위해 사용할 수 있고, 기간 필터를 팩트 테이블로 옮기는 올바른 방법을 보여준다.

Individual	Year Team	2015 January	February	March	April	May	June	July
Catherine	Developers	60						
	Sales		54	68	54	67	57	65
	Testers							
Louis	Testers	60	56	64	60	60	60	61
Michelle	Sales							
	Testers	64	54	65	61	60	60	64
Paul	Developers	62	54					
	Sales							
	Testers			64	60	61	61	62
Thomas	Developers	66	54	61	62		64	61
	Sales					59		
	Testers							

그림 8-14 개인이 여러 팀에 속해서 일한 시간을 보여준다.

코드가 아주 복잡하다. 뿐만 아니라 특정 모델에서 다대다는 잘못된 선택일 수 있다는 사실을 주목한다. 의도적으로 다대다 관계가 올바른 선택인 것처럼 보이는 모델을 선택했지만, 모델을 더 자세히 살펴본 후에는 더 나은 선택이 있다는 것이 명확해질 것이다. 실제로 시간이 흐르면서 개인이 서로 다른 팀에 속할 수 있다고 하더라도, 한 날짜에 개인은 하나의 팀에만 속해야 한다. 이 조건이 충족되면, 이 시나리오를 모델링하는 바른 방법은 팀을 개인과 연결되지 않는 디멘션으로 고려하고, 팀과 개인의 관계를 저장하기 위해 팩트 테이블을 사용하는 것이다. 예제로 사용하는 모델은 그림 8-15와 같이 이 조건을 충족하지 못하고 2015년 8월과 9월에 Paul이 두 개의 팀에서 일한 것을 볼 수 있다.

Individual	Year	2015					
	Team	June	July	August	September	October	November
Paul	Sales			62	58	63	59
	Testers	61	62	62	58		

그림 8-15 2015년 8월과 9월에 Paul은 두 개의 서로 다른 팀에서 일했다.

다대다에서 인자를 재할당하는 다음의 주제를 소개하기 위해 이 시나리오를 사용한다.

인자와 퍼센트 재할당

그림 8-15의 보고서에서 보듯이 Paul은 8월 동안 Sales와 Testers 두 팀에서 62시간 동안 일한 것처럼 보인다. 이는 완전히 잘못된 값이다. Paul은 동시에 두 팀에서 일할 수 없다. 이 시나리오 즉, 다대다 관계가 중첩 생성될 때는 일반적으로 Paul이 각 팀에 할당된 시간 이 얼마나 되는지 가리키는 정정 인자를 관계에 저장하는 것이 좋다. 그림 8-16을 통해 더 자세한 데이터를 살펴보자.

FromDate	ToDate	Individual ↓	Team
1/1/2015	1/31/2015	Catherine	Developers
2/1/2015	12/31/2015	Catherine	Sales
1/1/2016		Catherine	Testers
1/1/2015		Louis	Testers
1/1/2015	12/31/2015	Michelle	Testers
1/1/2016		Michelle	Sales
1/1/2015	2/28/2015	Paul	Developers
3/1/2015	9/30/2015	Paul	Testers
8/1/2015	12/31/2015	Paul	Sales
1/1/2016		Paul	Developers
1/1/2015	4/30/2015	Thomas	Developers
5/1/2015	5/31/2015	Thomas	Sales
6/1/2015	12/31/2015	Thomas	Developers
1/1/2016		Thomas	Testers

그림 8-16 2015년 8월과 9월에 Paul은 Testers와 Sales 팀에서 일했다.

이 모델의 데이터는 정확하지 않은 것으로 보인다. Paul의 시간 100%를 두 팀 모두에 할당하지 않으려면 각 팀에 할당해야 하는 시간의 퍼센트(%)를 표시하는 브리지 테이블에 값을 추가해야 한다. 그림 8-17과 같이 여러 줄로 나눠 기간을 저장해야 한다.

FromDate	ToDate	Individual	Team	Perc
1/1/2015	1/31/2015	Catherine	Developers	100.00 %
2/1/2015	12/31/2015	Catherine	Sales	100.00 %
1/1/2016		Catherine	Testers	100.00 %
1/1/2015		Louis	Testers	100.00 %
1/1/2015	12/31/2015	Michelle	Testers	100.00 %
1/1/2016		Michelle	Sales	100.00 %
1/1/2015	2/28/2015	Paul	Developers	100.00 %
3/1/2015	7/30/2015	Paul	Testers	100.00 %
8/1/2015	9/30/2015	Paul	Testers	60.00 %
8/1/2015	9/30/2015	Paul	Sales	40.00 %
10/1/2015	12/31/2015	Paul	Sales	100.00 %
1/1/2016		Paul	Developers	100.00 %
1/1/2015	4/30/2015	Thomas	Developers	100.00 %
5/1/2015	5/31/2015	Thomas	Sales	100.00 %
6/1/2015	12/31/2015	Thomas	Developers	100.00 %
1/1/2016		Thomas	Testers	100.00 %

그림 8-17 일부 줄을 복제해 중첩을 피할 수 있고, 시간을 할당하는 퍼센트를 추가할 수 있다.

이제 Paul의 중첩된 기간이 중첩되지 않도록 나눴다. 게다가 전체 시간의 60%는 Tester 팀에, 40%는 Sales 팀에 할당돼야 한다고 가리키는 퍼센트 값이 추가됐다.

마지막 단계는 이 값을 계좌로 가져가는 것이다. 그러기 위해서 측정식의 코드를 충분히 수정해 계산식에서 퍼센트를 사용해야 한다. 최종 코드는 다음과 같다.

```
HoursWorked :=
SUMX (
    ADDCOLUMNS (
        SUMMARIZE (
            IndividualsTeams,
            Individuals[IndividualKey],
            IndividualsTeams[FromDate],
            IndividualsTeams[ToDate],
            IndividualsTeams[Perc]
```

```
    ),
    "FirstDate", [FromDate],
    "LastDate", IF ( ISBLANK ( [ToDate] ), MAX ( WorkingHours[Date] ), [ToDate] )
  ),
  CALCULATE (
    SUM ( WorkingHours[Hours] ),
    DATESBETWEEN ( 'Date'[Date], [FirstDate], [LastDate] ),
    VALUES ( 'Date'[Date] )
  ) * IndividualsTeams[Perc]
)
```

여기서 보듯이 SUMMARIZE에 Perc 칼럼을 추가했다. 그리고 계산식의 마지막 단계에서 곱할 때 이를 사용해 시간의 비율대로 팀에 올바르게 할당했다. 말할 필요도 없이 이 연산으로 인해 이전의 코드보다 어려워졌다.

그림 8-18에서는 8월과 9월에 Paul의 시간이 그가 일했던 두 팀에 바르게 분배된 것을 볼 수 있다.

Individual	Team	Year 2015 June	July	August	September	October	November
Catherine	Sales	57	65	61	58	64	56
Louis	Testers	60	61	62	60	63	60
Michelle	Testers	60	64	60	58	65	57
Paul	Sales			25	23	63	59
	Testers	61	61	37	35		
Thomas	Developers	64	61	61	58	64	60

그림 8-18 8월과 9월에 Paul이 두 팀에 속했던 것을 보여주고 각 팀에서 일한 시간을 나눈다.

그럼에도 불구하고 이 작업 과정에서 중첩되는 기간을 퍼센트로 변환하는 약간 다른 데이터 모델이 됐다. 가산되지 않는 결괏값을 원하지 않았기 때문에 이렇게 했다. 사실 다대다 관계가 비가산이지만 또한 특별한 경우에는 표현하려고 하는 데이터 때문에 가산성을 보장하는 것이 좋다.

이는 뷰의 개념적인 관점에서 모델의 최적화 과정의 다음 단계 즉 다대다 관계의 구체화를 소개할 수 있게 하는 중요한 단계이다.

244

다대다 구체화

앞의 예제에서 봤듯이, 다대다 관계는 일시적인 데이터(또는 일반적으로 복잡한 필터를 사용하는 데이터), 퍼센트, 할당 인자를 가진다. 이는 아주 복잡한 DAX 코드를 생성하는 경향이 있다. DAX에서 복잡하다는 것은 곧 느리다는 의미이다. 실제로 이전 표현식은 작은 규모의 데이터를 처리해야 할 때 잘 동작하지만, 큰 데이터세트 또는 무거운 환경에서는 매우 느리다. 다음 절에서는 다대다 관계와 관련된 성능 고려 사항에 대해 다룬다. 하지만 이번 절에서는 더 나은 성능과 DAX보다 쉽게 다대다 관계를 처리할 수 있는 방법을 보여준다.

대개 두 디멘션 사이의 관계를 저장하는 팩트 테이블을 사용해 다대다 관계를 모델에서 없앨 수 있다. 실제로 우리 예제에서 두 개의 서로 다른 디멘션, Teams와 Individuals가 있다. 이들은 브리지 테이블에 의해 연결되고 팀으로 나누고 싶을 때마다 트래버스하고 필터링해야 한다. 더 효과적인 해결 방법은 팩트 테이블의 다대다 관계를 구체화해 팩트 테이블에 팀 키를 직접 저장하는 것이다.

다대다 관계를 구체화하는 것은 브리지 테이블의 칼럼을 팩트 테이블로 비정규화해야 하고, 동시에 팩트 테이블의 줄 수가 늘어난다. 8월과 9월 동안 두 개의 다른 팀에 할당돼야 하는 Paul의 경우 줄을 복사해 각 팀에 하나씩의 줄을 추가해야 할 것이다. 최종 모델은 그림 8-19와 같은 완벽한 스타 스키마가 될 것이다.

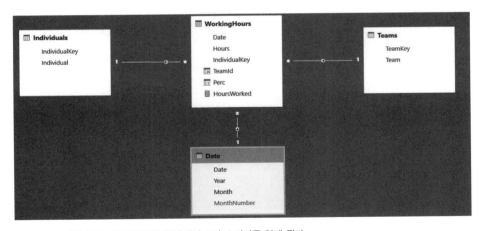

그림 8-19 다대다 관계를 제거하면 일반적인 스타 스키마를 얻게 된다.

줄 수가 늘어나는 것은 ETL의 단계가 필요하다. 이는 일반적으로 SQL 뷰를 통해 처리하거나 쿼리 편집기를 사용해 처리한다. DAX는 데이터를 다루는 언어로서의 목적이 없고 쿼리 언어이기 때문에 DAX를 사용해 같은 동작을 수행하는 것은 매우 복잡해지는 것을 알 수 있다.

좋은 소식은 다대다 관계를 구체화하면 시간의 합에 퍼센트를 곱하는 계산만 수행하면 되므로 계산식을 작성하기 아주 쉬워진다. 추가 옵션으로 쿼리 시간에 곱셈을 피하기 위해 추출, 변환, 로드(ETL)를 하는 동안 시간에 퍼센트를 곱하는 계산을 할 수 있다.

팩트 테이블을 브리지로 사용

다대다 관계의 한 가지 궁금한 점은 기대하지 않을 때 종종 나타나곤 한다는 것이다. 실제로 다대다 관계의 중요한 특징은 브리지 테이블로 서로 반대 방향에서 두 관계를 사용해 두 디멘션을 연결하는 테이블이다. 이 스키마는 생각보다 자주 나타난다. 실제로 이는 모든 스타 스키마에서 나타난다. 그림 8-20에서 이 책의 데모에서 여러 번 사용한 스타 스키마 중 하나를 볼 수 있다.

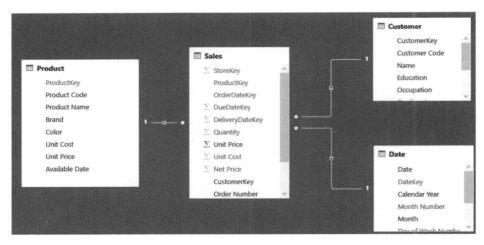

그림 8-20 각 테이블에서 행과 일반적인 다대다 관계를 보여준다.

얼핏 보기에 이 모델은 다대다 관계가 없는 것처럼 보인다. 하지만 다대다 관계의 특징을 신중하게 생각해보면, Sales 테이블이 다른 방향에서 여러 관계를 가지며 서로 다른 디멘션을 연결하는 것을 볼 수 있다. 이는 브리지 테이블 구조를 가진다.

영향에도 불구하고, 팩트 테이블을 두 디멘션 사이의 브리지로 생각할 수 있다. 다대다 관계를 트래버스한다고 정확하게 명시하지 않았더라도 책에서 이 개념을 여러 번 사용했다. 하지만 예제로 주어진 제품을 구매한 고객의 수를 세는 것에 대해 생각하면 다음과 같이 할 수 있다.

- Sales와 Customer 사이의 관계에서 양방향 필터링을 활성화시킨다.

- 필요에 따라 양방향 관계를 활성화시키기 위해 CROSSFILTER를 사용한다.

- CALCULATE (COUNTROWS (Customer), Sales)를 사용해 양방향 패턴을 사용한다.

이 세 DAX 패턴 중 하나를 사용하면 제품으로 필터링하고, 또는 일부 물품을 구매한 고객을 세거나 고객의 목록 결과를 정확하게 제공할 것이다. 이 세 패턴 중에서 다대다 시나리오를 해결하기 위해 사용한 기술을 알아챘을 수 있다.

데이터 모델링 경력에서 서로 다른 모델에서 이런 패턴을 알아채는 방법과 올바르게 기술을 사용하는 방법을 배울 것이다. 다대다는 강력한 모델링 도구이고, 짧은 이번 절에서 봤듯이 많은 다양한 시나리오에서 나타난다.

성능 고려 사항

복잡한 다대다 관계를 모델링하는 다양한 방법을 살펴봤다. 복잡한 필터링을 수행해야 하거나 일부 재할당 요소를 곱해야 한다면 성능과 복잡성 측면에서 가장 좋은 옵션은 다대다 관계를 팩트 테이블로 구체화하는 것이다.

안타깝게도 이 책에서는 다대다 관계의 성능에 대한 자세한 분석을 위한 충분한 설명이 없다. 하지만 다대다 관계를 포함하는 모델에서 기대하는 속도에 대한 대략적인 느낌을 알려주기 위해 기본적인 고려 사항을 공유한다.

다대다 모델을 사용해 작업할 때 디멘션, 팩트 테이블, 브리지 테이블이라는 세 종류의 테이블을 사용한다. 다대다 관계를 통해 값을 계산하려면 엔진은 디멘션을 필터로 사용해 브리지 테이블을 스캔한 후 그 결과를 사용해 팩트 테이블을 스캔해야 한다. 팩트 테이블을 스캔하는 것은 시간이 걸리고, 디멘션이 직접 연결돼 있을 때 값을 계산하기 위해 스캔하는 것도 다르지 않다. 따라서 다대다 관계가 팩트 테이블의 크기에 영향을 받지 않도록 노력이 더 필요하다. 테이블이 클수록 모든 계산이 느려지고, 다대다 관계도 다른 관계와 다르지 않다.

디멘션의 크기는 일반적으로 1,000,000줄이 넘지 않으면 문제가 되지 않고, 이는 셀프 서비스 BI 솔루션에는 적합하지 않다. 게다가 팩트 테이블에 직접 연결돼 있더라도 엔진은 팩트 테이블과 마찬가지로 디멘션을 스캔해야 한다. 따라서 두 번째 핵심은 다대다 관계의 성능은 테이블에 연결된 디멘션의 크기와 상관없다.

마지막으로 분석할 테이블은 브리지 테이블이다. 브리지의 크기는 다른 테이블과 달리 문제가 된다. 더 정확히 말하면, 브리지 테이블의 크기가 아닌 팩트 테이블을 필터링하기 위해 사용되는 줄 수가 문제가 된다. 이를 명확히 하기 위해 극단적인 예를 들어보자. 그림 8-21과 같이 1,000줄의 디멘션, 100,000줄의 브리지, 10,000줄의 두 번째 디멘션을 사용한다고 가정해보자.

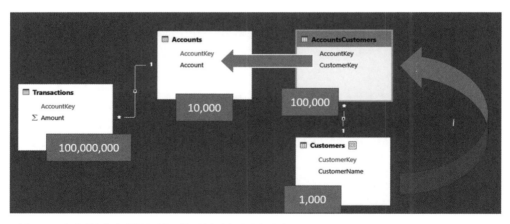

그림 8-21 각 테이블이 지정된 줄 수를 갖는 일반적인 다대다 관계

팩트 테이블의 크기는 상관없다. 100,000,000줄이지만, 겁낼 것 없다. 성능에 영향을 주는 것은 Accounts 테이블에 대한 브리지 테이블의 선택도selectivity이다. 10명의 고객을 필터링하면 브리지는 단지 100개 정도의 계좌를 필터링한다. 따라서 꽤 균형 잡히게 분포되고, 성능이 좋을 것이다. 그림 8-22는 이 시나리오를 보여준다.

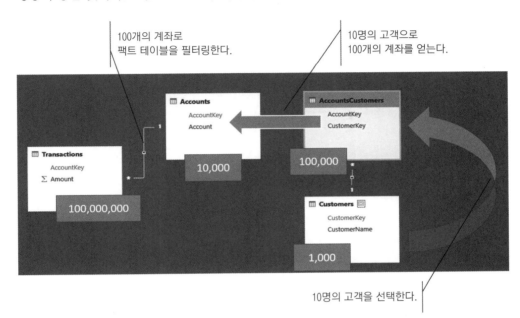

그림 8-22 필터링된 계좌 수가 적으면 성능이 좋다.

반면 브리지의 필터링이 선별적이지 못하면, 성능은 결과 계좌 수에 따라 나빠질 것이다. 그림 8-23은 10명의 고객을 필터링해 10,000개 계좌를 얻는 예제를 보여준다. 이 경우 성능이 저하되기 시작한다.

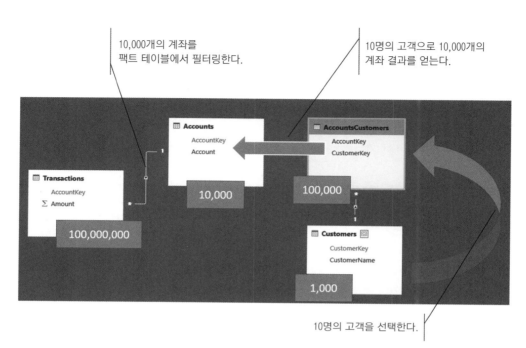

10,000개의 계좌를
팩트 테이블에서 필터링한다.

10명의 고객으로 10,000개의
계좌 결과를 얻는다.

10명의 고객을 선택한다.

그림 8-23 필터링된 숫자가 크면 성능이 저하되기 시작한다.

간단히 말해 브리지 테이블의 선택도가 높을수록 성능이 좋아진다. 일반적으로 브리지 테이블의 선택도가 보통이기 때문에 한마디로 말하면 브리지 테이블이 클수록 성능이 나빠진다. 이런 방식으로 설명하는 것은 잘못된 것이지만 기억하고 적용하기 훨씬 쉽고 어느 정도는 맞는 특징이다.

경험으로 미뤄 보면 브리지 테이블이 1,000,000줄까지는 잘 동작하지만, 더 큰 브리지 테이블은 더 주의를 기울여 그 크기를 줄이기 위해 노력해야 한다. 여기서 기억해야 할 점은 팩트 테이블의 크기를 줄이기 위해 시간을 투자하는 것이 아니다. 대신 브리지 테이블의 크기를 줄이기 위해 노력해야 한다. 이는 다대다 동작을 최적화하기 위한 올바른 방향으로 인도해줄 것이다.

결론

다대다 관계는 분석에 있어서 놀랍도록 강력하기 때문에 이 점을 활용하는 방법을 배워야 한다. 즉 이 종류의 관계를 사용하는 방법을 배우는 것은 DAX 코드와 사용 편의성 측면에서의 제약과 복잡도를 이해한다는 의미이다. 다음의 중요 내용을 다시 살펴보자.

- 양방향 관계, CROSSFILTER, 테이블 확장이라는 세 가지 중요한 패턴을 사용해 다대다 관계를 관리할 수 있다. 사용하는 DAX 버전과 얻으려는 결과에 따라 패턴을 선택한다.

- 기본적인 다대다는 많은 노력이 필요하지 않다. 비가산 특성과 관계를 설정하는 올바른 방법을 이해하면 잘 동작할 것이다.

- 캐스케이딩 다대다 관계와 필터링된 다대다 관계는 다루기 조금 복잡하다. 특히 테이블 확장의 경우가 복잡하다. 이 경우 하나의 브리지 테이블의 모든 내용을 평면화하면 코드를 작성하기 쉽다.

- 일시적인 다대다와 재할당 요소를 사용하는 다대다는 복잡한 특징이 있다. 강력하지만 관리하기 어렵다.

- 복잡한 다대다 관계를 처리해야 한다면 가장 좋은 선택은 다대다를 완전히 없애는 것이다. 관계를 팩트 테이블에 구체화하면 새 팩트 테이블에 대한 검토가 필요하고 줄 수는 늘어나며 아마도 앞서 작성한 일부 코드를 수정해야 하겠지만 거의 대부분의 다대다 관계를 없앨 수 있다.

- 성능에 대해 고려할 때 브리지의 크기를 줄이는 것이 첫 번째 목표가 된다. 선택도를 높이기 위해 브리지를 줄인다. 브리지가 크지만 이를 사용할 때 선택도가 높다면 DAX의 빠른 트랙을 사용한 것이다.

CHAPTER 9

서로 다른 그래뉼래러티 사용

8장에서 그래뉼래러티에 대해 많이 이야기했고, 올바른 그래뉼래러티의 데이터를 저장하는 것이 얼마나 중요한지 봤다. 하지만 때로 데이터는 서로 다른 팩트 테이블에 서로 다른 그래뉼래러티로 저장되고 데이터 모델을 바꿀 수 없다. 각 테이블에서의 그래뉼래러티는 올바르다. 이 경우 두 테이블을 사용해 계산하기 어려울 수 있다.

9장에서는 서로 다른 모델링 옵션과 다양한 종류의 DAX 코드를 살펴보면서 서로 다른 그래뉼래러티를 다루는 방법에 대한 조금 더 깊은 분석을 할 것이다. 이런 모델들은 모두 모델을 변경해 그래뉼래러티를 수정할 수 없다. 대부분 여러 테이블의 그래뉼래러티 수준이 서로 달라 문제가 되지만, 각 테이블의 그래뉼래러티는 적절하다. 하나의 보고서에서 두 테이블을 섞어서 사용할 때 문제가 생기기 시작한다.

그래뉼래러티 소개

그래뉼래러티는 정보를 저장하는 상세한 정도다. 일반적인 스타 스키마에서 그래뉼래러티는 팩트 테이블이 아닌 디멘션에서 정의된다. 디멘션이 많을수록 그래뉼래러티가 높다. 마찬가지로 디멘션이 더 상세할수록 그래뉼래러티가 높다. 예를 들어 그림 9-1의 모델을 살펴보자.

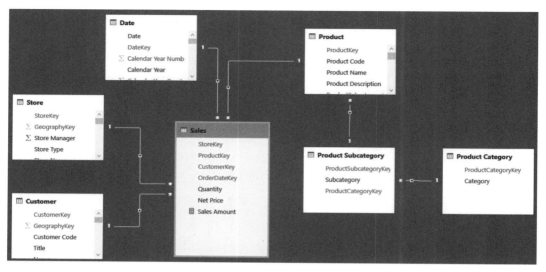

그림 9-1 네 개의 디멘션과 하나의 팩트 테이블을 포함하는 단순한 스노우플레이크 모델

이 모델에서 그래뉼래러티는 Date, Store, Customer, Product의 존재에 의해 정의된다. 스노우플레이크의 디멘션인 Product Subcategory와 Product Category는 그래뉼래러티에 영향을 끼치지 않는다. Sales 테이블은 디멘션 값들의 고유한 조합마다 최대 하나의 줄을 가져야 한다. 만약 Sales에 디멘션의 키의 동일한 조합으로 두 줄이 있으면 이들은 표시 내용의 손실 없이 하나의 줄로 합칠 수 있다. 예를 들어 그림 9-2의 Sales 테이블의 내용을 살펴보자. 여러 줄에 동일한 키와 값의 세트가 있다.

StoreKey	ProductKey	CustomerKey	OrderDateKey	Quantity	Net Price
306	2490	19075	20091023	1	$11.99
306	2490	19075	20091023	1	$11.99
306	2490	19075	20091023	1	$11.99
306	2490	19075	20091023	1	$11.99
306	2490	19075	20091023	1	$11.99
306	2490	19075	20091023	1	$11.99
306	2490	19075	20091023	1	$11.99
306	2490	19075	20091023	1	$11.99
306	2496	19075	20091016	1	$7.99
306	2496	19075	20091016	1	$7.99
306	2496	19075	20091016	1	$7.99
306	2496	19075	20091016	1	$7.99
306	2496	19075	20091016	1	$7.99
306	2496	19075	20091016	1	$7.99

그림 9-2 테이블 상단 여덟 줄은 완전히 동일하다.

보고서의 이런 여러 줄을 구분할 방법은 없다. 디멘션으로 분할하면 값은 항상 통합될 것이다. 상단 여덟 줄의 Quantity 값을 8로 하고 나머지 모든 칼럼의 값을 그대로 사용하는 하나의 줄로 압축할 수 있다. 처음에는 이상하게 보이지만 이렇게 하는 것이 맞다. 필요한 가장 상세한 그래뉼래러티로 줄 수를 줄이면 모델이 표현하는 것은 아무것도 바꾸지 않는다. 더 많은 줄은 공간의 낭비일 뿐이다.

확실히 디멘션을 추가하면 모든 것이 변한다. 예를 들어 앞의 여덟 개의 줄에 적용되는 프로모션 할인이 서로 다를 수 있다. 새로 Promotion 디멘션을 추가하면 그래뉼래러티도 커진다.

스노우플레이크 디멘션은 연결된 디멘션보다 상세한 정도가 낮기 때문에 그래뉼래러티를 정의할 때 포함하지 않는다. 실제로 Product와 Product Subcategory 사이의 관계에서 Product는 many side이다. 따라서 같은 카테고리를 사용하는 많은 Product가 있다. 만약 Product Subcategory 키를 팩트 테이블에 추가하면 줄의 크기를 변경할 수 없을 것이다.

새롭게 모델을 설계할 때마다 항상 이런 고려 사항을 염두에 두어야 한다. 디멘션을 정의한 후, 데이터를 추출하며 그룹화 및 사전 집계를 수행해 팩트 테이블의 크기를 자연스러운 그래뉼래러티로 줄이려고 노력하자. 결과적으로 더 작은 모델, 정확히 말하면 너무 작지도 크지도 않은 완벽한 크기의 최적화된 모델이 된다.

이번 절에서 살펴본 팩트 테이블은 order number에 대한 상세한 정보를 포함하지 않는다는 사실에 주목한다. 테이블에 order number를 넣으면 심지어 같은 디멘션들을 공유하더라도 많은 줄이 달라진다. 예를 들어 동일한 고객에 대한 두 개의 동일한 주문은 order number를 고려하지 않는다면 그룹화될 수 있다. 하지만 order number가 추가되면 더 이상 그룹화될 수 없다. 따라서 팩트 테이블의 상세 정보의 존재는 테이블 자체의 그래뉼래러티를 바꾼다. 팩트 테이블에 이런 상세한 정보를 저장해야 하는 이유가 있을 수 있다. 상세한 정보의 존재는 크기와 메모리 사용 측면에서 높은 비용이 든다는 사실을 이해하는 것이 중요하다. 이런 필드는 보고서에서 정말 필요할 때만 저장하도록 한다.

서로 다른 그래뉼래러티의 관계

그래뉼래러티에 대한 일반적인 용어를 알아봤으므로, 여러 팩트 테이블에서 그래뉼래러티가 서로 다른 예제를 살펴보자. 예산 시나리오가 좋은 예다.

예산 데이터 분석

예산을 분석해야 할 때, 실제 판매(과거 또는 현재)와 예측된 예상 값 사이에 차이를 확인해야 할 수 있다. 이로 인해 흥미로운 핵심 성과 지표(KPIs)와 보고서가 된다. 하지만 이를 위해 그래뉼래러티의 문제에 대면해야 한다. 실제로 각 상품과 날짜에 대한 예산에 맞게 판매될 가능성은 거의 없다. 하지만 제품과 날짜 레벨의 세일이 있다. 예제를 통해 살펴보자. 그림 9-3은 내년의 값을 포함하는 Sales와 Budget 테이블을 갖는 표준 스타 스키마 모델이다.

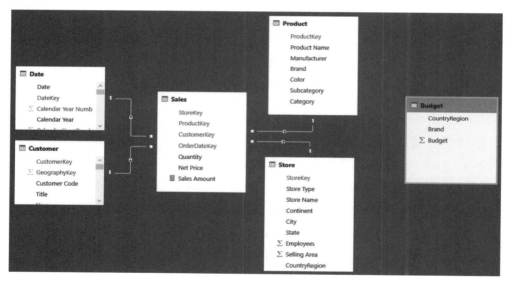

그림 9-3 같은 구조의 Sales와 Budget 데이터를 갖는 데이터 모델

예산 정보는 country/region과 brand 수준으로 표시된다. 확실히 매일의 수치를 제시하는 것은 앞뒤가 맞지 않다. 수치를 예측할 때 더 높은 수준에서 한다. 제품 레벨에도 동일하게 적용한다. (판매가 아주 적은 것이 아니라면) 개별 제품의 판매를 예측할 수 없다. 그림 9-3의 예제의 예산 관리에서는 country/region과 brand라는 두 속성에 초점을 맞춘다.

동일한 구조로 Sales와 Budget을 보여주는 보고서를 만든다면, 관계가 없기 때문에 문제가 생긴다. 그림 9-4에서 보듯이 제품의 브랜드(즉 Product 테이블의 Brand 칼럼으로)를 사용해 2009년의 판매를 브랜드로 분할할 수 있지만, Product와 Budget 사이의 관계가 없기 때문에 동일한 칼럼을 사용해 예산 정보를 분할할 수 없다.

Brand	Sales 2009	Budget 2009
A. Datum	$36,200.51	$1,141,350.00
Adventure Works	$32,581.41	$1,141,350.00
Contoso	$132,922.31	$1,141,350.00
Fabrikam	$110,962.34	$1,141,350.00
Litware	$102,200.93	$1,141,350.00
Northwind Traders	$2,505.23	$1,141,350.00
Proseware	$67,563.50	$1,141,350.00
Southridge Video	$35,644.43	$1,141,350.00
Total	**$629,836.71**	**$1,141,350.00**

그림 9-4 Product와 Budget 사이의 관계가 없기 때문에 제품 브랜드를 사용해 Budget 테이블을 분할할 수 없다.

1장, '데이터 모델링 소개'에서 비슷한 시나리오를 다뤘던 것을 기억할지 모르겠다. 그때는 지금 아는 것을 알지 못했으므로 이를 해결하기 위해 사용할 수 있는 다양한 옵션을 자세히 다룰 수 없었다.

모델에서 그래뉼래러티 문제는 실수가 아니라는 점에 주목해야 한다. Budget은 자체 그래뉼래러티가 있는 반면, Sales는 다르게 표시한다. 두 테이블은 모두 올바른 방법으로 모델링됐다. 하지만 둘 모두를 분할하는 것은 쉽지 않다.

분석할 첫 번째 방법은 Budget 모델이 동작하도록 하는 가장 쉬운 방법으로, Budget에는 없는 Sales의 상세 내용을 제거해 두 테이블의 그래뉼래러티를 일치시키는 것이다. 이를 위해 간단히 Sales를 로드하는 쿼리를 수정하고 Budget에서 지원하지 않는 상세한 수준의 Sales 참조 테이블을 제거할 수 있다. 결과는 그림 9-5와 같다.

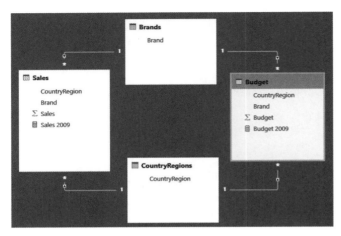

그림 9-5 두 테이블을 간소화해 단순한 스타 스키마를 얻을 수 있다.

모델을 단순화시키기 위해 모든 상세한 내용을 제거해 Sales의 그래뉼래러티를 줄였다. 날짜 참조, 제품 키(브랜드로 대체), StoreKey(CountryRegion으로 대체)를 제거해야 했다. 그룹화하는 동안 판매 총액을 사전에 계산했다. 모든 디멘션이 없어지고, brand와 country/region을 포함하는 두 개의 단순한 디멘션으로 대체했다. 그림 9-6과 같은 결과 모델은 쉽고, 잘 동작한다. Sales와 Budget을 brand로 분할해 의미 있는 값을 얻을 수 있다.

Brand	Sales 2009	Budget 2009
A. Datum	$33,315.51	$48,500.00
Adventure Works	$31,766.41	$67,100.00
Contoso	$132,785.98	$239,500.00
Fabrikam	$99,675.86	$169,500.00
Litware	$106,393.85	$143,000.00
Northwind Traders	$2,505.23	$64,500.00
Proseware	$65,963.93	$115,500.00
Southridge Video	$36,392.89	$61,500.00
Total	**$617,297.77**	**$1,141,350.00**

그림 9-6 스타 스키마를 기반으로 하는 모델이기 때문에 의미 있는 값을 계산한다.

이 방법의 문제는 동작하도록 하기 위해 분석력 측면에서 큰 대가를 치러야 한다는 점이다. 즉, 판매에 대한 모든 세부적인 정보를 제거해야 했다. 예를 들어 날짜는 2009년으로

만 제한해야 했다. 게다가 더 이상 판매를 월별이나 분기별, 또는 상품의 색상으로 분할할 수 없다. 따라서 기술적인 면에서 이 방법이 정상 동작하더라도 훌륭한 방법과는 거리가 멀다. 원하는 방법은 Sales의 분석력을 잃지 않고 Budget을 분할하는 것이다.

필터 이동을 위한 DAX 코드 사용

시나리오를 처리하기 위해 다음으로 분석할 기술은 DAX를 기반으로 한다. 그림 9-3의 데이터 모델은 Product 테이블의 Brand 칼럼을 사용해 브랜드로 필터링할 수 있지만, Product와 Budget 사이의 관계가 없기 때문에 필터는 Budget 테이블에 도달할 수 없는 문제가 있다.

DAX 필터를 사용해 Products의 Brand 칼럼의 필터를 Budget의 Brand 칼럼으로 강제 설정할 수 있다. 사용할 수 있는 DAX 버전에 따라 다양한 방법으로 필터를 작성할 수 있다. 파워 BI와 엑셀 2016 이후 버전에서는 함수 세트를 사용할 수 있다. 실제로 다음과 같은 표현을 사용해 2009년 Budget의 코드를 작성하면 brand와 country/region으로 정확하게 분할할 수 있을 것이다.

```
Budget 2009 :=
CALCULATE (
    SUM ( Budget[Budget] ),
    INTERSECT ( VALUES ( Budget[Brand] ), VALUES ( 'Product'[Brand] ) ),
    INTERSECT ( VALUES ( Budget[CountryRegion] ), VALUES ( Store[CountryRegion] ) )
)
```

INTERSECT 함수는 Product[Brand]의 값과 Budget[Brand] 사이의 교차점 집합을 처리한다. 관계를 가지지 않는 Budget 테이블은 필터링되지 않기 때문에 결과는 Budget의 Brand의 모든 값과 Product의 보이는 값 사이의 교차점 집합이다. 다시 말해 Product의 필터가 Brand 칼럼을 사용해 Budget 테이블로 이동했다. 필터가 두 개이므로 Brand의 필터와 CountryRegion의 필터 모두 Product와 Store에서 출발해 Budget으로 이동할 것이다.

이 기술은 10장, '데이터 모델 세그멘테이션'에서 다루는 동적 세그멘테이션 패턴 기술처럼 보인다. 실제로 관계가 없으며 생성할 수 없기 때문에 이를 흉내 내는 DAX에 의존해 사용자가 없는 관계가 있는 것으로 여기게 한다.

엑셀 2013에서는 INTERSECT 함수를 사용할 수 없다. 다음의 코드와 같이 CONTAINS 함수를 기반으로 다른 기술을 사용해야 한다.

```
Budget 2009 Contains =
CALCULATE (
    SUM ( Budget[Budget] ),
    FILTER (
        VALUES ( Budget[Brand] ),
        CONTAINS (
            VALUES ( 'Product'[Brand] ),
            'Product'[Brand],
            Budget[Brand]
        )
    ),
    FILTER (
        VALUES ( Budget[CountryRegion] ),
        CONTAINS (
            VALUES ( Store[CountryRegion] ),
            Store[CountryRegion],
            Budget[CountryRegion]
        )
    )
)
```

이 코드는 앞에서 사용한 INTERSECT보다 더 복잡하지만, 엑셀 2010 또는 엑셀 2013에서 이런 패턴을 사용해야 한다면 가장 좋은 방법이다. 그림 9-7은 결과를 얻기 위해 약간 다른 기술을 사용함에도 불구하고 두 측정식이 어떻게 같은 수치를 반환하는지 보여준다.

여기서 살펴보는 기술은 DAX의 사용에만 의존하기 때문에 데이터 모델을 변경하지 않아도 된다. 이는 잘 동작하지만, 코드는 약간 작성하기 복잡하고 특히 오래된 버전의 엑셀을 사용한다면 더욱 복잡하다. 즉, Budget 테이블에서 속성의 수가 두 개가 아니라 상당히 많아지면 함수 집합을 사용하는 버전은 너무 복잡해질 수 있다. 실제로 budget 테이블의 그래뉼래러티를 정의하는 각 칼럼마다 새로운 INTERSECT 함수 호출이 필요할 것이다.

Brand	Sales 2009	Budget 2009	Budget 2009 Contains
A. Datum	$36,200.51	$48,500.00	$48,500.00
Adventure Works	$32,581.41	$67,100.00	$67,100.00
Contoso	$132,922.31	$239,500.00	$239,500.00
Fabrikam	$110,962.34	$169,500.00	$169,500.00
Litware	$102,200.93	$143,000.00	$143,000.00
Northwind Traders	$2,505.23	$64,500.00	$64,500.00
Proseware	$67,563.50	$115,500.00	$115,500.00
Southridge Video	$35,644.43	$61,500.00	$61,500.00
Tailspin Toys	$9,439.22	$28,000.00	$28,000.00
The Phone Company	$31,975.17	$78,750.00	$78,750.00
Wide World Importers	$67,841.67	$125,500.00	$125,500.00
Total	**$629,836.71**	**$1,141,350.00**	**$1,141,350.00**

그림 9-7 Budget 2009와 Budget 2009 Contains의 계산 결과가 같다.

이 측정식의 또 다른 문제는 성능이다. INTERSECT 함수는 DAX 언어의 느린 부분에 의존하므로 큰 모델에서 성능은 최적화되지 못한다. 다행히도 2017년 1월 DAX는 이런 시나리오를 처리하기 위한 특별한 함수가 확장됐다. TREATAS이다. 실제로 최신 버전의 DAX 언어를 사용해 다음과 같은 측정식을 작성할 수 있다.

```
Budget 2009 :=
CALCULATE (
    SUM ( Budget[Budget] ),
    TREATAS ( VALUES ( Budget[Brand] ), 'Product'[Brand] ),
    TREATAS ( VALUES ( Budget[CountryRegion] ), Store[CountryRegion] )
)
```

TREATAS 함수는 INTERSECT와 유사한 방법으로 동작한다. INTERSECT보다 빠르지만 다음 절에서 살펴볼 관계 버전보다는 느리다.

관계를 통한 필터링

앞 절에서 DAX 코드를 사용해 예산 시나리오를 처리했다. 이번 절에서는 동일한 시나리오지만 DAX 대신 필터를 올바른 방법으로 전파하는 관계에 의존하도록 데이터 모델을 변경해 처리할 것이다. 이 아이디어는 Sales의 그래뉼래러티는 줄이고 두 개의 새로운 디멘션을 생성하는 첫 번째 기술과 스노우플레이크 모델을 섞은 것이다. 먼저 다음의 DAX 코드를 사용해 두 개의 새로운 디멘션 Brands와 CountryRegions를 만든다.

```
Brands =
DISTINCT (
    UNION (
        ALLNOBLANKROW ( Product[Brand] ),
        ALLNOBLANKROW ( Budget[Brand] )
    )
)

CountryRegions =
DISTINCT (
    UNION (
        ALLNOBLANKROW ( Store[CountryRegion] ),
        ALLNOBLANKROW ( Budget[CountryRegion] )
    )
)
```

테이블을 생성한 후, 그림 9-8의 데이터 모델처럼 이를 스노우플레이크(Sales)로 만들고 디멘션(Budget)을 가리키도록 관계를 설정할 수 있다.

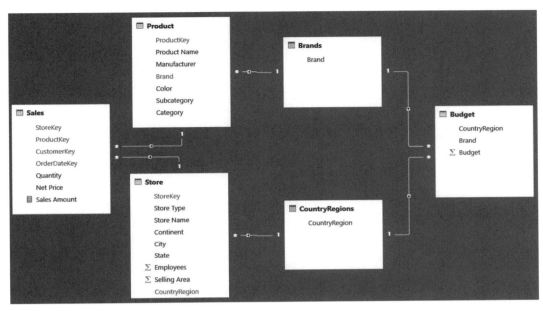

그림 9-8 Brands와 CountryRegions는 그래뉼래러티 문제를 해결하기 위해 추가한 디멘션이다.

완벽한 스타 스키마 모델이 준비되면 Brands의 Brand 칼럼 또는 CountryRegions의 CountryRegion을 사용해 Sales와 Budget을 한 번에 분할할 수 있다. 하지만 적절한 칼럼을 사용하기 위해 주의를 기울여야 한다. Product의 Brand 칼럼을 사용하면 관계의 크로스필터링의 방향 때문에 Brands를 분할할 수 없고, 더 나아가 Budget을 분할할 수 없다. 이런 이유로 부분적으로 (원하지 않는 방법으로) 모델을 필터링하는 칼럼을 숨기는 것이 좋다. 이전 모델을 유지하려면 Budget과 Store의 CountryRegion 칼럼과 Pruduct와 Budget의 Brand 칼럼을 숨겨야 한다.

좋은 소식은 파워 BI에서 관계 크로스필터링 전파에 대한 완벽한 제어가 가능하다는 점이다. 따라서 Product와 Brand, CountryRegions 사이의 관계에서 양방향 필터링이 가능하도록 선택할 수 있다. 그림 9-9와 같은 모델을 얻을 수 있다.

먼저, 그림 9-8과 그림 9-9는 별 차이가 없는 것 같다. 하지만 모델의 테이블이 동일하더라도 관계를 어떻게 설정하느냐에 차이가 있다. Product와 Brands의 관계가 양방향 필터이고 Store와 CountryRegions 사이의 관계도 마찬가지다.

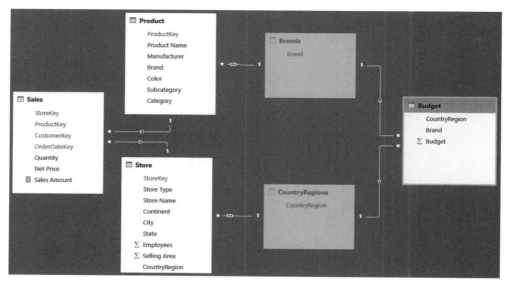

그림 9-9 이 모델에서 Brands와 CountryRegions는 숨겨져 있고, Product와 Store의 관계는 양방향으로 설정돼 있다.

게다가 Brands와 CountryRegions 테이블이 모두 숨겨져 있다. 이는 헬퍼 테이블-계산식에서 사용되지만 사용자가 살펴보기에는 유용하지 않다-이기 때문이다. Product의 Brand 칼럼을 필터링한 후, 관계의 양방향 필터는 Product에서 Brands로 필터를 이동한다. 여기서 필터는 자연스럽게 Budget으로 흐른다. Store와 CountryRegions 사이의 관계도 동일한 동작을 한다. 따라서 Product나 Store의 필터로 Budget을 필터링하는 모델을 만들 때 기술적인 두 테이블은 숨겨져 있기 때문에 사용자가 이 모델에 쉽게 접근할 수 있다.

이 기술은 성능 면에서 상당한 이점이 있다. 실제로 관계에 기반해 DAX 엔진의 빠른 부분을 사용하게 되고, 필터를 적용하고 필터 전파를 필요할 때만 사용한다(영향을 받는 디멘션의 선택 여부와 상관없이 FILTER 함수를 사용하는 앞 절에서 설명한 솔루션의 경우는 아니다). 이는 최적의 성능을 낸다. 마지막으로 그래뉼래러티 문제를 모델에서 처리하기 때문에 측정식은 CALCULATE 동작이나 내부적인 필터링 없이 단순한 SUM 동작이 된다. 유지보수 측면에서 보면, 모든 새로운 계산식에서 이전 모델에서는 반드시 필요했던 필터링 패턴을 반복할 필요가 없다는 의미이기 때문에 아주 중요하다.

잘못된 그래뉼래러티로 값 숨기기

앞 절에서 Sales의 그래뉼래러티를 Budget만큼 낮춰 표현성을 잃으면서 그래뉼래러티 문제를 해결하려 했다. 그 후 하나의 데이터 모델에서 중간의 숨겨진 스노우플레이크 디멘션을 사용해 두 팩트 테이블을 병합해 사용자가 부드럽게 Budget과 Sales를 살펴볼 수 있도록 했다. 그러나 사용자가 budget 값을 product brand로 분할해볼 수 있더라도 사용자는 제품 색상으로 분할할 수 없을 것이다. 실제로 색상은 브랜드보다 다양하게 분포돼 있고, Budget은 색상 그래뉼래러티의 정보를 가지지 않는다. 예제로 확인해보자. Sales와 Budget을 색상으로 분할해 간단한 보고서를 만들면 그림 9-10과 같은 결과를 얻는다.

Color	Sales Amount	Budget 2009
Azure	$6,362.32	$48,500.00
Black	$337,734.90	$1,141,350.00
Blue	$92,449.76	$1,062,600.00
Brown	$115,653.60	$806,100.00
Gold	$17,447.49	$625,750.00
Green	$64,720.29	$934,000.00
Grey	$246,243.30	$1,076,850.00
Orange	$33,211.29	$726,000.00
Pink	$27,358.17	$958,750.00
Purple	$60.60	$600,500.00
Red	$48,697.27	$1,014,100.00
Silver	$285,768.49	$1,141,350.00
Silver Grey	$18,238.76	$457,500.00
Transparent	$178.75	$239,500.00
White	$453,935.43	$1,092,850.00
Yellow	$4,311.34	$662,000.00
Total	**$1,752,371.77**	**$1,141,350.00**

그림 9-10 Sales Amount는 가산되지만 Budget 2009는 아니다. 줄의 합계가 총계보다 훨씬 크다.

어쩌면 다대다 관계와 비슷한 패턴을 알아챘을 것이다. 실제로는 다음과 같은 일이 일어난다. Budget 팩트 테이블은 제품에 대한 정보가 없기 때문에 보고서는 해당 색상의 제품에 대한 예산을 보여주지 않는다. 단지 브랜드만 알 뿐이다. 보여주는 수치는 해당 색상의 제품이 하나라도 포함된 브랜드의 Budget 값을 보여준다. 이 수치는 최소한 두 가지의 문제가 있다. 첫 번째는 잘못된 값이라는 점이고, 두 번째는 이 값이 잘못됐다는 것을 알아채기 힘들다는 점이다.

모델에서 이런 보고서를 얻고 싶은 것이 아니다. 가장 좋은 경우는 사용자가 이 수치에 대해 항의하는 것이다. 최악의 경우는 잘못된 결과를 기반으로 결정을 내리는 것이다. 모델에서 값을 계산할 수 없다면 에러를 정확하게 보여주고 다른 답을 제공하지 않는 것이 데이터 모델러의 몫이다. 즉, 코드에서 측정식으로 어떤 값을 반환한다면 그 값은 반드시 올바른 값이라는 로직을 포함해야 한다. 잘못된 결과는 명확하게 나타내야 하고 이는 선택 사항이 아니다.

생각해봤겠지만 다음으로 문제가 있다. 어떤 값도 반환하지 않아야 하는지 어떻게 알 수 있을까? 약간의 DAX 지식이 있다면 쉽다. 피벗 테이블-또는 일반적인 보고서-의 올바른 그래뉼래러티가 아니더라도 데이터가 여전히 적절한지 살펴봐야 한다. 그래뉼래러티 이상이라면 값을 집계하면 잘 동작한다. 그래뉼래러티보다 낮다면 더 세부적인 수준으로 살펴보더라도 그래뉼래러티를 기반으로 값을 분할할 것이다. 이 경우 답을 알 수 없다는 것을 사용자에게 알리기 위해 빈 결과(BLANK)를 반환해야 한다.

이 시나리오를 해결하기 위한 핵심은 Sales 그래뉼래러티에서 선택된 제품-또는 가게-의 수를 세고, 이들을 Budget 그래뉼래러티에서 선택된 제품 수와 비교할 수 있게 하는 것이다. 두 값이 같다면 제품에서 유도된 필터는 두 팩트 테이블 모두에서 의미 있는 값을 생성할 것이다. 하지만 두 값이 서로 다르다면 필터는 테이블에서 낮은 그래뉼래러티를 사용해 잘못된 결과를 생성할 것이다. 이를 위해 다음의 두 측정식을 정의한다.

```
ProductsAtSalesGranularity := COUNTROWS ( Product )

ProductsAtBudgetGranularity :=
CALCULATE (
    COUNTROWS ( Product ),
    ALL ( Product ),
    VALUES ( Product[Brand] )
)
```

ProductsAtSalesGranulariy는 최대 그래뉼래러티의 제품 수 즉, product key를 센 수이다. Sales는 이 그래뉼래러티로 Product와 연결돼 있다. 반면 ProductsAtBudgetGranularity는 Brand의 필터로 처리하고 다른 기존의 필터를 제거한 제품의 수를 센다. 이것이

Budget 그래뉼래러티에 대한 정의다. 브랜드와 색상으로 분할해 보여주는 그림 9-11과 같은 보고서를 만든다면 두 측정식의 차이를 알 수 있다.

Brand	Color	ProductsAtBudgetGranularity	ProductsAtSalesGranularity
A. Datum	Azure	132	14
	Black	132	18
	Blue	132	4
	Gold	132	4
	Green	132	14
	Grey	132	18
	Orange	132	18
	Pink	132	18
	Silver	132	18
	Silver Grey	132	6
	Total	**132**	**132**
Adventure Works	Black	192	54
	Blue	192	12
	Brown	192	15
	Grey	192	14
	Red	192	6
	Silver	192	39
	White	192	52
	Total	**192**	**192**

그림 9-11 이 보고서는 서로 다른 그래뉼래러티의 제품 수를 보여준다.

두 측정식은 브랜드 필터가 있고, 다른 적용된 필터가 없을 때만 동일한 값을 보여준다. 달리 말하면 Product가 Budget 그래뉼래러티로 분할될 때만 두 값이 같다. 그래뉼래러티가 country/region인 Store도 마찬가지다. 다음의 코드를 사용해 store 수준의 그래뉼래러티를 체크하기 위해 두 측정식을 정의한다.

```
StoresAtSalesGranularity := COUNTROWS ( Store )

StoresAtBudgetGranularity :=
CALCULATE (
    COUNTROWS ( Store ),
    ALL ( Store ),
    VALUES ( Store[CountryRegion] )
)
```

보고서에서 사용하면 두 측정식은 그림 9-12와 같이 budget 또는 그 이상의 그래뉼래러티에서 같은 값을 반환한다.

Continent	CountryRegion	State	StoresAtBudgetGranularity	StoresAtSalesGranularity ▼
North America	United States	Texas	198	35
		Wisconsin	198	22
		Colorado	198	21
		Washington	198	20
		Massachusetts	198	19
		New Jersey	198	18
		New York	198	14
		Florida	198	13
		Maryland	198	11
		Connecticut	198	8
		Virginia	198	8
		Maine	198	6
		South Carolina	198	2
		Alaska	198	1
		Total	**198**	**198**
	Canada	Ontario	11	5
		British Columbia	11	3
		Quebec	11	2
		Alberta	11	1
		Total	**11**	**11**
	Total		**209**	**209**
Total			**209**	**209**

그림 9-12 서로 다른 그래뉼래러티의 store 수치를 보여준다.

사실 수치는 country/region 수준에서뿐만 아니라 continent 수준에서도 같다. 이는 Continent가 CountryRegion보다 그래뉼래러티가 높기 때문에 옳고, Continent 수준에서 Budget의 값도 정확하다.

마지막 단계는 Budget의 의미 있는 숫자인지 확실히 하기 위해 지금까지 작성한 측정값이 일치하지 않을 때 Budget 측정값을 지우는 것이다. 다음 코드와 같이 조건 계산식을 사용해 쉽게 처리할 수 있다.

```
Budget 2009 :=
IF (
    AND (
        [ProductsAtBudgetGranularity] = [ProductsAtSalesGranularity],
        [StoresAtBudgetGranularity] = [StoresAtSalesGranularity]
    ),
    SUM ( Budget[Budget] )
)
```

추가 코드는 보고서가 Budget보다 높은 그래뉼래러티로 살펴볼 때만 값을 반환하도록 한다. 결과는 그림 9-13과 같이 Budget은 brand 수준에서 정확한 값을 보여주고 color 수준에서는 빈 값을 보여준다.

 노트 | 서로 다른 그래뉼래러티의 팩트 테이블이 있을 땐, 그래뉼래러티 문제로 인해 값이 보이지 않을 때 이를 알아채는 것이 중요하다. 그렇지 않으면, 보고서는 항상 결과를 생성하고 이는 잘못됐을 가능성이 있다.

Brand	Color	Sales 2009	Budget 2009
A. Datum	Azure	$2,300.20	
	Black	$9,084.43	
	Gold	$1,014.00	
	Green	$5,138.80	
	Grey	$3,103.05	
	Orange	$5,306.96	
	Pink	$1,378.92	
	Silver	$1,726.35	
	Silver Grey	$7,147.80	
	Total	**$36,200.51**	**$48,500.00**
Adventure Works	Black	$15,303.77	
	Blue	$520.47	
	Silver	$8,622.21	
	White	$8,134.95	
	Total	**$32,581.41**	**$67,100.00**

그림 9-13 이 보고서는 적절한 그래뉼래러티 이하일 때 Budget의 값을 비워 뒀다.

높은 그래뉼래러티 값 할당

앞의 예제에서 사용자가 데이터 모델에서 더 이상 지원하지 않는 그래뉼래러티를 탐색할 때 값을 숨기는 방법에 대해 배웠다. 이 기술은 잘못된 수치를 보여주지 않도록 하는 데 유용하다. 하지만 일부 특별한 시나리오에서 이보다 확실하게 처리할 수 있다. 할당 요소를 사용해 더 높은 그래뉼래러티의 값을 계산할 수 있다. 회사에서 Adventure Works라는 회사의 파란색 제품에 대한 예산을 모른다고 가정하자(Adventure Works의 전체 예산에 대해서만 알고 있다). 실시간으로 계산할 수 있는 전체 예산에 대한 비율을 사용해 이를 알아낼 수 있다. 이 비율이 할당 요소(allocation factor)이다.

예를 들어 좋은 할당 요소는 작년 전체 색상에 대한 파란 제품의 판매 비율이다. 말로 설명하기보다 그림 9-14의 최종 보고서를 살펴보는 것이 더 간단하다.

Brand	Color	Sales 2008	AllocationFactor	Budget 2009	Allocated Budget
A. Datum	Azure	$4,062.12	9.33 %		$4,526.04
	Black	$681.90	1.57 %		$759.78
	Blue	$1,587.60	3.65 %		$1,768.91
	Green	$3,450.30	7.93 %		$3,844.35
	Grey	$1,800.00	4.14 %		$2,005.57
	Orange	$6,424.10	14.76 %		$7,157.77
	Pink	$12,566.60	28.87 %		$14,001.78
	Silver	$9,557.72	21.96 %		$10,649.28
	Silver Grey	$3,398.40	7.81 %		$3,786.52
	Total	**$43,528.75**	**100.00 %**	**$48,500.00**	**$48,500.00**
Adventure Works	Black	$27,481.25	29.36 %		$19,703.50
	Blue	$8,603.64	9.19 %		$6,168.64
	Brown	$7,549.63	8.07 %		$5,412.93
	Grey	$4,644.90	4.96 %		$3,330.30
	Red	$5,592.00	5.98 %		$4,009.35
	Silver	$18,013.27	19.25 %		$12,915.15
	White	$21,702.32	23.19 %		$15,560.13
	Total	**$93,587.00**	**100.00 %**	**$67,100.00**	**$67,100.00**

그림 9-14 Allocated Budget 칼럼은 동적 계산을 통해 더 높은 그래뉼래러티에서 값을 보여준다.

그림 9-14를 조금 더 자세히 살펴보자. 앞의 그림에서 Sales 2009를 사용했지만 여기서는 Sales 2008을 보여준다. 이는 Budget 그래뉼래러티에서 파란색 제품의 판매 총액을 2008년 판매 총액으로 나눈 값으로 정의된 할당 요소를 계산하기 위해 Sales 2008을 사용하기 때문이다.

Adventure Works의 파란 제품으로 판매에서 $8,603.64를 벌었고, 이를 $93,587.00로 나눈 결과로 2008년의 판매 비중인 9.19%를 구했다. 파란 제품의 예산은 2009년에는 사용할 수 없지만, Adventure Works의 예산에 2008년 비중을 곱해 $6,168.64라는 예측치를 구할 수 있다.

그래뉼래러티에 대해 이해하면 값을 계산하는 것은 쉽다. 이는 지금까지 봤던 계산식의 단순한 변형으로, 다음의 DAX 코드와 같다.

```
Sales2008AtBudgetGranularity :=
CALCULATE (
    [Sales 2008],
    ALL ( Store ),
```

```
    VALUES ( Store[CountryRegion] ),
    ALL ( Product ),
    VALUES ( Product[Brand] )
)

AllocationFactor := DIVIDE ( [Sales 2008], [Sales2008AtBudgetGranularity] )

Allocated Budget := SUM ( Budget[Budget] ) * [AllocationFactor]
```

계산식의 핵심은 Store와 Product에서 필터를 제거한 후 Budget 수준의 그래뉼래러티를 정의하는 칼럼이 아닌 판매 총액을 계산한 Sales2008AtBudgetGranularity이다. 남은 두 측정식은 단순한 나눗셈과 곱셈이다. 원하는 결과를 생성하기 위해 그림 9-14의 값을 사용한다.

더 높은 그래뉼래러티를 재할당하는 기술은 아주 흥미롭고 사용자는 실제보다 높은 그래뉼래러티에서 값을 보여주는 것처럼 느끼게 한다. 하지만 이 기술을 사용한다면 결정권자에게 이 값을 어떻게 계산했는지 명확하게 설명해야 한다. 결국에는 값은 계산으로 구한 것이고, 예산을 만들 때 입력되는 값은 아니다.

결론

그래뉼래러티는 데이터 모델을 만들 때 이해하고 있어야 하는 주제이고, 이 책의 여러 장에서 살펴봤다. 9장에서는 데이터가 이미 적절한 수준으로 저장돼 있어서 그래뉼래러티를 수정할 수 없을 때의 옵션을 살펴봤다.

9장에서 살펴본 가장 중요한 주제는 다음과 같다.

- 그래뉼래러티는 팩트 테이블에 연결된 디멘션의 수준으로 정의된다.

- 서로 다른 팩트 테이블은 데이터의 특성으로 인해 서로 다른 수준의 그래뉼래러티를 나타낼 수 있다. 일반적으로 그래뉼래러티 문제는 모델의 에러다. 하지만 여러 팩트 테이블이 서로 다르지만 적절한 그래뉼래러티로 저장된 시나리오도 있다.

- 여러 팩트 테이블이 서로 다른 그래뉼래러티를 가질 때, 하나의 디멘션을 사용해 모든 디멘션을 분할할 수 있도록 모델을 설계해야 한다. 적절한 그래뉼래러티를 갖는 특별한 모델을 만들거나 DAX 코드나 양방향 관계를 사용해 필터를 이동시켜 처리할 수 있다.

- 팩트와 이를 적절하게 처리하는 과정에서 그래뉼래러티의 차이를 알아야 한다. 여러 옵션이 있다. 문제를 무시하거나 그래뉼래러티가 너무 높을 때 데이터를 숨기거나 할당 요소를 사용해 값을 재할당할 수 있다.

CHAPTER 10

데이터 모델 세그멘테이션

9장, '서로 다른 그래뉼래러티 사용'에서 하나의 칼럼을 기반으로 연결되는 두 테이블이 있는 일반적인 관계의 데이터를 모델링하는 방법을 배웠다. 마지막에는 표준 관계를 사용해 다대다 관계를 만들었다. 10장에서는 DAX 언어를 사용해 테이블 간의 복잡한 관계를 처리하는 방법을 배울 것이다. Tabular 모델은 다소 제한적으로 보이지만 테이블 사이의 단순하거나 양방향의 관계를 처리할 수 있다. 하지만 DAX 언어를 활용해 가상(virtual) 관계를 포함해 기본적인 모든 종류의 관계를 사용하는 고급 모델을 만들 수 있다. 복잡한 시나리오를 해결할 때 DAX는 데이터 모델의 정의에서 중요한 역할을 한다.

이런 종류의 관계를 보여줄 때 데이터 세그멘테이션 주제를 갖는 일부 데이터 모델을 예제로 사용할 것이다. 세그멘테이션Segmentation은 설정 테이블을 기반으로 데이터를 계층화할 때마다 나타나는 일반적인 모델링 패턴이다. 예를 들어 연령 범위를 기반으로 고객을, 판매 총액을 기반으로 제품을, 또는 생성된 수익을 기반으로 고객을 구분 짓고 싶다고 하자.

10장의 목표는 모델에서 사용할 수 있도록 사전에 설계된 패턴을 제공하는 것이 아니다. 대신 복잡한 모델을 설계하기 위해 DAX를 사용하는 특이한 방법을 보여주고 관계에 대한 이해를 넓히며 DAX 계산식을 사용해 무엇을 얻을 수 있는지 알아본다.

다중 칼럼 관계 계산

보여주려는 첫 번째 관계 집합은 계산된 물리적 관계다. 표준 관계와의 유일한 차이점은 관계의 키가 계산된 칼럼이라는 점이다. 키가 없거나 복잡한 계산식으로 구해야 하기 때문에 관계를 설정할 수 없는 시나리오에서 계산된 칼럼을 사용해 관계를 설정할 수 있다. 계산된 칼럼을 기반으로 하더라도 이는 여전히 물리적인 관계이다.

Tabular 엔진은 오직 하나의 칼럼을 기반으로 관계를 생성할 수 있다. 하나 이상의 칼럼을 기반으로 하는 관계를 지원하지 않는다. 그러나 여러 칼럼을 기반으로 하는 관계는 상당히 유용하고 많은 데이터 모델에서 나타난다. 이런 종류의 모델을 사용해 작업해야 하면 다음의 두 가지 방법을 사용한다.

- 키의 조합을 포함하고 관계에서 새로운 키로 사용하는 계산된 칼럼을 정의한다.

- LOOKUPVALUE 함수를 사용해 대상 테이블(일대다 관계에서 one side)의 칼럼을 비정규화한다.

예를 들어 어떤 날 특별한 "오늘의 제품" 프로모션을 진행한다고 하고, 그림 10-1과 같이 하나의 제품에 대해 해당 할인이 적용되도록 특별한 프로모션을 만들어본다.

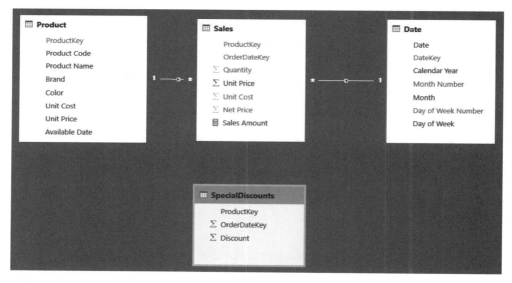

그림 10-1 SpecialDiscounts 테이블은 Sales의 두 칼럼을 기반으로 하는 관계가 필요하다.

프로모션을 사용하는 테이블(SpecialDiscounts)은 ProductKey와 OrderDateKey, Discount라는 세 개의 칼럼을 가진다. 할인 금액을 계산하기 위해 이 정보를 사용해야 할 수 있고 어떤 판매에 대한 할인 금액은 ProductKey와 OrderDateKey에 기반한다는 문제에 직면하게 된다. 따라서 Sales와 SpecialDiscounts 사이의 관계는 두 개의 칼럼을 포함해야 하고 Tabular는 하나의 칼럼을 통한 관계만 지원하기 때문에 관계를 생성할 수 없다.

이 시나리오를 해결하기 위한 방법을 찾으려면 계산된 칼럼을 기반으로 관계를 생성할 때 방해가 되는 것이 없어야 한다. 실제로 엔진이 두 개의 칼럼을 기반으로 하는 관계를 지원하지 않으면 두 칼럼을 포함하는 새로운 하나의 칼럼을 만들고 이 새로운 칼럼으로 관계를 만들 수 있다. 다음의 코드를 사용해 SpecialDiscount와 Sales 테이블에 두 칼럼의 조합을 포함하는 계산된 칼럼을 만들 수 있다.

```
Sales[SpecialDiscountKey] = Sales[ProductKey] & "-" & Sales[OrderDateKey]
```

SpecialDiscount에서도 비슷한 표현식을 사용한다. 두 칼럼을 정의한 후, 마지막으로 두 테이블 사이의 관계를 만들 수 있다. 결과는 그림 10-2의 모델과 같다.

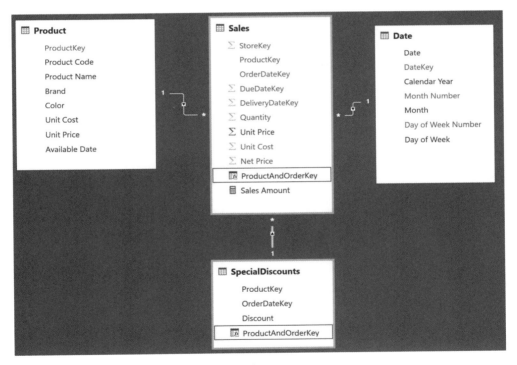

그림 10-2 계산된 칼럼을 관계의 기반으로 사용할 수 있다.

이 해결 방법은 쉽고 잘 동작한다. 하지만 다양한 값을 갖는 두 개의 계산된 칼럼을 생성해야 하기 때문에 이 해결 방법이 최선이 아닌 시나리오가 있다. 성능 측면에서 이는 바람직하지 않다.

같은 시나리오에 대한 또 다른 가능한 시나리오는 LOOKUPVALUE 함수를 사용하는 것이다. LOOKUPVALUE를 사용해 Sales에서 다음의 코드를 포함하는 새로운 계산된 칼럼을 정의해 팩트 테이블의 할인 금액을 직접 비정규화할 수 있다.

```
Sales[SpecialDiscount] =
LOOKUPVALUE (
    SpecialDiscounts[Discount],
    SpecialDiscounts[ProductKey], Sales[ProductKey],
    SpecialDiscounts[OrderDateKey], Sales[OrderDateKey]
)
```

이 두 번째 패턴에 따라 어떤 관계도 생성하지 않는다. 대신 팩트 테이블의 Discount 값을 이동시키고 lookup을 수행한다. 기술적인 방법으로 보면 SpecialDiscount 값을 SpecialDiscounts 테이블에서 Sales 테이블로 비정규화한 것이다.

두 방법 모두 잘 동작하고 일부 요소에 따라 선택한다. Discount가 SpecialDiscount 테이블에서 사용해야 하는 유일한 칼럼이라면, 비정규화가 최선의 방법이다. 많은 수의 고유한 값을 사용하는 두 개의 계산된 칼럼에 비해 상대적으로 적은 수의 고유한 값을 사용하는 하나의 계산된 칼럼을 생성했다. 따라서 메모리 사용량이 줄고 코드를 작성하기 쉽다.

하지만 코드에서 SpecialDiscounts의 많은 칼럼을 사용해야 한다면 팩트 테이블에서 각 칼럼을 비정규화해야 하고 결과적으로 이는 메모리의 낭비와 더불어 성능 저하를 초래할 것이다. 이 경우라면 합성된 키를 사용하는 계산된 칼럼이 좋은 방법이 될 것이다.

이 단순한 첫 번째 예제는 일반적이면서 중요한 DAX의 특징인 계산된 칼럼을 기반으로 관계를 생성하는 기능을 보여준다. 이 기능은 계산할 수 있고 계산된 칼럼으로 구체화할 수 있다면 모든 종류의 관계를 생성할 수 있음을 보여준다. 다음의 예제에서는 정적인 범위를 기반으로 관계를 생성하는 방법을 다룰 것이다. 이 개념을 확장해 거의 대부분의 관계를 생성할 수 있다.

정적 세그멘테이션 계산

정적 세그멘테이션은 테이블에 값이 있을 때 일반적인 시나리오로, 값 자체-수백 또는 수천 개의 가능한 값-를 분석하기보다 값을 세그먼트로 분할해 분석하는 것이 좋다. 두 개의 아주 일반적인 예제는 고객의 연령 또는 정가로 판매를 분석한 것이다. 정가는 너무 다양한 값이 있기 때문에 정가의 고유한 모든 값으로 판매 총계를 분할하는 것은 의미가 없다. 하지만 다양한 가격을 범위로 그룹화한다면 이 그룹의 분석에 의한 이점이 있을 수 있다.

이 예제에서 가격 범위를 포함하는 PriceRanges라는 테이블이 있다. 그림 10-3과 같이 각 범위의 경계를 설정한다.

PriceRangeKey	PriceRange	MinPrice	MaxPrice
1	VERY LOW	0	10
2	LOW	10	30
3	MEDIUM	30	80
4	HIGH	80	150
5	VERY HIGH	150	99999

그림 10-3 가격 범위에 대한 설정 테이블

여기서도 앞의 예제처럼 sales를 포함하는 팩트 테이블과 PriceRanges 설정 테이블 사이에 직접적인 관계를 생성할 수 없다. 설정 테이블의 키가 범위 관계에 기반하고 범위 관계는 DAX가 지원하지 않기 때문이다. 이 경우, 가장 좋은 방법은 계산된 칼럼을 사용해 팩트 테이블의 가격 범위를 직접적으로 비정규화하는 것이다. 코드 패턴은 앞의 코드와 비슷하지만 다음 계산식과 같이 주요한 차이점이 있다.

```
Sales[PriceRange] =
CALCULATE (
    VALUES ( PriceRanges[PriceRange] ),
    FILTER (
        PriceRanges,
        AND (
        PriceRanges[MinPrice] <= Sales[Net Price],
```

```
        PriceRanges[MaxPrice] > Sales[Net Price]
        )
    )
)
```

하나의 값을 가져오기 위해 이 코드 내에서 VALUES를 사용한다는 사실이 흥미롭다. VALUES는 값이 아닌 테이블을 반환한다. 하지만 테이블이 하나의 줄과 하나의 칼럼을 포함할 때, 표현식에서 필요하면 자동으로 하나의 스칼라 값으로 변환된다.

FILTER가 결과를 계산하는 방법으로 인해 설정 테이블로부터 항상 하나의 줄을 반환할 것이다. 따라서 VALUES는 항상 하나의 줄을 반환하고, CALCULATE의 결과는 현재의 정가를 포함하는 가격의 범위에 대한 설명이다. 설정 테이블이 잘 설계됐다면 표현식은 확실히 잘 동작한다. 하지만 어떤 이유로 범위에 구멍이 있거나 중첩되면 VALUES는 여러 줄을 반환할 것이고 표현식은 오류를 초래할 수 있다.

이전의 코드를 작성하는 더 좋은 방법은 다음의 코드처럼 잘못된 설정의 존재를 감지하고 적절한 메시지를 반환하는 에러 처리 함수를 사용하는 것이다.

```
Sales[PriceRange] =
VAR ResultValue =
    CALCULATE (
        IFERROR (
            VALUES ( PriceRanges[PriceRange] ),
            "Overlapping Configuration"
        ),
        FILTER (
            PriceRanges,
            AND (
                PriceRanges[MinPrice] <= Sales[Net Price],
                PriceRanges[MaxPrice] > Sales[Net Price]
            )
        )
    )
RETURN
    IF (
        ISEMPTY ( ResultValue ),
```

```
        "Wrong Configuration",
        ResultValue
    )
```

이 코드는 (내부의 IFERROR를 사용해) 설정에서 중첩되는 값과 구멍-호출자에게 반환하기 전에 ISEMPTY를 사용해 결괏값을 확인-을 감지한다. 항상 좋은 값을 반환하도록 보장하므로 이전 코드보다 안전하다.

계산된 물리적 관계는 파워 BI와 엑셀 모델링에서 고급 관계를 생성할 수 있게 하기 때문에 상당히 강력한 도구다. 게다가 관계의 계산은 모델에 질의할 때가 아니라 데이터를 업데이트할 때 리프레시 시간 동안 일어난다. 따라서 복잡성과 상관없이 쿼리 성능이 아주 좋다.

동적 세그멘테이션 사용

테이블 사이에서 정적인 방법으로 논리적 관계를 설정할 수 없는 시나리오가 많이 있다. 이런 경우 계산된 정적 관계를 사용할 수 없다. 대신 동적인 방법으로 계산을 처리하기 위해 측정식에서 관계를 정의해야 한다. 이런 경우 관계가 모델에 속하지 않기 때문에 가상의 관계^{virtual relationship}라고 말한다. 지금까지 살펴본 물리적인 관계와는 대조된다.

다음 가상 관계 예제는 10장 서두에서 살펴본 정적 세그멘테이션의 변형을 처리한다. 정적 세그멘테이션에서는 계산된 칼럼을 사용해 각 판매를 특별한 세그멘테이션으로 할당한다. 동적 세그멘테이션에서는 동적으로 할당이 일어난다.

판매 총액을 기반으로 고객을 모으고 싶다고 하자. 판매 총액은 보고서에서 사용하는 구분자를 따른다. 따라서 세그멘테이션은 정적일 수 없다. 한 연도를 필터링하면 고객은 특정 클러스터에 속하게 될 것이다. 하지만 연도를 바꾸면 같은 고객이 다른 클러스터에 속할 수 있다. 이 시나리오에서 물리적인 관계에 의존할 수 없기 때문에 DAX 코드를 작성하기 쉽도록 데이터 모델을 수정할 수 없다. 이런 경우 유일한 방법은 소매를 걷고 값을 계산하기 위해 조금 더 진보한 DAX를 사용하는 것이다.

먼저 그림 10-4와 같이 Segments라는 설정 테이블을 정의한다.

SegmentCode	Segment	MinSale	MaxSale
1	Very Low	0	75
2	Low	75	100
3	Medium	100	500
4	High	500	1000
6	Very High	1000	99999999

그림 10-4 동적 세그멘테이션을 위한 설정 테이블

계산을 위한 측정값은 특정 클러스터에 속하는 고객의 숫자다. 다르게 말하면 현재의 필터 문법의 모든 필터를 고려해 얼마나 많은 고객에 세그먼트에 포함되는지 알고 싶은 것이다. 다음 계산식은 결점이 없어 보이지만, 문법 변환을 사용하기 때문에 주의를 기울여야 한다.

```
CustInSegment :=
COUNTROWS (
    FILTER (
        Customer,
        AND (
            [Sales Amount] > MIN ( Segments[MinSale] ),
            [Sales Amount] <= MAX ( Segments[MaxSale] )
        )
    )
)
```

계산식의 동작을 이해하기 위해 세그먼트 줄과 연도별 칼럼을 보여주는 보고서를 살펴보는 것이 좋다. 이 보고서는 그림 10-5와 같다.

Segment	CY 2007	CY 2008	CY 2009	Total
Very Low	351	266	255	**810**
Low	141	14	12	**166**
Medium	365	76	52	**485**
High	250	36	35	**311**
Very High	302	132	160	**581**
Total	**1,409**	**524**	**514**	**2,353**

그림 10-5 피벗 테이블은 동작 중인 동적 세그멘테이션을 보여준다.

2008년, Medium 클러스터의 76명의 고객을 보여주는 셀을 살펴보자. 계산식은 Customer에서 반복적으로 각 고객의 Sales Amount의 값이 MinSale의 MIN 값과 MaxSale의 MAX 값 사이에 있는지 확인한다. Sales Amount의 값은 문법 변환에 따라 개별 고객의 매출을 나타낸다. 결과 측정식은 예상대로 세그먼트와 고객에 대해 가산되고 다른 모든 디멘션에 대해 가산되지 않는다.

계산식은 모든 세그먼트가 선택됐을 때만 정상 동작한다. 예를 들어 Very Low와 Very High만 선택하면-즉, 중간의 세 세그먼트의 선택을 제거하면-MIN과 MAX는 정상적으로 선택되지 않을 것이다. 모든 고객을 포함하게 되고 그림 10-6과 같이 총계에서 잘못된 결과를 얻게 된다.

Segment		Segment	CY 2007	CY 2008	CY 2009	Total
■ Very Low		Very Low	351	266	255	810
□ Low		Very High	302	132	160	581
□ Medium		Total	1,409	524	514	2,353
□ High						
■ Very High						

그림 10-6 피벗 테이블은 인접하지 않은 구분자를 선택했을 때 잘못된 값을 보여준다.

사용자가 세그먼트의 일부를 선택하게 할 때는 계산식을 다음과 같은 방법으로 작성해야 한다.

```
CustInSegment :=
SUMX (
    Segments,
    COUNTROWS (
        FILTER (
            Customer,
            AND (
                [Sales Amount] > Segments[MinSale],
                [Sales Amount] <= Segments[MaxSale]
            )
        )
    )
)
```

이 계산식의 버전은 세그먼트를 부분적으로 선택했을 때는 문제없지만, 테이블을 이중으로 반복해야 하기 때문에 성능 저하를 초래할 수 있다. 그림 10-7에서 보듯이 결과는 이제 정확한 값이다.

Segment		Segment	CY 2007	CY 2008	CY 2009	**Total**
■ Very Low		Very Low	351	266	255	**810**
□ Low		Very High	302	132	160	**581**
□ Medium		**Total**	**653**	**398**	**415**	**1,391**
□ High						
■ Very High						

그림 10-7 총계에서 부분적으로 선택된 세그먼트 때문에 이제는 두 측정식은 서로 다른 값을 보여준다.

가상 관계는 굉장히 강력하다. 사용자는 실제 관계처럼 여기더라도 실제로 모델에 속하지 않고, 쿼리 시간에 DAX를 사용해 전체적으로 계산된다. 계산식이 매우 복잡하거나 모델의 크기가 아주 크다면, 성능이 문제가 될 수 있다. 하지만 중간 크기의 모델에서는 완벽히 훌륭하게 동작한다.

팁 | 이 개념을 특정 비즈니스에 매칭시켜 여러분이 추구하는 계층화에 유용한 패턴인지 확인해보기 바란다.

계산된 칼럼의 힘: ABC 분석

계산된 칼럼은 데이터베이스 내부에 저장된다. 이는 모델링의 측면에서 데이터 모델링의 새로운 방법을 열기 때문에 굉장한 영향을 미친다. 이번 절에서는 계산된 칼럼을 사용해 아주 효율적으로 처리할 수 있는 시나리오를 살펴볼 것이다.

계산된 칼럼을 사용하는 예제로, 파워 BI를 사용해 ABC 분석 시나리오를 해결하는 방법을 살펴본다. ABC 분석은 파레토 법칙Pareto principle을 기반으로 한다. 때로는 ABC/Pareto Analysis로 부르기도 한다. 일반적으로 최고의 제품 또는 최고의 고객이라는 면에서 회사의 핵심 비즈니스를 확인하기 위해 일반적으로 사용하는 기술이다. 이 시나리오에서도 제품에 초점을 맞춘다.

ABC 분석의 목표는 어떤 제품이 전체 비즈니스에 중대한 영향을 미치는지 식별하고 관리자가 그 제품에 집중할 수 있도록 한다. 이를 위해 각 제품은 카테고리(A 또는 B, C)에 할당되고, 다음을 따른다.

- 클래스 A의 제품은 수입의 70%를 차지한다.

- 클래스 B의 제품은 수입의 20%를 차지한다.

- 클래스 C의 제품은 수입의 10%를 차지한다.

제품을 분석할 때 제품의 ABC 클래스를 사용해 정보를 분할하는 것이 좋으므로 이를 계산된 칼럼에 저장한다. 예를 들어 그림 10-8은 ABC 클래스를 줄로 사용하는 단순한 피벗 테이블이다.

ABC Class	NumOfProducts	Margin
A	215	$1,411,868.11
B	285	$404,299.99
C	2,017	$202,448.10
Total	**2,517**	**$2,018,616.20**

그림 10-8 클래스를 기반으로 제품과 이윤을 보여주는 보고서에서 ABC 클래스를 사용한다.

ABC 분석에서 종종 일어나는 것처럼 클래스 A의 제품이 적은 것을 볼 수 있다. 이는 콘토소의 핵심 비즈니스다. 클래스 B의 제품은 덜 중요하지만 여전히 회사에 필수적이다. 클래스 C는 대부분의 제품이 포함되지만 수익은 핵심 제품에 비해 아주 적으므로 제거하기 좋은 후보다.

이 시나리오의 데이터 모델은 굉장히 단순하다. 그림 10-9에서 볼 수 있듯이 sales와 products만 필요하다.

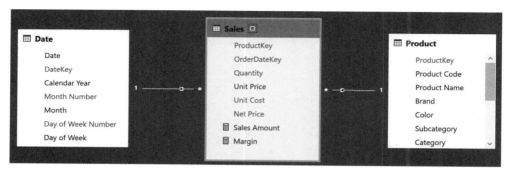

그림 10-9 제품의 ABC 클래스를 계산하기 위한 단순한 데이터 모델

이번에는 약간의 칼럼을 추가해 모델을 변경한다. 새로운 테이블이나 관계는 필요 없다. 제품의 ABC 클래스를 구하기 위해 전체 제품의 이윤을 계산하고 이를 총계와 비교한다. 이렇게 해서 전체 매출에 대한 하나의 제품 계정의 비율을 구할 수 있다. 그러면 퍼센트를 기준으로 제품을 정렬하고 부분적인 합계를 구한다. 부분적인 합계가 70에 도달하면 클래스 A의 제품으로 확인한다. 나머지 제품은 90(70+20)%에 도달할 때까지를 클래스 B에 두고 나머지 제품은 클래스 C가 된다. 단지 계산된 칼럼만 사용해 완벽한 계산을 설계할 것이다.

먼저 Product 테이블에 각 제품의 이윤을 저장하는 계산된 칼럼이 필요하다. 다음의 표현식을 사용해 쉽게 구할 수 있다.

```
Product[TotalMargin] =
SUMX (
    RELATEDTABLE( Sales ),
    Sales[Quantity] * ( Sales[Net Price] - Sales[Unit Cost] )
)
```

그림 10-10은 새 계산된 칼럼을 사용하는 Product 테이블로 TotalMargin의 내림차순으로 정렬된 데이터다.

Product Name	TotalMargin
Adventure Works 26" 720p LCD HDTV M140 Silver	$81,856.27
Contoso Telephoto Conversion Lens X400 Silver	$53,464.04
Fabrikam Refrigerator 24.7CuFt X9800 White	$51,574.26
A. Datum SLR Camera X137 Grey	$51,459.16
Litware Refrigerator 24.7CuFt X980 Brown	$29,756.33
Litware Refrigerator 24.7CuFt X980 White	$28,256.56
NT Washer & Dryer 27in L2700 Blue	$26,591.59
Proseware Projector 1080p DLP86 Black	$25,065.45
NT Washer & Dryer 24in M2400 Green	$24,472.50
SV 16xDVD M360 Black	$20,989.22
Contoso Projector 1080p X980 White	$19,648.68

그림 10-10 Product 테이블의 TotalMargin이 계산된 칼럼이다.

다음 단계는 TotalMargin으로 정렬된 Product 테이블의 TotalMargin의 누적 합계를 계산하는 것이다. 각 제품의 누적 합계는 TotalMargin 값이 현재 값보다 크거나 같은 모든 제품의 합이다. 다음의 계산으로 구할 수 있다.

```
Product[MarginRT] =
VAR
    CurrentTotalMargin = 'Product'[TotalMargin]
RETURN
    SUMX (
        FILTER (
            'Product',
            'Product'[TotalMargin] >= CurrentTotalMargin
        ),
    'Product'[TotalMargin]
    )
```

그림 10-11은 새 칼럼을 사용하는 Product 테이블이다.

Product Name	TotalMargin	MarginRT
Adventure Works 26" 720p LCD HDTV M140 Silver	$81,856.27	$81,856.27
Contoso Telephoto Conversion Lens X400 Silver	$53,464.04	$135,320.31
Fabrikam Refrigerator 24.7CuFt X9800 White	$51,574.26	$186,894.56
A. Datum SLR Camera X137 Grey	$51,459.16	$238,353.72
Litware Refrigerator 24.7CuFt X980 Brown	$29,756.33	$268,110.06
Litware Refrigerator 24.7CuFt X980 White	$28,256.56	$296,366.62
NT Washer & Dryer 27in L2700 Blue	$26,591.59	$322,958.20
Proseware Projector 1080p DLP86 Black	$25,065.45	$348,023.65
NT Washer & Dryer 24in M2400 Green	$24,472.50	$372,496.15
SV 16xDVD M360 Black	$20,989.22	$393,485.38
Contoso Projector 1080p X980 White	$19,648.68	$413,134.06

그림 10-11 MarginRT는 TotalMargin으로 정렬된 줄의 누적 합계를 계산한다.

마지막 요점은 총 이윤에 대한 판매의 누적 합계를 비율로 계산하는 것이다. 새로운 계산된 칼럼으로 문제를 쉽게 해결한다. 다음의 계산식을 사용해 MarginPct 칼럼을 추가한다.

```
Product[MarginPct] = DIVIDE ( 'Product'[MarginRT], SUM ( 'Product'[TotalMargin] ) )
```

그림 10-12의 새 계산된 칼럼은 퍼센트 형식으로 결과를 이해하기 쉽다.

Product Name	TotalMargin	MarginRT	MarginPct
Adventure Works 26" 720p LCD HDTV M140 Silver	$81,856.27	$81,856.27	4.06 %
Contoso Telephoto Conversion Lens X400 Silver	$53,464.04	$135,320.31	6.70 %
Fabrikam Refrigerator 24.7CuFt X9800 White	$51,574.26	$186,894.56	9.26 %
A. Datum SLR Camera X137 Grey	$51,459.16	$238,353.72	11.81 %
Litware Refrigerator 24.7CuFt X980 Brown	$29,756.33	$268,110.06	13.28 %
Litware Refrigerator 24.7CuFt X980 White	$28,256.56	$296,366.62	14.68 %
NT Washer & Dryer 27in L2700 Blue	$26,591.59	$322,958.20	16.00 %
Proseware Projector 1080p DLP86 Black	$25,065.45	$348,023.65	17.24 %
NT Washer & Dryer 24in M2400 Green	$24,472.50	$372,496.15	18.45 %
SV 16xDVD M360 Black	$20,989.22	$393,485.38	19.49 %
Contoso Projector 1080p X980 White	$19,648.68	$413,134.06	20.47 %

그림 10-12 MarginPct는 전체 합계에 대한 누적 총계의 비율을 계산한다.

마지막으로 퍼센트를 클래스로 변환한다. 70과 20, 10의 값을 사용한다면 다음의 계산식에서 보듯이 ABC 클래스를 위한 계산식은 쉽다.

```
Product[ABC Class] =
IF (
    'Product'[MarginPct] <= 0.7,
    "A",
    IF (
        'Product'[MarginPct] <= 0.9,
        "B",
        "C"
    )
)
```

결과는 그림 10-13과 같다.

Product Name	TotalMargin	MarginRT	MarginPct	ABC Class
Adventure Works 26" 720p LCD HDTV M140 Silver	$81,856.27	$81,856.27	4.06 %	A
Contoso Telephoto Conversion Lens X400 Silver	$53,464.04	$135,320.31	6.70 %	A
Fabrikam Refrigerator 24.7CuFt X9800 White	$51,574.26	$186,894.56	9.26 %	A
A. Datum SLR Camera X137 Grey	$51,459.16	$238,353.72	11.81 %	A
Litware Refrigerator 24.7CuFt X980 Brown	$29,756.33	$268,110.06	13.28 %	A
Litware Refrigerator 24.7CuFt X980 White	$28,256.56	$296,366.62	14.68 %	A
NT Washer & Dryer 27in L2700 Blue	$26,591.59	$322,958.20	16.00 %	A
Proseware Projector 1080p DLP86 Black	$25,065.45	$348,023.65	17.24 %	A
NT Washer & Dryer 24in M2400 Green	$24,472.50	$372,496.15	18.45 %	A
SV 16xDVD M360 Black	$20,989.22	$393,485.38	19.49 %	A
Contoso Projector 1080p X980 White	$19,648.68	$413,134.06	20.47 %	A

그림 10-13 ABC 클래스의 결과는 계산된 칼럼 ABC Class이다.

ABC 클래스는 계산된 칼럼이기 때문에 데이터베이스에 저장되고 이를 구분자나 필터, 보고서를 만들기 위한 줄이나 칼럼으로 사용할 수 있다.

이 예제에서 보듯이 모델에 계산된 칼럼을 사용하고 시스템에서 실행시켜 복잡한 계산을 저장할 수 있다. 계산된 칼럼이나 측정식을 사용해 계산이 더 잘 되는지 알기에 시간이 걸리지만, 일단 이를 익히고 연습하면 계산된 칼럼의 기능을 활용할 수 있을 것이다.

노트 | ABC 분석에 대한 더 많은 정보는 http://en.wikipedia.org/wiki/ABC_analysis에서 볼 수 있다.

결론

10장에서 DAX 언어를 광범위하게 사용할 수 있도록 하는 세그멘테이션 기술을 분석해 표준 관계에 대해 더 알아봤다. 10장의 핵심은 다음과 같다.

- 계산된 관계를 설계해 관계를 만들기 위해 계산된 칼럼을 사용한다. 계산된 관계의 강력함은 엔진에서 지원하는 등식을 기반으로 하는 단순한 조인뿐 아니라 모든 종류의 계산에 의한 관계를 기반으로 할 수 있다는 점이다.

- 보고서에서 사용하는 필터와 구분자에 의존적이어서 동적이기 때문에 관계를 생성할 수 없다면 가상 관계를 활용할 수 있다. 가상 관계는 사용자가 볼 때 표준 관계처럼 보이지만 실시간으로 계산된다. 성능은 잠재적으로 좋지 않지만 이로 인한 유연성이 좋다.

- 계산된 칼럼은 Tabular 솔루션의 모델링 기능에 큰 보탬이 된다. 계산된 칼럼을 사용하면 모델의 리프레시 시간 동안 처리되는 약간의 계산된 칼럼으로 아주 복잡한 세그멘테이션을 수행할 수 있다. 따라서 속도와 유연성의 결합으로 아주 강력한 모델을 만들 수 있게 한다.

약간의 창의력이 어떻게 훌륭한 모델을 만드는 데 도움이 되는지 새로운 관점을 갖는 데 이 예제들이 도움이 되길 바란다.

CHAPTER 11

다중 통화 작업

11장에서는 공통적으로 여러 판매를 여러 통화로 처리해야 하는 모델을 분석해볼 것이다. 이제 배우겠지만 여러 통화를 처리해야 할 때 문제가 많다. 실제로 모델의 크기, 유연성, 성능 면에서 여러 통화를 수용하기 위해 결정해야 할 사항이 많다.

먼저 환전에 대한 문제를 소개하고, 다양한 시나리오의 모델을 개발할 때 맞닥뜨리게 될 문제와 도전을 보여준다. 그리고 10장과 마찬가지로 환전을 포함하는 데이터 모델의 예제를 설계한다. 같은 시나리오를 모델링하는 서로 다른 방법이 있고 각각의 장단점을 확인하기 위해 모두 분석해본다.

다양한 시나리오 이해

환전은 문제의 정의부터 이미 복잡성이 숨어 있다. 실제로 큰 회사는 서로 다른 통화를 받거나 지불할 가능성이 높고, 통화의 가치는 시간에 따라 변한다. 따라서 서로 다른 통화의 금액을 비교하기 위해 하나의 통화를 다른 통화로 환전하는 것이 중요하다. 간단한 예제를 살펴보자. 콘토소가 1월 20일에 고객으로부터 EUR 100을 받았다고 하자. 콘토소에서는 주로 사용하는 USD로 어떻게 바꿀까? 다음과 같은 방법이 있다.

- 돈을 받았을 때 바로 EUR를 USD로 환전한다. 기본적으로 하나의 통화만 처리하면 되기 때문에 환전을 처리하는 가장 간단한 방법이다.

- 현재 계좌에 EUR로 넣어 둔 후 필요할 때 EUR로 지불하기 위해 사용한다. 이는 다양한 통화로 보고서를 작성하기 힘들다. 판매 금액이 통화의 현재 가치에 따라 매일 변하기 때문이다.

- 현재 계좌에 EUR로 넣어 두고 월말(또는 원래 거래한 날이 아닌 다른 시점)에 환전한다. 이 경우 제한된 시간에 각기 다른 통화를 여러 번 처리해야 한다.

 노트 | 세 개의 기본적인 옵션 중 일부가 불가능한 정책이 있을 수 있다. 완전한 옵션의 목록을 주기 위해 세 가지 방법을 예로 든 것이 아니다. 대신 환전 관리하는 최소한 세 개의 적절한 방법을 보여주고 싶었다.

환전이 발생하는 시점을 정의하기 위해 데이터를 저장하는 방법에 대해 생각해야 한다. 하지만 일단 데이터를 저장하면 이를 기반으로 보고서를 설계하는 것이 좋다. 주요 통화의 환전을 수행하면 보고서 문제는 줄어든다. 하지만 서로 다른 통화로 보고하고 싶다면 EUR로 거래를 저장하고 USD나 엔화, 또는 다른 통화로 보고해야 할 수 있다. 온라인 환전 즉, 쿼리가 실행될 때 실시간으로 통화 환전이 가능해야 한다.

환전하면 결과로 얻는 데이터 모델이 매우 다르기 때문에 요구 사항이 무엇인지 정확하게 이해하기 위해 많은 시간을 보내야 한다. 하나의 모델로 가능한 모든 시나리오를 처리할 수는 없다. 게다가 성능 면에서 보면 환전은 아주 어렵다. 때문에 확실히 필요한 것 이상으로 복잡하게 모델을 처리하는 것을 피하고, 가능한 한 단순하게 유지하기 위해 계속 노력해야 한다.

여러 종류의 소스 통화, 보고를 위한 하나의 통화

원래의 데이터에 서로 다른 통화의 주문이 포함돼 있고, 한 종류의 통화를 사용해 이 정보를 포함하는 보고서를 작성하고 싶다고 하자. 예를 들어 EUR와 USD, 또 다른 통화의 주문이 있지만, 판매를 비교하기 위해 모두 하나의 통화로 환전하는 것이 좋다.

이 시나리오를 위해 사용할 그림 11-1의 모델을 간략하게 살펴보자. Sales는 Currency 사이에 관계가 있고, 이는 각 판매와 판매했을 때의 통화를 함께 기록한다는 의미다.

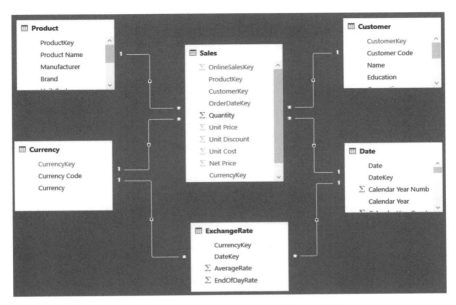

그림 11-1 이 모델에서 판매는 서로 다른 통화와 함께 기록되고, 통화별로 구분된다.

이런 모델에 대한 첫 번째 질문은 Sales에 저장된 Unit Price, Unit Discount, 그리고 다른 통화 칼럼의 의미가 무엇일까 하는 것이다. 원래 통화의 값을 저장하면 경우에 따라 판매 총계와 같은 간단한 계산을 작성하면 문제가 생기게 된다. 다음과 같은 계산식을 사용하면 결과는 원하는 값이 아닐 것이다.

```
Sales Amount := SUMX ( Sales, Sales[Quantity] * Sales[Net Price] )
```

이 책에서 대부분 Sales Amount를 구하기 위해 사용했던 것과 같은 계산식을 사용했지만, 통화와 함께 사용하면 정상 동작하지 않는다. 그림 11-2는 이 계산식을 기반으로 하는 단순한 보고서를 보여주고, 칼럼의 합계가 터무니없다. 이는 서로 다른 통화를 합했기 때문에 의미 없는 값을 얻었다.

Currency	CY 2007	CY 2008	CY 2009	Total
Armenian Dram	181,160.03	98,721.99	133,696.43	**413,578.45**
Australian Dollar	181,974.84	128,466.53	155,045.00	**465,486.37**
Canadian Dollar	136,916.66	159,722.90	159,992.10	**456,631.66**
Danish Krone	151,100.25	84,134.31	130,819.13	**366,053.69**
EURO	170,560.82	124,161.46	158,567.36	**453,289.64**
Hong Kong Dollar	120,129.99	130,518.12	161,045.14	**411,693.25**
Indian Rupee	174,326.71	123,890.69	139,402.73	**437,620.13**
Thai Baht	123,623.76	159,501.98	106,073.85	**389,199.58**
US Dollar	219,422.89	113,417.08	97,892.87	**430,732.85**
Total	**1,459,215.95**	**1,122,535.05**	**1,242,534.61**	**3,824,285.61**

그림 11-2 이 보고서에서 칼럼의 합계는 서로 다른 통화를 합했다.

보고서에서 줄은 하나의 통화를 참조하기 때문에 각 값과 줄의 합계는 정확하다. 하지만 칼럼 단위가 되면 의미 없는 수치가 된다. 환전과 합산을 위한 타깃 통화 정의를 하지 않는 다면 유로와 덴마크 크로네, 미국 달러의 합계를 구할 수 없다.

서로 다른 통화의 데이터가 있기 때문에 측정식이 의미 없는 수치를 보여주지 않도록 보장 해야 한다. 선택된 하나의 통화로만 결과를 반환하도록 보장하기 위해 HASONEVALUE 함수 를 사용하자. 다음의 코드에서 이 첫 번째 요구 사항을 다룬다.

```
Sales Amount :=
IF (
    HASONEVALUE ( Currency[Currency] ),
    SUMX ( Sales, Sales[Quantity] * Sales[Net Price] )
)
```

새로운 측정식을 사용해 그림 11-3과 같이 보고서에서 보이지 않아야 할 칼럼의 합계가 없어졌다.

Currency	CY 2007	CY 2008	CY 2009	Total
Armenian Dram	181,160.03	98,721.99	133,696.43	**413,578.45**
Australian Dollar	181,974.84	128,466.53	155,045.00	**465,486.37**
Canadian Dollar	136,916.66	159,722.90	159,992.10	**456,631.66**
Danish Krone	151,100.25	84,134.31	130,819.13	**366,053.69**
EURO	170,560.82	124,161.46	158,567.36	**453,289.64**
Hong Kong Dollar	120,129.99	130,518.12	161,045.14	**411,693.25**
Indian Rupee	174,326.71	123,890.69	139,402.73	**437,620.13**
Thai Baht	123,623.76	159,501.98	106,073.85	**389,199.58**
US Dollar	219,422.89	113,417.08	97,892.87	**430,732.85**
Total				

그림 11-3 보호 코드에 의해 계산될 수 없는 합계는 보이지 않는다.

칼럼의 합계가 없더라도 보고서는 여전히 유용하지 않다. 보고서는 일반적으로 숫자를 비교하기 위해 사용되지만, 이 테이블의 값은 단순하게 비교할 수 없다. 차트는 비교를 하는 것이 더 자연스럽기 때문에 이 데이터를 기반으로 차트를 그린다면 더 나빠진다. 이 값들을 비교하려면 통화를 필터로 사용해 일부 칼럼으로 분할하거나 모든 값을 일반적인 통화로 비정규화해야 한다.

이를 위한 가장 쉬운 방법은 Sales 테이블에 계산된 칼럼을 만들고, 보고서에서 사용하고 싶은 통화로 총계를 계산하는 것이다. 여기서는 쉽게 USD로 보고서를 만든다고 하자. Sales에 해당 통화의 현재의 USD 환율을 계산하는 계산된 칼럼을 만들 수 있다. 시현을 위해 다음 코드를 사용하고, 여러분의 시나리오를 위해서는 조절이 필요하다.

```
RateToUsd =
LOOKUPVALUE(
    ExchangeRate[AverageRate],
    ExchangeRate[CurrencyKey], Sales[CurrencyKey],
    ExchangeRate[DateKey], RELATED ( 'Date'[Date] )
)
```

RateToUSD가 준비되면, 단순히 판매 금액에 환율을 곱해 Sales Amount USD를 계산하기 위해 이를 사용할 수 있다. 즉, Sales Amount USD는 다음의 DAX 코드로 계산할 수 있다.

```
Sales Amount USD =
SUMX (
    Sales,
    Sales[Quantity] * DIVIDE ( Sales[Net Price], Sales[RateToUsd] )
)
```

이 측정식을 사용해 그림 11-4와 같이 서로 다른 연도와 통화의 의미 있는 값을 비교할 수 있는 보고서를 볼 수 있다.

Currency	CY 2007	CY 2008	CY 2009	Total
Armenian Dram	$546.23	$322.85	$226.76	**$1,095.83**
Australian Dollar	$151,722.84	$112,736.93	$44,261.88	**$308,721.65**
Canadian Dollar	$127,000.26	$152,197.14	$84,405.27	**$363,602.67**
Danish Krone	$27,499.38	$17,389.56	$15,441.66	**$60,330.60**
EURO	$235,090.17	$187,431.98	$107,056.88	**$529,579.04**
Hong Kong Dollar	$15,386.65	$17,131.00	$9,188.17	**$41,705.83**
Indian Rupee	$4,303.89	$2,944.15	$2,027.75	**$9,275.79**
Thai Baht	$3,829.75	$5,015.39	$2,036.08	**$10,881.23**
US Dollar	$219,422.89	$113,417.08	$62,749.16	**$395,589.14**
Total	**$784,802.08**	**$608,586.08**	**$327,393.61**	**$1,720,781.77**

그림 11-4 보고서에서 사용할 통화로 값을 환전하면 안전하게 값을 비교하고 합계를 구할 수 있다.

이 기술은 구현하기가 상당히 단순하다. 환전해야 하는 정확한 데이터에 대한 로직이 계산된 칼럼에 설정된다. 다른 요구 사항이 있다면 정의를 변경해 적절한 결과를 얻을 수 있다. 예를 들어 그 다음날의 환율이 필요하면 해당 환율을 검색하기 위해 간단히 LOOKUPVALUE 함수를 수정할 수 있다. 이 기술의 주요한 제약은 보고서에서 하나의 통화만 사용해야 잘 동작한다는 점이다. 여러 통화가 필요하다면 측정식(그리고 계산된 칼럼)을 각 통화로 구분해야 할 수 있다.

> **노트** | Sales Amount USD 측정식은 앞에 달러 기호를 보여주는 서식 문자열이 있다. 측정식의 서식 문자열은 고정적이고 즉, 이를 동적으로 변경할 수 없다는 의미다. 각 보고서의 통화를 위한 개별적인 측정식을 사용하는 기술은 널리 사용되고 있고 더 나은 사용자 경험을 위해 이를 따르기를 권한다.

첫 번째 시나리오를 마무리하기 전에 계산한 수치가 완벽하게 정확하지 않다는 점에 주의해야 한다. 실제로 그림 11-4와 그림 11-3을 비교하면 그림 11-4의 2009년의 값이 더 작은 것을 볼 수 있다(US Dollar 줄을 보면 확실하다). 이 경우처럼 복잡한 계산이 포함될 때 오류를 발견하기가 쉽지 않다. 실제로 문제는 항상 일대일로 환전해야 하는 US Dollar 줄에서 명확하다. 하지만 명확하지 않지만 다른 모든 통화에도 문제가 있다. 항상 값을 중복으로 확인하는 것이 좋다. 그렇다면 문제는 어디일까? Sales 테이블의 데이터를 살펴보면, 그림 11-5에서 보는 것처럼 수백 줄의 RateToUsd 칼럼이 비어 있는 것을 볼 수 있다. 여기서는 빈 값이 앞에 오도록 RateToUsd로 정렬했다.

OrderDateKey	Quantity	Unit Price	Unit Discount	Unit Cost	Net Price	CurrencyKey	RateToUsd
20090930	1	9.99	0	5.09	9.99	3	
20090930	1	9.99	0	5.09	9.99	3	
20090930	1	9.99	0	5.09	9.99	3	
20090930	1	9.99	0	5.09	9.99	3	
20090930	1	9.99	0	5.09	9.99	3	
20090930	1	9.99	0	5.09	9.99	3	
20090930	1	9.99	0	5.09	9.99	3	
20090930	1	9.99	0	5.09	9.99	3	
20091001	1	9.99	0	5.09	9.99	1	
20091001	1	9.99	0	5.09	9.99	1	
20091001	1	9.99	0	5.09	9.99	1	
20091001	1	9.99	0	5.09	9.99	1	
20091001	1	9.99	0	5.09	9.99	1	
20091001	1	9.99	0	5.09	9.99	1	
20091001	1	9.99	0	5.09	9.99	1	

그림 11-5 여러 줄의 RateToUsd 칼럼이 비어 있다.

여기서 문제는 일부 날짜에 대한 환율을 사용할 수 없고 따라서 LOOKUPVALUE 함수는 어떤 값도 반환할 수 없다. 환전과 관련된 다른 많은 시나리오에서 이런 경우 어떻게 해야 할지 정의해야 한다. 해당 날짜의 환율을 사용할 수 없다면 보고되는 수치가 잘못되고 이런 시나리오를 사용해서는 안 된다. 다음 코드에서는 현재 날짜의 비율을 사용할 수 없다면 최신 환율을 가져오도록 했다.

```
RateToUsd =
LOOKUPVALUE (
    ExchangeRate[AverageRate],
    ExchangeRate[CurrencyKey], Sales[CurrencyKey],
    ExchangeRate[DateKey], CALCULATE (
        MAX ( 'ExchangeRate'[DateKey] ),
        'ExchangeRate'[DateKey] <= EARLIER ( Sales[OrderDateKey] ),
        ExchangeRate[CurrencyKey] = EARLIER ( Sales[CurrencyKey] ),
        ALL ( ExchangeRate )
    )
)
```

새로운 RateToUsd가 준비되면 그림 11-6과 같이 보고서는 의미 있는 값을 보여준다.

Currency	CY 2007	CY 2008	CY 2009	Total
Armenian Dram	$486.21	$264.96	$358.82	**$1,109.99**
Australian Dollar	$145,926.59	$103,017.99	$124,331.41	**$373,276.00**
Canadian Dollar	$121,959.54	$142,274.37	$142,514.17	**$406,748.08**
Danish Krone	$28,586.93	$15,917.52	$24,749.91	**$69,254.37**
EURO	$240,162.23	$174,828.51	$223,274.57	**$638,265.31**
Hong Kong Dollar	$15,496.84	$16,836.92	$20,774.92	**$53,108.68**
Indian Rupee	$3,602.25	$2,560.05	$2,880.59	**$9,042.89**
Thai Baht	$3,630.17	$4,683.72	$3,114.83	**$11,428.72**
US Dollar	$219,422.89	$113,417.08	$97,892.87	**$430,732.85**
Total	**$779,273.67**	**$573,801.13**	**$639,892.09**	**$1,992,966.89**

그림 11-6 새 계산된 칼럼을 사용해 모든 기간에 대한 환전을 진행했다.

하나의 소스 통화, 보고서를 위한 여러 통화

이제 여러 통화를 하나의 통화로 환전하는 것에 대해 배웠지만, 하나의 소스 통화로 다양한 통화를 사용하는 보고서를 만들기 위한 다른 시나리오에 대해 더 알아보고 분석할 수 있다.

이전 시나리오와 마찬가지로 이 경우에도 결정해야 할 일이 있다. 예를 들어 2005년 1월에 처음 USD 주문을 받았고 2006년 12월에 보고서를 준비한다면, 어떤 환율을 사용해야 할까? 주문한 순간의 환율과 사용할 수 있는 최신 환율 중에 선택할 수 있다. 값을 계산하기 위한 DAX 코드가 다르더라도 두 경우 모두 모델은 동일하다. 따라서 하나의 모델에서 두 계산을 모두 할 수 있다. 모델은 그림 11-7이다.

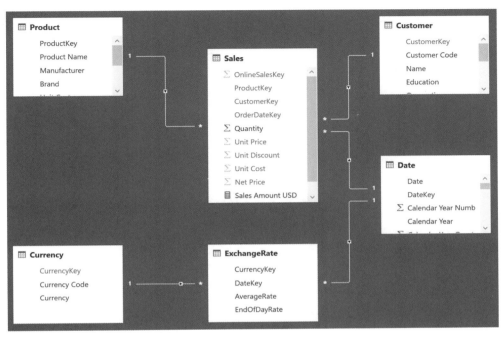

그림 11-7 하나의 통화를 보고서의 서로 다른 통화로 환전하기 위한 데이터 모델이다.

이 모델은 그림 11-1과 매우 유사해 보이지만, 중요한 차이점이 있다. 먼저 Sales와 Currency 사이에 더 이상 관계가 없다. 이는 모든 판매는 이제 USD로 기록되기 때문이다(이 시현에 서는 USD를 사용하기로 했지만, 다른 통화가 될 수도 있다). 따라서 통화로 Sales를 필터링하지 않는다. 이번에는 보고서의 통화를 정의하기 위해 Currency 테이블을 사용한다. 다시 말 해 판매를 USD로 저장하더라도 다른 통화를 선택하면 사용자는 다른 통화로 값을 볼 수 있어야 한다.

동적인 방법으로 값을 계산하는 것이 좋다. 즉, 사용자가 보고서를 볼 때 통화를 선택할 수 있게 하는 것이 좋다. 하지만 계산된 칼럼을 사용할 수 없다. 대신 측정식으로 약간 더 복 잡한 DAX 코드를 작성해야 한다. 해당 측정식은 다음과 같은 동작을 해야 한다.

1. 이전 절에서 봤던 총계 문제를 피하기 위해 하나의 통화를 선택했는지 확인한다. 기억하겠지만 다양한 통화를 사용하는 보고서의 총계가 정확하지 않았고 이를 출력하지 않기로 했다.

2. 현재 선택된 날짜를 순차적으로 확인한다. 판매 값과 각 날짜의 환율을 계산하고, 원하는 통화로 환전한다. 환율이 매일 바뀌기 때문에 반복이 필요하다. 반복해야 할 날짜가 정해질 때까지 환전을 계산할 수 없다.

두 번째 핵심은 언젠가 환율을 사용할 수 없다는 사실로 인해 더 복잡해진다. 따라서 매일 최신 환율을 검색해야 할 것이다. 대부분 이 과정은 해당 날짜의 환율을 얻는다. 하지만 언젠가 이전 날짜가 필요할 것이다. 다음의 코드는 약간 복잡하지만 이 모든 단계를 처리한다.

```
Sales Converted =
IF (
    HASONEVALUE ( 'Currency'[Currency] ),
    SUMX (
        VALUES ( 'Date'[Date] ),
        VAR CurrentDate = 'Date'[Date]
        VAR LastDateAvailable =
            CALCULATE (
                MAX ( 'ExchangeRate'[DateKey] ),
                'ExchangeRate'[DateKey] <= CurrentDate,
                ALL ( 'Date' )
            )
        VAR Rate =
            CALCULATE (
                VALUES ( ExchangeRate[AverageRate] ),
                ExchangeRate[DateKey] = LastDateAvailable,
                ALL ( 'Date' )
            )
        RETURN
            [Sales Amount USD] * Rate
    )
)
```

이 측정식을 사용해 USD 통화로 시작해 다양한 통화의 결과를 생성하는 그림 11-8과 같은 보고서를 만들 수 있다.

Currency	CY 2007	CY 2008	CY 2009	Total
Armenian Dram	497,313,199.88	343,111,620.09	453,595,182.50	**1,294,020,002.47**
British Pound	728,743.44	597,671.41	789,621.94	**2,116,036.79**
Danish Krone	7,922,101.44	5,558,070.18	6,722,243.97	**20,202,415.59**
EURO	1,063,036.09	745,278.13	902,419.03	**2,710,733.25**
Swedish Krona	9,842,772.38	7,119,212.92	9,772,519.79	**26,734,505.09**
US Dollar	1,459,215.95	1,122,535.05	1,242,534.61	**3,824,285.61**
Total				

그림 11-8 이 보고서에서 Currency 칼럼의 값은 보고되는 통화다. 모든 주문은 해당 통화로 변환된다.

안타깝지만 계산식은 간단하거나 읽기 쉬운 것과는 거리가 멀다. 이는 몇 가지 이유로 문제가 될 수 있고, 특히 다른 측정식에서 (예를 들어) 비용 또는 수익을 비슷한 방법으로 환전하기 위해 같은 코드가 필요할 수 있다는 사실이다.

가장 복잡한 부분은 적절한 환율을 찾는 것이다. 흔히 그렇듯 가장 좋은 방법은 데이터 모델 레벨에서 작업하는 것이다. 이번에는 모델을 바꾸는 대신 측정식에서와 같은 방법으로 해당 날짜의 최신 환율을 검색해 Sales의 모든 날짜에 대한 환율을 제공하는 새로운 ExchangeRate 테이블을 만들 수 있다. 이렇게 해 모델의 복잡성을 완전히 제거할 수 있다. 대신 계산된 테이블의 복잡성을 분리시켜 필요할 때마다 사용할 수 있다. 게다가 적절한 환율을 검색하는 것이 계산식의 느린 부분이기 때문에 이 계산을 계산된 테이블로 분리시키면 측정식 동작이 상당히 향상된다.

> **노트** | 이 옵션은 계산된 테이블을 사용할 수 있는 SQL Server Analysis Services 2016나 Power BI로 작업할 때만 가능하다. 계산된 테이블을 지원하지 않는 DAX 버전을 사용하면 ETL 처리와 비슷한 연산을 수행해야 한다.

다음의 코드는 날짜와 통화의 모든 쌍에 대한 환율을 포함하는 ExchangeRateFull 테이블을 생성한다.

```
ExchangeRateFull =
ADDCOLUMNS (
    CROSSJOIN (
        SELECTCOLUMNS (
            CALCULATETABLE ( DISTINCT ( 'Date'[Date] ), Sales ),
            "DateKey", 'Date'[Date]
        ),
        CALCULATETABLE ( DISTINCT ( Currency[CurrencyKey] ), ExchangeRate )
    ),
    "AverageRate",
    VAR CurrentDate = [DateKey]
    VAR CurrentCurrency = [CurrencyKey]
    VAR LastDateAvailable =
        CALCULATE (
            MAX ( 'ExchangeRate'[DateKey] ),
            'ExchangeRate'[DateKey] <= CurrentDate,
            ALLNOBLANKROW ( ExchangeRate[DateKey] )
        )
    RETURN
        CALCULATE (
            DISTINCT ( ExchangeRate[AverageRate] ),
            ExchangeRate[CurrencyKey] = CurrentCurrency,
            ExchangeRate[DateKey] = LastDateAvailable
        )
)
```

계산된 테이블이 새로 준비되면 모델은 그림 11-9와 같이 이전 모델과 아주 유사하다.

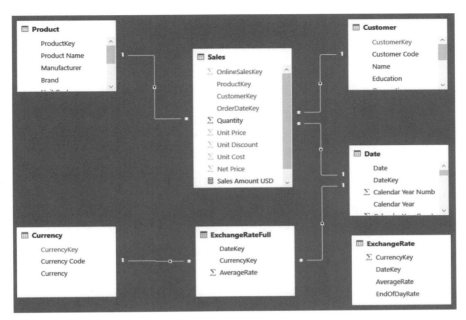

그림 11-9 새로운 ExchangeRateFull 테이블은 이전의 ExchangeRate 테이블을 대체한다.

게다가 다음의 측정식 정의에서 볼 수 있듯이 측정식의 코드는 더 작성하기 쉬워진다.

```
Sales Converted =
IF (
    HASONEVALUE ( 'Currency'[Currency] ),
    SUMX (
        VALUES ( 'Date'[Date] ),
        [Sales Amount USD] * CALCULATE ( VALUES ( ExchangeRateFull[AverageRate] ) )
    )
)
```

앞서 말했듯이 복잡성은 없어지지 않는다. 단지 계산된 테이블로 옮겨 갔고, 따라서 측정식에서 분리됐다. 이 방법의 장점은 (여러분이 상당수 가질 수 있는) 측정식을 작성하고 디버깅하는 시간이 줄어들 것이라는 점이다. 게다가 계산된 테이블은 데이터 리프레시 타임에 계산되고 모델에 저장되기 때문에 전반적인 성능이 훨씬 좋아질 것이다.

이 경우, 모델 구조를 바꾸지 않고 코드를 단순화했다. 마지막 모델은 이전 모델과 동일하다. 대신 테이블의 내용을 바꿔 관계가 적절한 그래뉼래러티를 갖도록 했다.

여러 종류의 소스 통화, 여러 종류의 보고서 통화

모델에 여러 종류의 통화로 주문을 저장하고 그중 어떤 한 종류의 통화로든 보고할 수 있게 하려면 가장 복잡한 시나리오를 접하게 된다. 하지만 실제로 보고서에서 여러 통화를 사용하는 경우보다 많이 복잡하지는 않다. 이미 알겠지만 복잡성은 측정식과 미리 계산된 테이블을 위한 쿼리 시간에 환전을 하기 때문에 생긴다. 게다가 다양한 통화의 경우 두 경우(저장과 보고)에 환율 테이블은 여러 줄-매일 통화의 쌍마다 한 줄씩-이 필요하고 아니면 동적으로 환율을 계산해야 한다.

그림 11-10의 데이터 모델을 살펴보자.

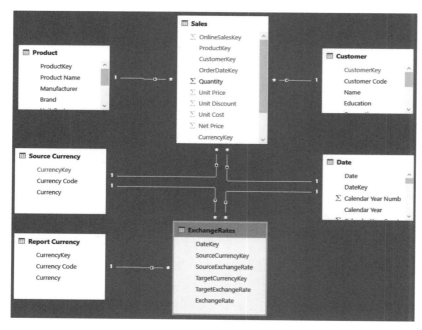

그림 11-10 데이터 모델은 여러 종류의 소스 통화와 타깃 통화를 포함한다.

이 모델의 다음 내용에 주목해보자.

- 두 개의 통화 테이블 Source Currency와 Report Currency가 있다. Source Currency 는 판매에 기록되는 통화를 분할하기 위해 사용하는 반면, Report Currency는 보고 서에서 사용되는 통화를 분할하기 위해 사용한다.

- 어떤 통화를 다른 어떤 통화로든 변환할 수 있도록 ExchangeRates는 소스와 타깃 통화 모두를 포함한다. 모든 통화를 USD로 환전한 원래의 테이블에서 (DAX 코드를 통해) ExchangeRates를 계산할 수 있다는 점에 주목한다.

다음의 코드로 ExchangeRates를 생성한다.

```
ExchangeRates =
    SELECTCOLUMNS (
        GENERATE (
            ExchangeRateFull,
            VAR SourceCurrencyKey = ExchangeRateFull[CurrencyKey]
            VAR SourceDateKey = ExchangeRateFull[DateKey]
            VAR SourceAverageRate = ExchangeRateFull[AverageRate]
            RETURN
                SELECTCOLUMNS (
                    CALCULATETABLE (
                        ExchangeRateFull,
                        ExchangeRateFull[DateKey] = SourceDateKey,
                        ALL ( ExchangeRateFull )
                    ),
                    "TargetCurrencyKey", ExchangeRateFull[CurrencyKey] + 0,
                    "TargetExchangeRate", ExchangeRateFull[AverageRate] + 0
                )
        ),
        "DateKey", ExchangeRateFull[DateKey],
        "SourceCurrencyKey", ExchangeRateFull[CurrencyKey],
        "SourceExchangeRate", ExchangeRateFull[AverageRate],
        "TargetCurrencyKey", [TargetCurrencyKey],
        "TargetExchangeRate", [TargetExchangeRate],
        "ExchangeRate", ExchangeRateFull[AverageRate] * [TargetExchangeRate]
    )
```

이는 기본적으로 ExchangeRateFull 테이블 자체로 크로스 조인을 수행한다. 먼저 같은 날의 두 통화의 USD 환율을 모은다. 그리고 한 통화와 다른 통화 간의 적절한 환율을 얻기위해 환율들을 곱한다.

이 테이블은 원래 테이블보다 상당히 크지만(ExchangeRateFull의 25,166줄이 최종 테이블의 624,133줄로 증가), 관계를 쉽게 생성할 수 있다. 이 테이블를 만들지 않고 코드를 작성할 수 있지만 이는 아주 복잡하다.

판매 총계를 계산하는 코드를 작성할 때 기본적으로 두 개의 시나리오를 하나로 섞는다. 같은 환율을 사용하는 판매 집합을 얻기 위해 날짜와 통화로 판매를 구분해야 한다. 그 후 다음의 표현식처럼 현재 환율을 동적으로 검색하고 보고서에서 선택된 통화로 처리한다.

```
Sales Amount Converted =
IF (
    HASONEVALUE ( 'Report Currency'[Currency] ),
    SUMX (
            SUMMARIZE ( Sales, 'Date'[Date], 'Source Currency'[Currency] ),
            [Sales Amount] * CALCULATE ( VALUES ( ExchangeRates[ExchangeRate] ) )
    )
)
```

예를 들어 이 모델을 사용해 서로 다른 통화를 사용한 주문을 실시간으로 EUR와 USD로 환전해 보고할 수 있다. 예를 들어 그림 11-11의 보고서를 보면 환전은 주문이 발생한 날짜에 처리한다.

Currency	Currency	CY 2007	CY 2008	CY 2009	Total
EURO	Armenian Dram	43,373,742.38	19,173,119.06	34,759,303.63	**97,306,165.08**
	Australian Dollar	159,842.98	99,235.98	148,748.47	**407,827.44**
	Canadian Dollar	109,409.84	115,736.45	135,707.60	**360,853.89**
	Danish Krone	613,644.73	276,219.86	511,179.97	**1,401,044.57**
	EURO	90,109.34	55,623.72	82,799.02	**228,532.08**
	Hong Kong Dollar	686,597.21	672,497.85	906,915.35	**2,266,010.41**
	Indian Rupee	5,173,111.76	3,568,148.79	4,880,686.52	**13,621,947.08**
	Thai Baht	2,927,959.72	3,421,109.47	2,657,193.07	**9,006,262.26**
	US Dollar	158,649.44	75,565.55	71,791.82	**306,006.81**
	Total	**53,293,067.41**	**27,457,256.73**	**44,154,325.47**	**124,904,649.61**
US Dollar	Armenian Dram	60,370,506.29	30,189,302.89	47,865,914.70	**138,425,723.89**
	Australian Dollar	218,812.35	148,993.71	204,242.14	**572,048.20**
	Canadian Dollar	148,139.37	169,625.07	185,952.40	**503,716.84**
	Danish Krone	830,847.78	413,258.38	705,403.35	**1,949,509.52**
	EURO	123,896.88	82,818.64	114,555.62	**321,271.15**
	Hong Kong Dollar	937,908.50	996,945.47	1,248,510.82	**3,183,364.80**
	Indian Rupee	7,079,309.87	5,281,242.15	6,743,294.80	**19,103,846.83**
	Thai Baht	3,997,511.72	5,117,644.99	3,657,183.94	**12,772,340.64**
	US Dollar	219,422.89	113,417.08	97,892.87	**430,732.85**
	Total	**73,926,355.67**	**42,513,248.38**	**60,822,950.66**	**177,262,554.72**
Total					

그림 11-11 원래의 통화를 EUR와 USD로 환전했다.

결론

환전은 요구 사항에 따라 복잡성이 증가하는 모델이 필요하다. 다음 내용이 11장의 핵심이다.

- 계산된 칼럼을 통해 여러 통화를 하나(또는 아주 적은 수)의 통화로 간단하게 환전할 수 있다.

- 여러 통화로 표현하는 보고서를 위한 환전은 더 이상 계산된 칼럼을 사용할 수 없기 때문에 약간 더 복잡한 DAX 코드와 데이터 모델의 조정이 필요하다. 좀 더 동적인 방법으로 환전을 처리해야 한다.

- 단순한 계산된 테이블을 사용해 얻을 수 있는 필요한 모든 날짜의 환율 테이블을 확보해 동적 환전 코드를 간단하게 만들 수 있다.

- 가장 복잡한 시나리오는 여러 소스 통화와 여러 보고서 통화가 있을 때이다. 이 경우 이전의 여러 기술과 소스 통화, 보고서의 통화를 위한 두 개의 통화 테이블이 필요하다.

데이터 모델링 101

이 부록의 목표는 이 책의 전반에서 사용하고 종종 기사나 블로그, 서적에서 논의되는 데이터 모델링의 개념을 설명하는 것이다. 처음부터 끝까지 읽어야 하는 부록은 아니다. 대신 책을 읽는 동안 용어나 개념이 명확하지 않거나 새롭게 정리하고 싶다면 부록을 살펴볼 수 있다. 따라서 부록에는 순서가 없고, 각 주제를 자체적인 절로 다룬다. 게다가 부록을 복잡하게 만들고 싶지 않으므로 주제에 대한 기본적인 정보만 제공한다. 이에 대한 상세한 논의는 이 책에서 다루지 않는다.

테이블

테이블은 정보를 저장하는 용기다. 테이블은 줄과 칼럼으로 나뉜다. 각 줄은 개별 엔티티에 대한 정보를 포함하는 반면 줄의 각 셀은 데이터베이스에서 표현하는 가장 작은 정보다. 예를 들어 Customer 테이블은 모든 고객에 대한 정보를 가진다. 한 줄은 한 고객의 모든 정보를 포함하고, 한 칼럼은 모든 고객의 이름 또는 주소를 저장한다. 셀은 한 고객의 주소를 저장할 수 있다.

모델 분석을 악몽으로 만들 수 있는 일반적인 위험을 피하기 위해 모델을 설계할 때 이런 용어에 대해 고려해야 한다. 한 테이블의 두 줄에 주문 정보를 저장하기로 했다고 가정하자. 한 줄에 주문 금액과 주문 날짜를 저장한다. 다른 줄에 배송 금액과 배송 날짜를 저장한다. 이렇게 해야 하나의 엔티티(주문)를 한 테이블의 두 줄로 나눴다. 이 예제는 그림 A-1과 같다.

Order No	Customer	Date	Type	Amount
1	Contoso	01/01/2017	Order	100.00
1	Contoso	01/15/2017	Ship	60.00
1	Contoso	01/15/2017	Ship	40.00
2	Imageware	01/16/2017	Order	90.00
3	Imageware	01/20/2017	Order	45.00
4	Contoso	01/22/2017	Order	25.00

그림 A-1 이 테이블에서는 하나의 주문에 대한 정보를 여러 줄로 나눴다.

이렇게 하면 테이블은 더 복잡해진다. 하나의 칼럼(Amount)에 서로 다른 종류의 정보를 저장하고 있기 때문에 주문 금액 합계와 같은 단순한 값의 계산조차도 더 복잡해진다. 단순하게 금액을 더할 수 없고 항상 필터를 적용해야만 한다. 문제는 모델을 제대로 설계하지 않았다는 점이다. 예를 들어 모든 고객에게 이미 배송된 상품의 비율을 계산하기 위해 다음과 같은 코드를 설계해야 하기 때문에 복잡한 연산이 됐다.

1. 각 주문 번호를 순회한다.

2. Type 칼럼이 Order와 같은 줄만 필터링해 (여러 줄이라면) 주문된 금액을 집계한다.

3. 이번에는 Type이 Ship인 줄만 필터링해 배송 금액을 집계한다.

4. 비율을 계산한다.

앞의 예제에서 에러는 하나의 주문이 모델의 엔티티라면 단순한 방법으로 모든 값을 집계할 수 있는 자체 테이블이 있어야 한다는 점이다. 또한 배송의 개별 거래에 대해 추적해야 한다면, 배송 정보만 포함하는 Shipment 테이블을 만들 수 있다. 그림 A-2는 이 데이터세트를 위한 적절한 모델이다.

Orders

Order No	Customer	Order Date	Amount
1	Contoso	01/01/2017	100.00
2	Imageware	01/16/2017	90.00
3	Imageware	01/20/2017	45.00
4	Contoso	01/22/2017	25.00

Shipments

Order No	Date	Amount
1	01/15/2017	60.00
1	01/15/2017	40.00

그림 A-2 주문과 배송을 정확하게 표현하기 위해 두 개의 테이블이 필요하다.

이 예제에서는 배송만 추적한다. 하지만 주문(orders, shipments, returns)의 거래를 추적하는 더 일반적인 테이블을 만들 수 있다. 이 경우, 두 종류의 거래를 같은 테이블에 저장하고 연산의 종류를 구별하는 어트리뷰트를 사용해 태그를 남기는 것이 좋다. 같은 엔티티(transactions)의 서로 다른 종류를 같은 테이블에 저장하는 것도 좋다. 하지만 서로 다른 엔티티(order와 transaction)를 같은 테이블에 저장하는 것은 좋지 않다.

데이터 타입

모델을 설계할 때 각 칼럼은 데이터 타입을 가진다. 데이터 타입은 칼럼 내용물의 종류다. 데이터 타입은 정수, 문자열, 통화, 부동 소수점 등이 될 수 있다. 선택할 수 있는 많은 종류의 데이터 타입이 있다. 칼럼의 데이터 타입은 사용성과 이를 사용하는 기능, 서식 설정 옵션에 영향을 미치기 때문에 중요하다. 실제로 칼럼의 데이터 타입은 엔진이 데이터를 저장하기 위해 내부적으로 사용하는 형식이다. 그에 반해 문자열은 사람이 읽을 수 있는 형태의 정보를 표현하는 UI에 적절하다.

배송된 수량을 포함하는 칼럼이 있다고 하자. 이 경우 좋은 데이터 타입은 정수일 가능성이 높다. 하지만 판매 금액을 위한 칼럼은 소수점도 저장해야 할 수 있기 때문에 정수는 더 이상 좋은 선택이 아니다. 이런 경우에는 통화가 사용하기 좋은 데이터 타입이다.

그대로의 엑셀을 사용할 때는 각 셀이 어떤 데이터 타입의 값을 포함할 수 있다. 하지만 테이블 형식의 데이터 모델을 사용할 때 데이터 타입은 칼럼 레벨로 정의된다. 이는 테이블의 모든 줄이 해당 칼럼에 같은 데이터 타입을 저장해야 한다는 의미다. 테이블의 한 칼럼에 여러 데이터 타입을 섞어서 사용할 수 없다.

관계

모델에 여러 엔티티가 있을 때, 일반적으로 여러 테이블에 정보를 저장하고 관계를 통해 테이블을 연결한다. 테이블 형식의 모델에서 관계는 항상 하나의 칼럼을 기반으로 두 테이블을 연결한다.

관계의 가장 가장 일반적인 표현 방법은 소스 테이블에서 타깃 테이블로 향하는 화살표로 그림 A-3에서 볼 수 있다.

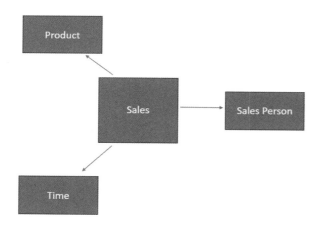

그림 A-3 이 모델에는 네 개의 테이블과 이들을 연결하는 관계들이 있다.

관계를 정의할 때는 항상 one side와 many side가 있다. 예제 모델에서 각 product는 많은 sales와 연결되고, 각 sale은 하나의 product를 가진다. 따라서 Product 테이블은 one side인 반면, Sales는 many side이다. 화살표는 항상 many side에서 one side로 향한다.

다양한 버전의 엑셀의 파워 피벗과 파워 BI에서 사용자 인터페이스는 관계를 시각적으로 다르게 표현한다. 하지만 엑셀과 파워 BI의 최신 버전에서는 모두 엔진이 줄을 그리고, 관계의 one side 또는 many side를 구분하기 위해 줄의 끝에 1 또는 *(별표)를 표시한다. 파워 BI 데스크톱에서는 일대일 관계를 만드는 옵션도 있다. 테이블의 각 줄에 대해 다른 테이블의 오직 한 줄이 있거나 없기 때문에 일대일 관계는 항상 양방향이다. 따라서 이런 특별한 경우 관계에 many side가 없다.

필터링과 크로스필터링

피벗 테이블을 통해 또는 파워 BI를 사용해 모델을 살펴볼 때 필터링이 아주 중요하다. 실제로 보고서의 전부 혹은 대부분의 계산의 기초가 된다. DAX 언어를 사용할 때 규칙은 단순하다. 필터는 항상 관계의 one side에서 many side로 이동한다. 사용자 인터페이스에서는 관계를 통한 필터 전파 방법을 보여주기 위해 관계의 중간에 화살표를 표시한다. 그림 A-4에서 볼 수 있다.

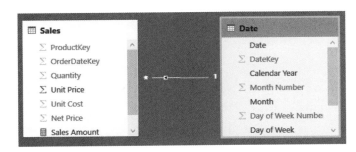

그림 A-4 관계의 줄 안에 있는 작은 화살표는 필터의 방향을 나타낸다.

따라서 Date를 필터링할 때마다 Sales를 필터링하게 된다. 이것이 피벗 테이블에서 달력의 연도를 사용해 판매 금액을 쉽게 구분할 수 있는 이유다. Date의 필터는 곧 Sales의 필터를 의미한다. 하지만 반대 방향은 기본적으로는 동작하지 않는다. Sales의 필터는 데이터 모델에서 지시하지 않는다면 Date로 전파되지 않는다. 그림 A-5는 기본적으로 필터가 어떻게 전파되는지 그림으로 보여준다.

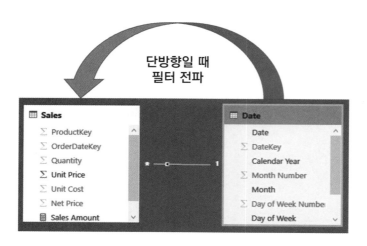

그림 A-5 큰 화살표는 단방향 필터링이 동작할 때 필터가 어떻게 전파되는지 나타낸다.

관계의 설정을 수정해 필터 전파의 방향을 바꿀 수 있다(크로스필터 방향이라고 한다). 예를 들어 파워 BI에서 관계를 더블클릭해 처리할 수 있다. 이는 그림 A-6과 같이 Edit Relationship 다이얼로그 박스를 연다.

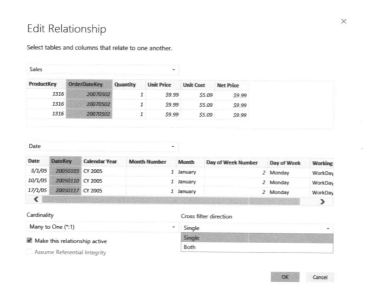

그림 A-6 Edit Relationship 다이얼로그 박스로 크로스필터 방향을 수정할 수 있다.

기본적으로 크로스 필터 방향은 단수 즉, one side에서 many side로 설정된다. 필요하다면 이를 양방향으로 바꿔 many side에서 one side로도 전파되도록 할 수 있다. 그림 A-7은 필터를 양방향으로 설정했을 때 필터가 어떻게 전파되는지 그림으로 보여준다.

그림 A-7 양방향 모드일 때 필터를 양방향 모두로 전파된다.

이 기능은 엑셀 2016의 파워 피벗에서 사용할 수 없다. 엑셀의 파워 피벗에서 양방향 필터링을 활성화시켜야 한다면 CROSSFILTER 함수를 사용해 언제든지 활성화시켜야 한다. 그림 A-8에서 보듯이 모델에서 작동하도록 다음의 예제를 따른다.

```
Num of Customers =
    CALCULATE (
        COUNTROWS ( Customer ),
        CROSSFILTER ( Sales[CustomerKey], Customer[CustomerKey], BOTH )
    )
```

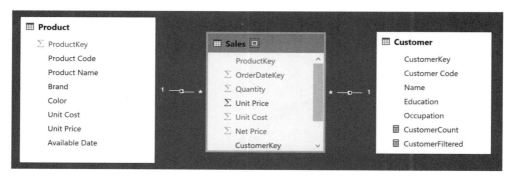

그림 A-8 두 관계는 모두 디폴트 모드로 설정돼 단방향이다.

CROSSFILTER 함수는 CALCULATE 명령문 내에서 양방향 필터링을 사용할 수 있게 한다. COUNTROWS (Customer)를 처리하는 동안 Sales에서 참조되는 customer만 보여주기 위해 필터는 Sales에서 Customer로 이동한다.

이 기술은 예를 들어 제품을 구매한 고객을 세어야 할 때처럼 필요할 때 아주 편리하다. 실제로 필터는 자연적으로 Product에서 Sales로 이동한다. 하지만 그 후 양방향 필터링을 사용해 Sales를 지나 Customer로 이어지도록 해야 한다. 그림 A-9는 두 계산을 보여준다. 하나는 양방향 필터링이 활성화된 것이고 다른 것은 디폴트 필터 전파를 사용한다.

Brand	CustomerCount	CustomerFiltered
A. Datum	18,869	189
Adventure Works	18,869	392
Contoso	18,869	815
Fabrikam	18,869	173
Litware	18,869	199
Northwind Traders	18,869	151
Proseware	18,869	125
Southridge Video	18,869	855
Tailspin Toys	18,869	594
The Phone Company	18,869	76
Wide World Importers	18,869	133
Total	**18,869**	**18,869**

그림 A-9 두 측정식은 크로스 필터의 방향만 차이가 있다. 결과는 완전히 다르다.

두 측정식의 정의는 다음과 같다.

```
CustomerCount := COUNTROWS ( Customer )

CustomerFiltered :=
CALCULATE (
    COUNTROWS ( Customer ),
    CROSSFILTER ( Customer[CustomerKey], Sales[CustomerKey], BOTH )
)
```

CustomerCount는 디폴트 필터를 사용한 것을 볼 수 있다. 따라서 Product는 Sales를 필터링하지만 Sales는 Customer를 필터링하지 않는다. 반면 두 번째 측정식에서 필터를 Product에서 Sales로 이어지고 Customer로 연결되므로 계산식은 필터된 제품 중 하나를 구매한 고객만 계산한다.

다양한 종류의 모델

보통 모델에는 관계로 연결된 많은 테이블이 있다. 이런 테이블은 용도에 기반해 다음과 같이 분류할 수 있다.

- **팩트 테이블** 팩트 테이블은 집계하려는 값을 포함한다. 팩트 테이블은 일반적으로 특정 시점에 발생하고 측정될 수 있는 이벤트를 저장한다. 일반적으로 모델에서 가장 큰 모델로 수천만 또는 수억 개의 줄을 가진다. 팩트 테이블은 보통 디멘션의 키 또는 집계하려는 값을 숫자로 저장한다.

- **디멘션** 디멘션은 팩트를 구분할 때 유용하다. 제품과 고객, 시간, 카테고리가 일반적인 디멘션이다. 디멘션은 보통은 작은 테이블로 수백 또는 수천 개의 줄을 가진다. 디멘션의 주요 목적이 값을 구분하는 것이므로 문자열 형태의 많은 속성을 가지는 경향이 있다.

- **브리지 테이블** 브리지 테이블은 다대다 관계를 나타내는 좀 더 복잡한 모델에서 사용한다. 예를 들어 여러 카테고리에 속한 고객은 고객의 각 카테고리마다 한 줄을 포함하는 브리지 테이블을 사용해 모델링할 수 있다.

스타 스키마

모델의 다이어그램을 볼 때 팩트 테이블과 디멘션만을 기반으로 설계했다면 팩트 테이블을 가운데 위치시키고 디멘션을 그 주위에 둘 수 있다. 그림 A-10처럼 스타 스키마로 알려진 방식이다.

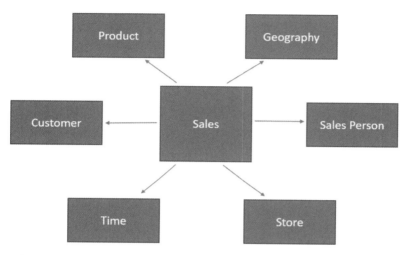

그림 A-10 팩트 테이블을 가운데 두고 그 주위에 디멘션을 두면 스타 스키마가 나타난다.

스타 스키마는 많은 기능이 있다. 이해하고 관리하기 쉽고 빠르다. 이 책을 읽으면 스타 스키마가 (좋은 이유로) 대부분의 분석적 데이터베이스의 기초가 된다는 것을 알 수 있다. 하지만 때로는 모델을 다양한 방법으로 구조화해야 하고 이를 위한 가장 일반적인 방법을 다음 절에서 설명한다.

스노우플레이크 스키마

때로는 더 분류하기 위해 디멘션을 다른 디멘션과 연결한다. 예를 들어 제품은 카테고리를 가질 수 있고, 카테고리를 별도 테이블에 저장할 수 있다. 또 다른 예로, 저장소는 비즈니스 단위로 나눌 수 있고 또 별도 테이블에 저장할 수 있다. 그림 A-11의 예제는 product에서

category 이름을 칼럼으로 갖는 대신 category key를 저장하고 category 테이블을 참조한다.

Product

ProductKey	Product	CategoryKey
1	Apple	1
2	Orange	1
3	Bike	2
4	Helmet	2

Category

CategoryKey	Category
1	Fruit
2	Sport

그림 A-11 category를 별도 테이블에 저장하고, Product는 그 테이블을 참조한다.

이런 스키마를 사용하면 제품 카테고리와 비즈니스 단위 모두 여전히 디멘션이지만, 팩트 테이블에 직접 연결하는 대신 중간의 디멘션을 통해 연결된다. 예를 들어 Sales 테이블은 ProductKey 칼럼을 포함하지만 카테고리 이름을 가져오기 위해 Sales에서 Product로 연결한 후 Product에서 Category로 이어져야 한다. 이런 경우, 스노우플레이크라 부르는 그림 A-12와 같은 스키마를 포함한다.

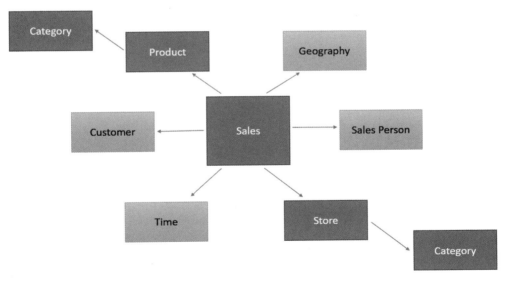

그림 A-12 스노우플레이크는 기존 디멘션에 추가 디멘션을 연결한 스타 스키마이다.

디멘션은 서로 관련이 없다. 예를 들어 Category와 Sales의 관계를 직접적인 관계로 생각할 수 있지만 Store 테이블을 통해서 전달된다. Store와 Geography를 연결하는 관계가 있을 이유가 없다. 실제로 이런 경우 Sales에서 Geography로 여러 경로가 있으므로 모델이 모호해진다.

스노우플레이크 스키마는 BI^{Business Intelligence} 세계에서 다소 일반적이다. 약간의 성능 저하를 제외하면 나쁜 선택은 아니다. 그럼에도 불구하고 가능하면 항상 스노우플레이크를 피하고 표준 스타 스키마에 가깝게 하는 것이 좋다. DAX 코드를 개발하기 쉽고 에러가 발생할 가능성도 적기 때문이다.

브리지 테이블을 사용하는 모델

브리지 테이블은 두 개의 디멘션 사이에 다대다 관계를 만들기 위해 디멘션 사이에 두는 것이 일반적이다. 예를 들어 그림 A-13은 각 고객이 어떻게 여러 카테고리에 속할 수 있는지 보여준다. Marco는 Male과 Italian 카테고리에 속하는 반면, Kate는 Female 카테고리에만 속한다. 이와 같은 시나리오라면 브리지 테이블에서 시작해 Customer와 Category에 도달하는 두 관계를 디자인한다.

Customer

CustomerKey	Customer
1	Marco
2	Alberto
3	Kate
4	Ed

Bridge Customer Category

CustomerKey	CategoryKey
1	1
2	1
3	2
1	3
2	3

Category

CategoryKey	Category
1	Male
2	Female
3	Italian

그림 A-13 브리지 테이블은 각 고객이 서로 다른 카테고리에 속할 수 있게 한다.

모델에 브리지 테이블이 포함될 때 새로운 형태를 취하고, 이는 BI 커뮤니티에서 이름을 정하지 않았다. 그림 A-14는 고객이 여러 고객 카테고리에 속하도록 기능을 추가한 예제다.

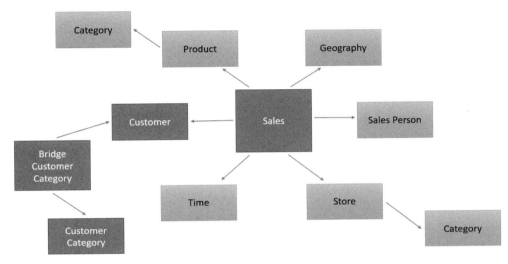

그림 A-14 브리지 테이블은 두 디멘션을 연결하지만 전형적인 스노우플레이크와는 차이가 있다.

일반적인 스노우플레이크 스키마와 브리지 테이블을 사용하는 경우의 차이는 이번에는 Customer Category와 Sales 사이의 관계가 두 디멘션을 연결하는 일직선의 관계가 아니라는 점이다. 실제로 Customer와 브리지의 관계는 반대 방향이다. Customer에서 브리지로 간다면, 스노우플레이크가 될 것이다. (의도적으로 용도를 반영하는) 이 방향 때문에 다대다 관계가 된다.

측정식과 가산성

측정식을 정의할 때 가장 중요한 개념은 측정식이 특정 디멘션에 대해 가산되는가 아닌가 이다.

가산 측정식

측정식은 단순한 합산 계산을 사용해 집계할 때 가산된다고 한다. 예를 들어 판매 금액은 제품에 대해 가산되고 즉, 판매 총계는 각 제품의 판매 합계로 계산한다. 또 다른 예제로 Sales는 모든 디멘션에 대해 가산된다. 연간 판매 총계는 각 날짜의 판매의 합계로 계산하기 때문이다.

비가산 측정식

비가산으로 알려진 또 다른 종류의 계산도 있다. 일례로 고유한 수를 계산하는 것은 비가산 계산이다. 고유한 판매 제품 수를 셀 때 1년 동안의 고유한 판매 제품 수는 매달 고유한 판매 제품을 합한 값이 아니다. 고객과 국가, 그 외 다른 디멘션(제품 제외)도 마찬가지다. 비가산 측정식을 계산해야 할 때는 살펴보는 계층 구조의 각 레벨에서 테이블 전체를 스캔해야 한다. 하위의 값을 집계할 수 없기 때문이다.

반가산 측정식

계산의 세 번째 종류로 반가산이 있다. 반가산 측정식은 일부 디멘션에 대해서는 가산이 되고, 나머지에 대해서는 가산되지 않기 때문에 가장 복잡한 측정식이다. 일반적으로 time 디멘션이 예외로 동작한다. 예를 들어 Year-to-Date 계산은 비가산이다. 1개월(예를 들어 3월)에 대해 보여줄 값은 개별 날짜의 합이 아니기 때문이다. 대신 그달의 마지막 날짜의 값이 된다. 그림 A-15는 이 세 종류의 측정식의 예제를 보여준다.

Calendar Year	Month	Sales Amount	Sales YTD	Distinct Products
CY 2007	January	$101,097.12	$101,097.12	38
	February	$108,553.20	$209,650.32	45
	March	$119,707.83	$329,358.16	52
	April	$121,085.74	$450,443.90	56
	May	$123,413.41	$573,857.31	58
	June	$121,707.44	$695,564.75	50
	July	$139,381.00	$834,945.75	52
	August	$87,384.31	$922,330.06	47
	September	$155,275.94	$1,077,606.00	52
	October	$99,872.65	$1,177,478.64	52
	November	$122,522.86	$1,300,001.50	51
	December	$159,214.45	$1,459,215.95	60
	Total	**$1,459,215.95**	**$1,459,215.95**	**426**

그림 A-15 가산, 반가산, 비가산의 세 종류의 가산성을 보여준다.

DAX는 시간에 따른 반가산성을 처리하기 위한 함수의 집합을 제공한다. 시간이 비가산 디멘션일 때 DATESYTD와 TOTALYTD, LASTDATE, CLOSINGBALANCEQUARTER 같은 함수가 반가산 측정식 작성에 도움이 된다. 시간과 관계 있는 디멘션의 비가산성을 처리하기 위해 사전에 정의된 함수가 없기 때문에 서로 다른 디멘션에서 반가산성을 처리하는 것은 더 복잡한 FILTER 함수가 필요하다.

찾아보기

에이콘출판의 기틀을 마련하신 故 정완재 선생님 (1935-2004)

파워 BI와 엑셀 파워 피봇을 사용한 데이터 분석

예제를 통해 배우는 데이터 모델링

발 행 | 2018년 6월 29일

지은이 | 알베르토 페라리 · 마르코 루쏘
옮긴이 | 이 지 은

펴낸이 | 권 성 준
편집장 | 황 영 주
편 집 | 조 유 나
디자인 | 박 주 란

에이콘출판주식회사
서울특별시 양천구 국회대로 287 (목동)
전화 02-2653-7600, 팩스 02-2653-0433
www.acornpub.co.kr / editor@acornpub.co.kr

이 도서의 국립중앙도서관 출판시도서목록(CIP)은 서지정보유통지원시스템 홈페이지(http://seoji.nl.go.kr)와
국가자료공동목록시스템(http://www.nl.go.kr/kolisnet)에서 이용하실 수 있습니다.(CIP제어번호: CIP2018019045)

책값은 뒤표지에 있습니다.